Luigi Ugolini Er gab Amerika den Namen

Luigi Ugolini

Er gab Amerika den Namen

Leben und Zeit des Amerigo Vespucci

Verlag Styria

Ins Deutsche übertragen von Carla Steidl
Das italienische Original trägt den Titel
»VERSO UN NUOVO MONDO«
und erschien bei Società Editrice Internazionale, Turin

1971
Verlag Styria Graz Wien Köln
Printed in Austria
Alle Rechte der deutschen Ausgabe vorbehalten
Illustrationen: Gottfried Pils, Graz
Schutzumschlag: Christoph Albrecht, Schmidham
Gesamtherstellung:
Universitäts-Buchdruckerei Styria, Graz
ISBN 3 222 10691 6

INHALTSVERZEICHNIS

1. BUCH: FLORENZ

1. Kapitel
Der große Globus   9

2. Kapitel
Das Fresko des Ghirlandaio   24

3. Kapitel
Große Dinge — kleine Menschen   37

4. Kapitel
Ein Wanderer   48

5. Kapitel
Christoph Kolumbus   63

6. Kapitel
Die Burg von Trebbio   76

7. Kapitel
Die Verschwörung der Pazzi   96

2. BUCH: DIE NEUE WELT

1. Kapitel
Der dritte August 1492   119

2. Kapitel
Amerigo Vespuccis große Stunde 135

3. Kapitel
Menschen ohne Schatten 148

4. Kapitel
„Novus Mundus" 166

5. Kapitel
Eine Schlacht wird geschlagen 181

6. Kapitel
Die Insel der Riesen 194

7. Kapitel
Freunde und Rivalen 221

8. Kapitel
Der Polarstern verschwindet 233

9. Kapitel
Piloto Mayor 247

10. Kapitel
Amerika 259

Wer ist...? 273

Was ist...? 276

Wo ist...? 276

I. Buch: Florenz

1. Kapitel

DER GROSSE GLOBUS

Herr Anastasio Vespucci begleitete seinen Klienten bis an die Schwelle seines Arbeitszimmers — wie es sich für einen standesbewußten Notar gehörte.
Er öffnete die Tür:
„Mein lieber Messer Francesco, wir sind uns also einig: Sobald der Verkäufer den Beweis erbracht hat, daß keine irgendwie geartete Belastung auf dem Grundstück liegt, werde ich Euch den Kaufvertrag vorlegen."
„Ganz recht, Messere. Ich glaube, das dürfte schon in der nächsten Woche der Fall sein. Ich weiß, daß..."
Die Nachwelt wird nie erfahren, was er wußte; ein Junge von ungefähr dreizehn Jahren schoß die Treppe herab und wäre fast mit dem würdigen Herrn Francesco Castellani zusammengestoßen. Mit einem gewaltigen Satz, der die Bodenbretter erzittern ließ, kam er vor dem erschrockenen Manne zum Stehen. Er selbst zitterte auch; denn schon ertönte lautstark die Stimme des Vaters:
„Was soll das, Amerigo? Was wird Messer Francesco über dich denken? Sind meine Gäste in meinem eigenen Hause ihres Lebens nicht mehr sicher?"
Feuerrot im Gesicht — teils von der schwungvollen Bewegung, teils aus Unbehagen, sich so schonungslos vor einem Fremden getadelt zu sehen — brachte Amerigo noch atemlos seine Entschuldigung vor:
„Verzeiht, Herr Vater!... ich habe es sehr eilig... Domenico erwartet mich... ich sollte schon längst in der Kirche sein... der frische Kalk trocknet ein..."

Die Laune des Notars schlug sofort um; gnädig sagte er:
„Ich verzeihe dir. Hier ist Zeit wirklich Geld."
Er wandte sich an seinen Besucher, ohne eine gewisse innere Genugtuung ganz verbergen zu können — oder zu wollen.
„Ich habe nämlich den jungen Domenico Ghirlandaio beauftragt, für unsere Familiengruft in der Kirche Ognissanti ein Fresko zu malen, das uns alle verewigen soll."*
„Ah! Domenico malt Euch? Das freut mich zu hören. Da habt Ihr eine gute Wahl getroffen."
Voller Hochachtung fuhr er fort:
„Ich habe erfahren, daß er bei den Medici ein und aus geht. Der alte Cosimo soll ihn allen anderen Künstlern vorziehen."
„Tatsächlich? Trotz seiner Jugend ist er ein großer Könner und besitzt jetzt schon einen guten Ruf. Wir können überhaupt auf unsere jungen Künstler stolz sein; sie bringen neues Leben in die alte Kunst."
Etwas griesgrämig bemerkte Castellani:
„Etwas zuviel Neues, kommt mir vor. Aber tüchtig sind sie, diese Jungen."
„Wir müssen es Amerigo verzeihen, wenn es ihm zu Kopfe steigt, von einem bekannten Künstler porträtiert zu werden, als wäre auch er eine Persönlichkeit wie Cosimo de'Medici."
Messer Francesco lachte:
„Jaja, Bescheidenheit ist eine Zier, aber nicht immer die unserer jungen Leute; doch vielleicht wird der Name Eures Sohnes noch bekannter werden als der unseres *pater patriae*.** Ist er Euer Ältester?"
„Nein, nein, er besitzt zwei ältere Brüder, denen er aber gar nicht ähnelt. Leider interessiert er sich nicht für meinen Beruf. So möchte ich gerne, daß er sich mit dem Großhandel befaßt; da gibt es bei uns in Florenz die besten Aussichten für ein gutes Weiterkommen. Alles strebt vorwärts, alles zielt in die Weite."
Eifrig nickte Messer Francesco Zustimmung:
„Das ist sehr wahr! Laßt den Jungen Kaufmann werden."

---
* Es ist heute noch in der Kirche Ognissanti (Allerheiligen) zu sehen und zeigt auch den jungen Amerigo Vespucci.
** Ehrentitel Cosimos de'Medici.

Vespucci zuckte die Achseln:
„Mein Wunsch wäre es ja; doch er ist ein Sterngucker, denkt an höhere Mathematik, Kosmographie und derlei brotloses Zeug. Die schwierigsten Probleme löst er ohne Abakus*, was sogar unseren berühmten Paulo Toscanelli in Erstaunen versetzte."
„Ihr kennt Toscanelli, den Arzt und Kartographen, der sein Haus hinter den Gärten der Pitti hat?"
„Ja, den meine ich. Amerigo darf ihn aufsuchen und lernt eine Menge hochgelehrter Dinge von ihm."
Der Junge stand daneben und wußte sich vor Ungeduld nicht mehr zu fassen. Er wagte aber nicht wegzulaufen; vielleicht war dieser Messer Francesco ein wichtiger Klient. Jetzt sprach er ihn sogar an:
„Du darfst Paulo Toscanelli besuchen?"
Stolz warf sich Amerigo in die Brust:
„Ja, Messere, ich bin sein Schüler. Er unterrichtet mich in Erd- und Himmelskunde"; zögernd setzte er hinzu „und ich bin darüber glücklich und zufrieden."
„Soso! Glücklich und zufrieden. Ich aber bin mit deinem Messer Paulo Toscanelli gar nicht zufrieden."
Vater und Sohn sahen erstaunt in ein zornig gerötetes Gesicht.
„Was habt Ihr gegen Messer Paulo? Hat er etwas Böses getan?"
„Nicht gerade ein Verbrechen, aber ... wenn es auch kein Verbrechen ist ... ich bin nicht gut auf ihn zu sprechen."
Er holte tief Atem:
„Jetzt sind es bald zwei Jahre, daß ich ihm einen schönen Globus lieh, den mein Vater heimbrachte, als er noch selbst seine Schiffe führte. Ein griechischer Nautiker hatte ihm dieses wahre Prachtstück geschenkt, das in vollster Natürlichkeit nicht nur alle bekannten Länder und Meere darstellt, sondern auf Grund von Berechnungen und verschiedenen Hypothesen die unbewohnten und noch nicht erforschten Gegenden der Erde aufzeigt. Mein schöner Globus!"
„Den kenne ich gut! Er steht im Studierzimmer des Meisters, und ich sehe ihn, sooft ich dort bin. Ich habe schon die fremden

---

* Rechenbrett.

Länder studiert und mir Gebirge und Flüsse und Städte genau gemerkt. Den Globus liebe ich heiß, und ich versuche immer wieder, den kürzesten Weg nach Indien herauszufinden."

Messer Francesco brummte:

„Also du liebst ihn heiß. Du siehst ihn alle Tage und fährst mit dem Finger darauf herum. Soso! Und ich kann auf mein Eigentum warten."

Noch immer schlechter Laune sagte er zum Notar:

„Was ist Eure Meinung als Rechtskundiger? Vor zwei Jahren machte ich mit Toscanelli aus, daß ich ihm während der Anwesenheit einer portugiesischen Delegation meinen Globus zur Verfügung stellte."

Neugierig geworden, erkundigte sich Messer Anastasio:

„Was wollten die Portugiesen?"

„Erinnert Ihr Euch nicht dieser Gesandtschaft? Sie stattete damals unserer Republik einen Staatsbesuch ab."

„Und ob ich mich erinnere! Beim großen Empfang im Palast war auch ich dabei."

„Dann wißt Ihr vielleicht auch, daß der König von Portugal seine Gesandten beauftragt hatte, unseren Toscanelli aufzusuchen, um mit ihm einige Navigationsprobleme zu erörtern. Unser großer Gelehrter freute sich über den angekündigten Besuch; aber es war keine reine Freude; denn mit seinem alten Globus konnte er nicht viel Staat machen. Und eben das wollte er. So lieh er mein Prachtstück für die Dauer des portugiesischen Besuchs aus — sagte er..."

„... und hat ihn nicht zurückgestellt?"

Die strenge Rechtlichkeit des Gerichtsbeamten vermochte es nicht zu fassen:

„Ein so wertvolles Stück für sich zu behalten..."

Er schüttelte den Kopf:

„Unglaublich!"

„Ja, Messer Anastasio, unser großer Paulo Dal Pozzo Toscanelli — wie er sich nach dem alten Brunnen vor seinem Hause mit vollem Namen nennt —, diese Leuchte der Wissenschaft, benimmt sich in diesem Fall wie ein schlecht erzogener Junge."

„Habt Ihr ihn nicht gemahnt?"

„Etliche Male! Das erstemal sagte er mir, er benötige ihn dringender als ich — was ja zutrifft. Bei der zweiten Mahnung wurde er ausfällig: Was denn zum Teufel ein Tuchhändler mit einem Globus anfange."
„Und?" fragte der Notar gespannt.
„Ich versuchte es noch ein drittes Mal."
„Und die Antwort?"
„Ich langweile ihn zu Tode. Ob ich Angst hätte, daß er den Globus verspeise. Im übrigen glaube er, durch seinen Beruf Anspruch darauf zu haben."
Voller Eifer schlug der Notar vor:
„Soll ich ihm den Standpunkt klar machen? Recht muß Recht bleiben."
Castellani fing zu lachen an:
„Schaut das Gesicht Eures Sohnes an. Auch er glaubt nicht an den Erfolg einer Intervention. Doch vielleicht kann *er* sein Glück versuchen. Ganz ungezwungen... wenn sich einmal die Gelegenheit ergibt... eine flüchtige Bemerkung über die Herkunft des Globus... aber nichts Beleidigendes; doch möchte ich ihn gern wieder haben... ich möchte ihn keinesfalls verlieren. Messer Paulo ist alt... er hat keine Kinder... man weiß nicht, in wessen Hände er käme..."
Er brach plötzlich ab:
„Entschuldigt, Messer Anastasio, und du, mein Junge, vergiß, was ich sagte. Sprich mit deinem hochverehrten Lehrer nicht über diese Angelegenheit. Ich weiß aus Erfahrung, daß mit ihm schwer zu reden ist und daß Geduld nicht zu seinen hervorstechendsten Eigenschaften gehört."
Mit einer höflichen Verbeugung und einem bitteren Lächeln schritt Messer Francesco Castellani zur Türe hinaus, durch die ihm Amerigo weniger würdevoll, aber desto rascher folgte.

*

Das Anwesen Toscanellis, das durch einen schönen Brunnen* gekennzeichnet war, lag bei den ausgedehnten Parkanlagen der

---
* Brunnen italienisch „pozzo".

Familie Pitti, die im Volksmunde die Boboligärten hießen und auch jetzt noch diesen Namen führen. Vielleicht hat der Name etwas mit *bove* (Ochs) zu schaffen, weil dort in alter Zeit der große Ochsenmarkt abgehalten wurde.

Die Fenster der Studierstube blickten jedoch nicht in das Grün von Nachbars oft durch Gäste belebte Gärten, sondern gingen in ein stilles Seitengäßchen, wo es wenig Sonne, aber viel Ruhe gab. Messer Paulo liebte das beruhigende Halbdunkel, das seinen Gedanken Sammlung schenkte, und zog es der frischen Luft vor, die so leicht von den ernsten Dingen der Wissenschaft ablenkte. —

Paulo Toscanelli saß an seinem großen Arbeitstisch. Ein berühmter Mann von zweiundsechzig Jahren. Eine Menge Diplome bewies, wie viel, wie eifrig, wie gründlich er studiert hatte. Seinen Doktorhut hatte er in Padua erworben; er war Arzt, Mathematiker, Geograph und Kosmograph, Astronom und ... Alchimist, das heißt, er befaßte sich mit chemischen Experimenten, die nicht — wie bei den meisten seiner Genossen — nur der Suche nach dem *Stein der Weisen* galten.

Heute, in der Zeit des Fachwissens, würden wir einem so vielseitigen Mann mit Mißtrauen begegnen; damals, als sich die Einzelwissenschaften erst als solche zu entwickeln begannen und das Allgemeinwissen noch zu überschauen war, stand er in hohen Ehren.

Alle bestaunten seine ungewöhnliche Gelehrsamkeit. Die Dichter widmeten ihm lateinische und griechische Verse — die nicht immer schön sein mußten —, und die reichsten Familien der Stadt stritten sich darum, ihn ihren Hausarzt nennen zu dürfen. Cosimo de'Medici, der Herr von Florenz, zeichnete ihn durch die Anrede *domine magister* aus.

Toscanelli kümmerte sich wenig darum. Öffentliche Ehrungen betrachtete er als Zeitverlust. Die Gesellschaft seiner Bücher und seiner Instrumente zog er jeder anderen vor. Mürrisch, reizbar, menschenscheu — er war gewiß kein angenehmer Gesellschafter. Außerdem umgab er sich mit einer Aura des Geheimnisvollen, wozu ihm seine Beschäftigung mit der Alchimie verhelfen mußte: Ein Magier flößte Respekt ein, wurde mit ängstlicher Hochachtung behandelt — und in Ruhe gelassen ... Paulo Toscanelli lächelte mit spöttischer Genugtuung; er kannte seine Mitmenschen.

Die Ergebnisse seiner Studien legte er in Büchern nieder.

Seit Jahren schrieb er an einem geographischen Werk, mit dem er die bisherigen Herrscher auf diesem Gebiet, wie Ptolemäus, Averroé, Alfragano, ja sogar den großen Aristoteles entthronen wollte.

Sein Gelehrtenruhm hatte ihm Schüler eingebracht; das war ihm zwar nicht sehr lieb, er konnte sich dem aber nicht entziehen. Lernbegierige suchten ihn auf; ein kleiner Kreis begabter junger Leute bildete sich um ihn. Es war nicht leicht, in diesen aufgenommen zu werden. Unbarmherzig wies Toscanelli jeden ab, der seinen hohen Anforderungen nicht genügte — und wäre es auch ein Medici oder ein Pazzi gewesen.

Da war nun eines Tages ein Bürschchen zwischen den jungen Herren aufgetaucht, das es weder dem Alter noch dem Auftreten nach mit ihnen aufnehmen konnte. Was hatte es hier zu suchen?

„Was willst du hier?"

„Mathematik und Geographie studieren."

Gelächter.

„Wie alt bist du?"

„Zwölf Jahre."

„Du traust dich was, Kleiner. Wie heißt du?"

„Amerigo Vespucci."

„Wir kennen keine Familie, die so heißt. — Wo wohnst du?"

„In Peretula."

Der Lärm wuchs:

„Ein Vespucci aus Peretula. Hahaha!"

Im Chor erklang es:

„In Peretula, Brozzi und Campi, ihr wißt,
Das dümmste Pack zu Hause ist."

Das Lachen wollte nicht aufhören.

Das war der Empfang, den seine neuen Mitschüler dem Sohn des würdigen Messer Anastasio bereiteten.

Das Bild änderte sich sehr bald. Schon am Ende der ersten Unterrichtsstunde hatte Amerigo seine Stellung gefestigt. Das verdankte er den anerkennenden Worten des Meisters:

„Mein erster Eindruck war richtig. Du hast einen offenen Kopf und weißt mehr als die anderen hier Anwesenden", die er mit keinem sehr wohlwollenden Blick streifte, „du wirst deinen Weg machen...", er hielt inne und schien durch Amerigo hindurchzublicken:

„Die Sterne werden ihn dir weisen."

Ein Schauer durchlief die Reihen. Der Magier hatte gesprochen. Sagte er ein Schicksal voraus?

*

Im Hause Vespucci ging es lebhaft zu. Die Brüder lagen einander in den Haaren, und ihre Schwestern stachelten sie zu immer neuen Balgereien auf.

„Hört mit den Dummheiten auf! An die Arbeit! Aber flink!"

Die scharfe Stimme der Mutter hatte sie aufgescheucht; der Kampfplatz wurde geräumt.

Amerigo, erhitzt und zerzaust, rettete sich an seinen Arbeitstisch. Er schlug ein Heft auf; doch statt zu arbeiten, fing er an zu träumen.

Wenn er nur erst erwachsen wäre... dann, ja dann... nur fort... weit weg... übers Meer... die Sterne führen ihn... der Meister hat es gesagt, und es hat wie eine Weissagung geklungen... über den Ozean, den noch keiner überquert hat... bis ans Ende der Welt... nein, es gibt kein Ende der Welt, das weiß er... die Erde ist eine Kugel... dann müßte... man... sie... umfahren... können...

„Amerigo! Wo steckst du? Das Essen steht auf dem Tisch."

Es war dieselbe scharfe Stimme wie vorher. Gewaltsam riß sie ihn aus seinen Träumen.

Bei Tisch sah ihn sein Vater fragend an:

„Wieder einmal mit dem Kopf in den Wolken?"

Amerigo schwieg; er hatte schon zu oft diesen Vorwurf einstecken müssen. Sein Onkel, Pater Giorgio Antonio Vespucci, hatte diese Redensart aufgebracht. Dieser Bruder seines Vaters war ein Dominikanermönch und ein Anhänger des berühmten Savonarola, außerdem ein begehrter Lehrer für die Kinder des Florentiner Adels.

Sein Neffe hatte bei ihm so gute Fortschritte gemacht, daß er schon nach einem Jahr Lateinunterricht seinem Vater einen Brief in dieser Sprache schreiben konnte — worauf beide, Vater und Sohn, mächtig stolz waren.

Aber nicht immer konnte sich der Herr Notar an den Lernerfolgen seines Sprößlings freuen.

„Wo ist Amerigo?" fragte er, als er einmal des Nachts heimkehrte und beim Durchschreiten des Zimmers seiner Söhne das Bett Amerigos leer fand.

„Er wird sich beim Spielen auf der Straße verspätet haben", meinte Girolamo, sein Ältester.

Das stimmte nicht. Amerigo war auf dem Altan des Hauses gewesen, um die Sterne zu beobachten, und betrat eben das Zimmer. Er hörte noch die Worte seines Bruders und stellte richtig:

„Ich war nicht auf der Straße; ich war oben."

„Was hast du dort gemacht?"

„Ich versuchte, nach den Sternen ein Schiff zu steuern."

Vater und Bruder fingen zu lachen an.

„Er steuert ein Schiff, das es nicht gibt. Wie machst du das, Kleiner?"

Mit roten Wangen, aber ernstem Gesicht verteidigte sich der Ausgelachte:

„Messer Paulo macht es auch so. Ohne sich von seinem Sessel zu rühren, reist er in der ganzen Welt umher. Er kennt alle Meere und alle Inseln. Er kennt auch den Weg nach Indien, als hätte er ihn schon oft befahren; er berechnet ihn mit Hilfe der Sonne und der Sterne und des Astrolabiums und anderer Instrumente. Die Land-, See- und Himmelskarten hat er alle im Kopf. Viele von ihnen hat er selber gemacht..."

Ohne Pause hatte Amerigo alle diese Fähigkeiten seines Meisters aufgezählt und stand nun ziemlich atemlos vor seinem Vater. Der strich ihm leicht über die Haare:

„Dein Messer Paulo ist ein richtiger Zauberer. Laß dich von ihm nicht in allzu ferne und allzu hohe Regionen entführen. Und jetzt mach, daß du ins Bett kommst!"

Am nächsten Morgen suchte Amerigo seinen Lehrer auf und

fand ihn in seinem dämmerigen Studierzimmer vor dem Globus, der nicht ihm gehörte. Langsam setzte er ihn in Bewegung; sein langer, schlanker Zeigefinger glitt über die glänzende Oberfläche. Da war der große, blaue Ozean, der zwar keine Inseln aufwies, den aber sonderbare Darstellungen von Winden mit aufgeblasenen Wangen, von Sternbildern und Seeungeheuern in einem Gewirr von krausen Linien bevölkerten.

Sooft Amerigo den Raum betrat und seinen Meister in Betrachtungen versunken antraf, überkam ihn ein Gefühl des Geheimnisvollen, des Unfaßbaren, das so gar nicht zu seinen mathematischen und naturwissenschaftlichen Bestrebungen passen wollte.

Hier hatte alles einen Anstrich von Unwirklichkeit, wenn er sich vergleichsweise die gemütlichen Räume im väterlichen Hause oder auch die helle Einfachheit der Klosterzelle seines Onkels Giorgio vorstellte.

Die mit dunkelrotem Damast tapezierten Wände waren von großen Gestellen fast verdeckt, auf denen sich Manuskripte, dicke Folianten und Pergamentrollen häuften. So recht zum Gruseln schimmerte aus der dunkelsten Zimmerecke ein Skelett hervor. Totenschädel grinsten hinter den Scheiben eines Glaskastens und bildeten mit vergilbten Knochen ein unheimliches Ornament.

Der schöne Marmorkamin trug auf seiner Platte neben verschiedenen Instrumenten auch Retorten, Schmelztiegel und dergleichen mehr. Der Ehrenplatz in der Mitte war derzeit leer; er war für den prächtigen Globus des Herrn Francesco Castellani bestimmt.

Amerigo stand noch immer auf der Schwelle. Der Adlatus Toscanellis hatte ihn wie üblich angekündigt:

„Amerigo ist hier!"

Hatte es der Gelehrte gehört?

Sprach er zu sich selbst oder zu seinem Schüler, als er jetzt laut sagte:

„Sie bemerken es nicht. Alle sind sie blind. Es ist doch ganz klar. Sie brauchen nur die Augen aufzumachen. Ein Blick auf den Globus genügt."

Zärtlich strich er über den Globus, der in seinem schweren, reichverzierten Gestell vor ihm stand.

Leise war Amerigo eingetreten und hatte die Tür hinter sich zugezogen. Er blickte neugierig zu seinem Meister hinüber. Das war doch ganz gewiß der Globus des Castellani. Sollte er nicht doch ...? Der Augenblick schien günstig.

Einige Schritte. Er stand hinter Toscanelli.

„Salve, domine!"

Zerstreut hob der Angeredete den Kopf:

„Ah, du bist es? Schau her! Wenn du auch fast noch ein Kind bist, so wirst du es doch verstehen. Komm näher!"

Was will er denn? dachte Amerigo.

„Was ist das?"

„Ein Globus."

Ungeduldig fragte Toscanelli weiter:

„Was ist ein Globus?"

„Eine Weltkugel; ein Abbild der Erde, auf der wir leben."

„Gut. Was stellt dieser große, blaue Fleck dar?"

„Den Ozean."

„Weißt du, wie die Erdteile heißen?"

Amerigo, dem dieses Examen Spaß machte, schnurrte herunter:

„Europa, Asien, Afrika."

„Richtig. Und welches Land liegt im äußersten Osten Asiens und erstreckt sich weit ins Meer hinaus?"

Wie aus der Pistole geschossen kam die Antwort:

„Katai." So wurde China damals genannt.

„Und wie heißen die Inseln und die große Halbinsel im Süden Asiens?"

„Das ist Indien."

„Stimmt. Seit Jahren, ja seit Jahrhunderten suchen unsere Seevölker einen Weg übers Meer nach Indien, weil ihnen die Muselmanen den Landweg versperren und sich alles, was aus dem Fernen Osten kommt, teuer zahlen lassen."

„Ja, ich weiß; unsere Kaufleute jammern alle darüber."

„So trachten sie, übers Meer nach Indien zu gelangen. Wenn unsere Schiffe erst Gewürze, Edelsteine, Seide und alle diese begehrten Waren selbst holen könnten, würden diese Dinge nur mehr einen Teil des jetzigen Betrages kosten. Das versteht auch ein Kind."

Amerigo beeilte sich, mit großer Überzeugung sein „Gewiß! Gewiß!" vorzubringen.

Toscanelli beachtete ihn nicht; er führte aus:

„Die Portugiesen, die derzeit an der Spitze der seefahrenden Nationen stehen, wollen auf einem Weg, der um die Südspitze Afrikas herum führt, Indien erreichen. Er ist sehr lang; man wird Jahre benötigen, um die Waren glücklich nach Europa zu bringen. Doch gibt es eine andere Möglichkeit, die freilich noch niemand in Betracht gezogen hat."

„Welche ist das?"

Langsam zog Toscanelli eine gerade Linie über die blaue Fläche des Ozeans.

„Aber... aber... Ihr überquert den..."

„Ja, ja, dreimal ja! Es ist eine gerade Linie, die von Lissabon nach Indien führt. Siehst du? 26 Mittagslinien mußt du kreuzen; der Abstand zwischen ihnen beträgt rund 250 Meilen, zusammen sind es 6500 Meilen oder ungefähr ein Drittel des Erdumfangs. Miß es mit der Hand nach."

Amerigo war hingerissen und zählte, wie oft er seine geöffnete Hand auflegen konnte. Es stimmte nicht ganz genau; die Entfernung auf dem Globus zwischen Lissabon und dem vermeintlichen Indien betrug nicht ganz ein Drittel des Erdumfangs, die um Afrika herum bedeutend mehr als zwei Drittel.

„Das ist großartig!" Der Junge freute sich kindisch über seine neue Entdeckung.

„Was sagte ich dir? Man müsse nur schauen und ein wenig denken. Jedes Kind kann es begreifen."

„Aber... Messere... man kann doch nicht über den Ozean segeln."

„Wer sagt das?"

Toscanelli war erregt aufgesprungen:

„Komm mir nicht mit diesen dummen Einwänden. Alles nur Aberglaube. Warum soll man den Ozean nicht überqueren können? Er ist doch ein Meer wie jedes andere."

„Ja, aber alle sagen, daß..."

„Weil sie Angst haben, Angst vor dem Unbekannten. Die meisten unserer Seeleute sind Küstenfahrer. Wenn sie das Meer befahren, wollen sie Land sehen oder es wenigstens in der Nähe wissen. Alle, alle sind sie Ignoranten; sie können kaum den Kompaß lesen und halten Astrolabien und Sextanten für Teufelswerk — wenn sie überhaupt je davon gehört oder gar eines davon gesehen haben."

Amerigo verschlang jedes Wort, das er hörte. Es war das erstemal, daß Toscanelli aus sich herausging und frei aussprach, was er dachte. Da wollte auch der Junge seine Meinung sagen; er stotterte vor Aufregung:

„Übers Meer... über den großen Ozean... das ist gewiß der kürzeste Weg nach Indien... das sieht man doch!"

„Ja, und es wird sich einer finden, ein mutiger, tüchtiger Seefahrer, der sich vor dem Unbekannten nicht fürchtet, der die Kunst der Navigation kennt und mit den Instrumenten umzugehen versteht."

„Wer wird das sein?... Ich möchte schon erwachsen sein!"

„Du kannst noch warten und — viel lernen! Vielleicht wirst du dieser Mann sein; vielleicht trifft er schon seine Vorbereitungen für den Sprung übers Meer; wir werden ja sehen. Vor zweihundert Jahren sind zwei Männer auf die Reise gegangen, um ein Stück Welt zu entdecken. Sie fuhren zwischen den ‚Säulen des Herkules', die Straße von Gibraltar, hindurch ins freie Meer hinaus. Man sah sie niemals wieder."

Leise wiederholte Amerigo:

„Man sah sie niemals wieder..."

„Ja, es waren zwei Genuesen, Ugolini und Vadino Vivaldi. Sie hatten vor, Afrika zu umschiffen, kehrten aber — wie gesagt — nicht zurück."

Mit der schönen Sicherheit der Jugend erklärte Amerigo:

„*Ich* würde zurückkehren."

Toscanelli lächelte:

„Mein Junge: Das Fortgehen liegt in unserer Macht; die Rückkehr aber..."

Er brach ab und wechselte den Ton:

„Und jetzt an die Arbeit!"

Da hielt Amerigo den Zeitpunkt für gekommen; er faßte sich ein Herz und begann:

„Messere ... dieser Globus ... er ..."

„Was ist damit? Warum stotterst du?"

„Gestern ... bei meinem Vater ... war ein Klient ... Messer Francesco Castellani ... er ..."

Er sprach nicht weiter, als er sah, wie sich das Gesicht seines Lehrers veränderte, wie es puterrot wurde, die Augen sich zornig verdunkelten und die Lippen sich öffneten, um nach Luft zu schnappen. Ein Anblick zum Fürchten.

Dann ging das Donnerwetter los.

„Der Globus! Der Globus also! Was will dieser Krämer? Wenn er feilschen will, soll er sich dazu einen anderen aussuchen; mich aber soll er in Ruhe lassen. Was sagte er?"

„Er will seinen Globus wiederhaben."

„Da ging er zu deinem Vater, um sich über mich zu beklagen? Und schämte sich nicht, mich vor meinem Schüler, einem dreizehnjährigen Jungen, bloßzustellen und zu beleidigen? Dieser Neidhammel, dieser Geizkragen, dieser Wucherer, dieser ..."

Er rang nach Atem. Der würdige Mann hatte seine Würde abgelegt, und das Allzumenschliche war zum Vorschein gekommen. Verzweifelt trachtete Amerigo, ihn zu beruhigen:

„Nein, Messere, so war es nicht! Er war wegen eines Kaufvertrages gekommen. Es war ein reiner Zufall, daß er mich sah."

„Aha! Er hat dich gesehen und wußte, daß du mein Schüler bist; da fiel ihm nichts Besseres ein, als mich zu beschimpfen."

„Es war wirklich nicht so, wie Ihr sagt!"

„Warum ist er nicht zu mir gekommen, wenn er um seinen Globus zittert? Glaubt er, daß ich ihn verspeise? Oder daß ich ihn verkaufe und das Geld einstecke?"

Vergeblich bemühte sich Amerigo, den Sachverhalt aufzuklären und das damalige Gespräch getreu wiederzugeben. Toscanelli ließ ihn nicht zu Worte kommen.

„Was will dieser Krämer mit dem prachtvollen Globus? Wozu braucht er ihn? Sein Vater führte selbst seine Schiffe; der verstand etwas von Schiffahrt; aber Francesco, dieser Tuchhändler, steht nur hinter seinem Büropult; was soll er damit?"

Er mußte eine Pause einschalten, daher konnte Amerigo sein Anliegen vorbringen:

„Er sagt, Ihr hättet versprochen, ihm den Globus zurückzustellen."

„Hat er aber auch gesagt, daß ich dieses ihm gar so teure Stück um teures Geld kaufen wollte? Weißt du, welche Unverschämtheit er antwortete: ‚Francesco Castellani kauft, aber er verkauft nicht!' "

Toscanelli lachte höhnisch:

„Er verkauft nicht! Ja, was tut er denn, dieser Händler? Verkauft er nicht den lieben langen Tag seine Stoffe? Und einen Globus zu verkaufen, weigert er sich? Warum?"

„Messere..."

„Schweig und höre mir zu: Ich, Paulo Dal Pozzo Toscanelli, zahle für diesen Globus jeden geforderten Preis in klingender Münze. Das kannst du ihm bestellen. Solange er mir seine Forderung nicht bekanntgibt, erhält er ihn nicht zurück."

„Aber, Messere, Ihr könnt doch nicht..."

„Und ich sage dir: *Ich kann!* Solange ich lebe, bekommt dieser Francesco Castellani seinen Globus nicht zurück — es wäre denn, er holte sich ihn mit Gewalt — vielleicht gar mit Hilfe des Stadtbüttels. Und jetzt geh und erzähle ihm alles, was ich gesagt habe — wenn du willst!"

„Unsere Unterrichtsstunde, Meister?"

„Die hast du bereits erhalten. Ich glaube, du hast heute eine Menge sehr interessanter und nützlicher Dinge gelernt", sagte er nachdrücklich.

(Paulo Toscanelli hielt sein Wort. Castellani bekam seinen Globus erst im Jahre 1484 zurück; „etwas beschädigt und hergenommen", wie aus einer Bemerkung in seinem Tagebuch zu ersehen ist, das sich im Archiv der Stadt Florenz befindet.)

2. Kapitel

DAS FRESKO DES GHIRLANDAIO

Herr Anastasio folgte einem beliebten Brauch, wenn er die Lünette über der Familiengruft in der Kirche Ognissanti verzieren ließ. Zur Zeit war es üblich, daß vornehme oder auch nur wohlhabende Bürger ihre letzte Ruhestätte mit religiösen Darstellungen schmückten, auf denen der Auftraggeber mit seinen Angehörigen ebenfalls zu sehen war. Trotzdem wich dieser Auftrag etwas von der Regel ab: erstens handelte es sich um ein Fresko und nicht um das übliche Tafelbild. Zweitens befand es sich in der Lünette, einem halbkreisförmigen Wandfeld, wo man ein derartiges Gemälde sonst nicht antraf, und zum dritten: der Maler war sehr jung, wenn auch nicht ganz unbekannt; allgemein hieß es, daß er seinen Weg machen werde — was die Zukunft bestätigen sollte.

Domenico Bigordi, nach der Beschäftigung seines Vaters, der Kränze (ghirlande) aus Silber und Bronze herstellte, Ghirlandaio genannt, heimste seine ersten Lorbeeren ein. Er galt als Wunderkind; zur Zeit zählte er knapp sechzehn Jahre. Sein Vater hätte gern einen Goldschmied aus ihm gemacht; als solcher ließ sich schweres Geld verdienen. Der Junge jedoch dachte nur ans Zeichnen und Malen, und so ließ er ihn gewähren. Bald legte er das erste selbstverdiente Geld auf den Tisch, und im Hause des Kranzmachers herrschte eitel Freude.

Herr Anastasio war ein sparsamer Mann; als Haupt einer großen Familie war er mehr oder weniger dazu gezwungen. Keinen Pfennig hätte er aus bloßem Ehrgeiz oder aus Angeberei ausgegeben. Als aber der Schulfreund seiner Kinder sich angetragen hatte — mehr um der Ehre als des Geldes wegen —, die Lünette zu verzieren, ließ er sich gern überreden.

Amerigo war sofort Feuer und Flamme für diesen Plan:

„Stellt Euch vor, Herr Vater, wie schön unser Bild werden wird: Domenico ist Schüler unseres großen Botticelli! ... und ist doch erst sechzehn Jahre alt ... und er malt schon fast so gut wie sein Meister!"

So bekam der junge Ghirlandaio den Auftrag und bedankte sich sehr höflich dafür beim Herrn Notar Vespucci:

„Ich werde mein Bestes geben, Messer Anastasio, Ihr braucht mich nur zu bezahlen, wenn Euch mein Werk gefällt. Haltet Ihr es für mißlungen, gebt Ihr mir nichts, und ich übertünche es mit frischem Kalk."

Es war der erste größere Auftrag, den der junge Maler erhielt. Er sollte mit einem Werk an die Öffentlichkeit treten, das alle begutachten konnten, loben oder tadeln würden. Ihn schwindelte. Wieviel hing für ihn doch davon ab, welchen Eindruck es hervorrief! Er wollte zeigen, was er konnte, und machte sich mit dem Feuereifer des Anfängers an die Arbeit.

Gar so groß war seine Aufgabe ja nicht: Die Lünette war von bescheidenem Ausmaß, nicht an hervorragender Stelle, und die Anordnung war gegeben:

Als Oberhaupt kniete Herr Anastasio im Vordergrund, umgeben von seinen zahlreichen Kindern, ihm gegenüber seine Gattin Mona Elisa. Sie schien in ihrer frommen Haltung um Vergebung zu bitten für ihre im Alltagsleben zutage tretende Launenhaftigkeit und Herrschsucht, die Gatten, Kindern und Dienstleuten das Leben schwer machten.

Als das erstemal von der Ausschmückung der Familiengruft durch Domenico die Rede war, hatte sich Mona Elisa angriffslustig gegen ihren Gatten gestellt:

„Was wird diese neueste deiner Launen kosten?"

„Beruhige dich! Fast nichts."

Herr Anastasio war eine friedliche Natur und haßte jeden Streit mit seiner durchaus nicht sanften Ehefrau, die auch sofort ihren Angriff fortsetzte:

„Du glaubst also, daß dieser Maler, den ich nicht kenne und

der schon etwas Rechtes sein wird, uns alle um deiner schönen Augen willen konterfeien wird?"

Ruhig und beherrscht antwortete der Notar:

„Nein, das glaube ich nicht; aber ich bin überzeugt, daß er sich mit diesem ersten größeren Werk einen Namen schaffen will."

„Sein erstes Werk! Da kann ich mir vorstellen, welche Fratzen von der Mauer herabgrinsen werden. Nein, für solche Sachen gebe ich mich nicht her. Mach, was du willst, aber ohne mich."

„So höre doch, Elisa! Wenn er auch sehr jung ist, so wird er doch schon geschätzt; sogar die Medici lassen sich von ihm malen."

„Dann arbeitet er gewiß nicht für ein Trinkgeld."

„Er betrachtet dieses Fresko als Versuch und wird sich um eine kleine Erkenntlichkeit in klingender Münze nur dann an uns wenden, wenn uns das Bild gefällt."

„*Mir* wird es nicht gefallen, das kann ich dir schon jetzt sagen", entgegnete schlagfertig die wegen ihrer Knausrigkeit bekannte Dame.

Im Innersten ihres Herzens jedoch war Mona Elisa mit dem Plane ihres Mannes ganz einverstanden. Es schmeichelte ihrem Ehrgeiz, die Familiengruft durch ein Fresko geschmückt zu sehen, das von einem Maler ausgeführt wurde, der bei der ersten Familie der Stadt aus und ein ging. Sie hatte auch längst beschlossen, dem jungen Domenico in ihrem Staatskleid Modell zu stehen und dabei ihre frömmste Miene aufzusetzen.

Amerigo hatte die Sache ins Rollen gebracht. Er hatte Domenico einmal zufällig in Ognissanti getroffen und ihm die Familiengruft gezeigt; dabei wurde der Plan, sie mit einem Fresko auszustatten, geboren. Vom ersten Augenblick an hatte sich der junge Vespucci dafür begeistert: Sein einstiger Mitschüler wollte ihn in einer der größten Kirchen der Stadt verewigen! Das war geradezu fabelhaft! Schade, daß er nicht im Vordergrund und in voller Größe sichtbar war, wie er es gern gesehen hätte.

Aber da waren der Vater und die Mutter im Mittelpunkt; Onkel und Tante hatten auch recht gute Plätze; dann gab es noch die Schwestern und die älteren Brüder; er war ja tatsächlich nicht so wichtig, aber daß er nur abseits stand, das war... zum Seufzen!

Es fehlten nur noch einige Minuten auf zwölf Uhr mittags, als sich Amerigo von Messer Paulo verabschiedete. Eine neu eingetroffene Himmelskarte mußte mit einer schon vorhandenen verglichen werden; das hatte ein paar Stunden beansprucht. Jetzt stürmte er in die frische Luft hinaus. In großen Sätzen eilte er die Straße hinunter, überquerte den Ponte a Santa Trinità und suchte auf kürzestem Wege die Kirche Ognissanti zu erreichen, bevor die Mittagsglocken schlugen.

Vor der Kirche stieß er mit seiner Mutter zusammen, die darüber nicht sehr erfreut war. Ihre ohnedies nicht sonnige Miene überzog sich mit drohenden Wolken:

„Kannst du nicht achtgeben? Wärest du rechtzeitig von deinem alten Professor und seinen noch älteren Schwarten fortgegangen, würdest du nicht zu spät gekommen sein. Es ist Mittag; wir gehen heim."

Sie konnte nicht aufhören, ihm Vorwürfe zu machen:

„Immer das gleiche! Wir gehen und du kommst; wir kommen und du gehst. Wenn wir schlafen, guckst du nach den Sternen, und wenn wir essen wollen, treibst du dich herum."

„Ich konnte mich nicht früher freimachen."

„Sagst *du!* Der Unterricht dauert nur bis elf Uhr; das wissen wir alle."

„Messer Paulo hat mich zurückgehalten."

Mona Elisa lachte ironisch:

„Soso, Messer Paulo! Ich glaube, du bist über den Pontevecchio geschlendert und hast dich dort in den Läden herumgetrieben. Das ist interessanter als Modell zu stehen."

Amerigo begann die Geduld zu verlieren:

„Ich bin nicht über den Pontevecchio gegangen, sondern über die Santa Trinità, und ich bin nicht geschlendert, sondern gelaufen den ganzen Weg!"

Mit hochgezogenen Brauen und ungnädigen Blicken hatte seine Mutter die vorgebrachte Rechtfertigung angehört:

„Wir gehen jetzt heim; das Essen wartet."

„Domenico erwartet mich."

„Er packt schon seine Farben und Pinsel ein."

„Eine einzige Minute nur; ich will sehen, was er gemalt hat."

Mit einem Sprung war Amerigo in der Kirche — dem Asyl der Verfolgten.

Der junge Maler reinigte eben seine Pinsel, als er auf ihn zutrat und ihn am Arm packte:

„Ach, Domenico, es tut mir ja so leid, daß ich die Sitzung versäumte. Laß schauen! O Gott! Mein Gesicht ist kaum angedeutet. Die paar Kohlenstriche sind fast nicht zu sehen, und das soll ‚ich' sein?"

Domenico lachte. Da dröhnten die Mittagsglocken.

Schreiend, um den Lärm zu übertönen, antwortete er:

„Für heute ist es zu spät, Amerigo. Ich muß laufen; Mutter schimpft, wenn die Suppe auf dem Tisch steht und es fehlt eines ihrer Schäfchen."

„Das tut meine auch", stimmte der junge Vespucci zu, der in diesem Punkt seine Erfahrungen hatte.

„*Addio, amico!* Tut mir leid, aber ich gehe. Morgen bin ich wieder hier."

„Morgen? Da kann ich nicht kommen. Ich habe Unterricht bei meinem Onkel Giorgio im Kloster San Marco", er weinte fast vor Ärger und Enttäuschung.

„So komm heute nachmittag."

„Wann? Ich komme, wann du willst."

Domenico war mit dem Einpacken fertig und drängte zum Ausgang der Kirche.

„Nach dem Essen. Gegen vier Uhr fange ich wieder zu arbeiten an."

„Um diese Zeit ist die Kirche geschlossen."

„Dann gehst du eben zum Bruder Mesner; der läßt dich ein."

„Ich werde pünktlich sein."

„Wir sind allein, und ich werde dich so schön malen, wie ich nur kann. Du wirst zufrieden sein. Ich habe zwei Stunden Zeit für dich. Aber jetzt: Dauerlauf nach Hause!"

*

Punkt vier Uhr klopfte Amerigo an die Tür der Sakristei. Domenico befand sich schon in der Kirche, aber er war nicht allein. Ein junger Mann stand neben ihm. Wer war der Unbekannte? Wahrscheinlich auch ein Maler. Er beugte sich jetzt über die Farbtöpfe und fing an, darin herumzurühren und vorsichtig die Erden mit anderen Zutaten zu vermischen.

„Zum Teufel, Leonardo, was machst du da? Was fällt dir ein, Milch und Eidotter zu den Freskofarben zu geben? Das ist gut für die Holztafeln, aber doch nicht für die Wand; die würde sofort abblättern."

„Woher weißt du das? Hast du es schon einmal versucht? Male doch wenigstens einen Kopf damit; dann wirst du sehen, was dabei herauskommt", bat der junge Farbenmischer. Dann erhob er sich und blickte mit seinen klaren Augen Amerigo an:

„Jetzt weiß ich, wer du bist: der junge Vespucci, dessen Kopf mit ein paar Kohlestrichen dort oben skizziert ist. Die Ähnlichkeit ist groß."

Lebhaft wandte er sich an Domenico:

„Probier doch meine Farben an ihm aus!"

„Damit ich deinen Kopf verpatze, armer Amerigo! Dann ärgere dich aber nicht über mich, sondern halte dich an meinen Freund, Leonardo, der kaum seine Nase in unsere Kunst hineingesteckt hat und schon alles besser machen will."

Leonardo lachte. Er war ein schöner Junge mit seinem rotblonden, gewellten Haar und seinen tiefen, graublauen Augen, die alles zu durchdringen schienen, und dem feingezeichneten Mund, der gut zu schweigen verstand. Doch jetzt sprach er in einer liebenswürdigen, überlegenen Art, die ihm seinem Alter nach gar nicht recht zukam.

„Mein braver Meister Andrea Verrocchio behauptet dasselbe von mir; doch ist er mit meinen Verbesserungsvorschlägen manchmal sogar einverstanden."

Amerigo hatte kein Auge von diesem neuen Freund Domenicos gewandt; jetzt raffte er sich auf und fragte:

„Ich habe dich noch nie gesehen, und hier in Florenz begegnet man..."

Domenico unterbrach ihn:

„Ich vergaß, euch miteinander bekannt zu machen. Also: Er heißt Leonardo; sein Vater ist Notar wie der deine; gewiß kennen sie einander. Bisher wohnte Messer Piero in Vinci; erst seit kurzem lebt er mit seiner Familie in Florenz."

„Ja, seit sechs Monaten wohnen wir alle hier."

Beim Sprechen trat der Ausdruck der Überlegenheit so stark hervor, daß sich Amerigo plötzlich klein und dumm vorkam.

Leonardo sprach weiter:

„Mein Vater dachte auch an mich, als wir hierher übersiedelten. Er ist mit Verrocchio befreundet und hält ihn für den besten Lehrer. Gleich neben dem Palazzo Vecchio* fand er ein geeignetes Haus und mietete es."

„So bist du auch ein Maler?"

„Ich will einer werden."

„Ist dein Meister mit dir zufrieden?"

„Er ließ mich einen Engel in seiner *Taufe Christi* malen. Seitdem ist er böse."

„Warum?"

Da mischte sich Domenico ins Gespräch:

„Weil der Schüler schon mehr als der Meister kann."

Tadelnd und ernst erwiderte Leonardo:

„Schweig! Es handelt sich um etwas ganz anderes. Der Engel, den ich malte, das bin ich. Ich habe mich selbst gemalt und mich damit verewigt; das ist Hochmut und Selbstüberhebung – sagt der Meister."

Die Miene Leonardos war so abweisend, daß Domenico dieses Gebiet lieber verließ und zu seiner Arbeit zurückkehrte:

„Stell dich dort ins Licht, Amerigo, und verhalte dich ruhig!"

Kopfschüttelnd hantierte er mit seinen Farbtöpfen:

„Ich traue deiner Mischung nicht. Wie könnte sie von der Mauer aufgenommen werden? Sie verbindet sich gewiß nicht mit dem nassen Kalk."

Leonardo zuckte lächelnd die Achseln:

„Wenn man nicht versucht, sich über das Gewohnte hinwegzusetzen, wird man immer am Boden kleben bleiben."

„Sich zu erheben, über allem zu schweben, zu fliegen – das wäre wunderbar!"

---

* „Der alte Palast", Sitz der Regierung.

In seinem Eifer hatte Amerigo seinen Platz verlassen und war zu Leonardo getreten:
„Ich träume manchmal, daß ich fliege, und das ist mein schönster Traum. Manchmal träume ich ihn auch mit offenen Augen... des Abends, wenn die Mauerschwalben aufsteigen... so hoch, daß man sie kaum mehr sieht."
„Auch ich sehe ihnen gerne zu und versuche herauszubekommen, wie sie es machen. Wenn wir das erst wissen, können wir auch fliegen", warf Leonardo ein.
„Und wo sind unsere Flügel?" spöttelte Domenico.
„Wir werden sie uns machen."
„Ja, wie Ikarus, der alte Grieche", rief Amerigo begeistert aus.
„Warum auch nicht? Der Mensch kann alles; er muß nur wollen."
Mehr als jugendlicher Überschwang sprach die Überzeugung einer Persönlichkeit aus diesen Worten; Amerigo geriet immer mehr in ihren faszinierenden Bann; er schwärmte:
„Fliegen und segeln... Himmel und Meer... sie haben etwas Gemeinsames, etwas Großes, Unbekanntes... man sehnt sich..."
Mit seinen klaren Augen, die den Menschen und den Dingen auf den Grund zu sehen schienen, betrachtete Leonardo den neuen Gefährten:
„Du willst aufs Meer und ins Unbekannte segeln?"
„So wie du fliegen willst."
„Segeln ist leichter als fliegen."
„Über den Ozean? Auf neuen Wegen nach Indien? Ist das leicht?"
„Kein Mensch hat noch den Ozean überquert. Übrigens kommst du auf diesem Weg nie nach Indien."
„Es gibt hier in Florenz einen Mann, der weiß es besser."
Ungläubig starrte ihn Leonardo an:
„Wie heißt er? Was tut er? Wo wohnt er?"
„Er heißt Paulo Dal Pozzo Toscanelli, ist Arzt, Astronom und Naturkundiger; er schreibt Bücher, zeichnet Land-, See- und Himmelskarten, untersucht Pflanzen, Tiere und Steine, stellt Berechnungen über alles und jedes an — kurz, er ist der klügste und gelehrteste Mann in Florenz."

„Kennst du ihn?"
„Ich bin sein Schüler."
Da packte Leonardo den erschrockenen Amerigo heftig am Arm:
„Ich muß ihn kennenlernen. Glaubst du, daß er weiß, wieso es den Vögeln möglich ist zu fliegen? Warum das Blut in unserem Körper kreist? Warum der Spiegel unser Bild zurückwirft? Glaubst du, daß er es weiß?"
Im Brustton der Überzeugung erwiderte Amerigo:
„Er weiß alles!"
„Führ mich zu ihm!"
„Das wird nicht ganz einfach sein. Messer Paulo läßt alle Besucher abweisen. Er haßt es, wie ein Wundertier bestaunt zu werden."
„Glaubt Paulo Toscanelli, daß der Mensch fliegen kann?"
„Woher soll ich das wissen? Aber nachdem er annimmt, daß der Mensch einmal Gold herstellen und den Osten erreichen wird, wenn er nach Westen fährt, warum soll er nicht auch ans Fliegen glauben?"
Ungestüm faßte Leonardo ihn an der Hand:
„Führe mich zu ihm! Du *mußt!*"
Ziemlich ratlos blickte ihn der Jüngere an. Dann kam ihm der rettende Einfall:
„Ja, so kann es klappen. Du kommst mit mir zu meinem Onkel Giorgio nach San Marco; er wird dir helfen."
Schuldbewußt wandte er sich an Domenico:
„Bist du mir böse, daß ich dir nicht Modell gestanden habe?"
Verärgert hob der Maler den Kopf:
„Mit eurem Geschwätz habt ihr die beste Zeit vertan. Die Sonne ist fort."
Als er die unglückliche Miene Amerigos bemerkte, setzte er etwas milder hinzu:
„Wir sehen uns übermorgen zu gleicher Zeit."
Dann packte er seine Sachen und verschwand.

*

„Dominus servus servorum suorum sit..." (Der Herr sei der Diener seiner Diener.)
Mit diesen feierlichen Worten schloß Pater Giorgio Antonio Vespucci den Kodex, der vor ihm auf dem Tische lag, und fügte hinzu:
„Lectio finem habet." (Der Unterricht ist zu Ende.)
Die Schüler erhoben sich, sammelten Hefte und Bücher ein, verbeugten sich leicht in Richtung des Katheders und verließen schweigend, aber in ziemlich beschleunigtem Tempo den Raum. Zwei von ihnen hatten ihre Plätze nicht verlassen, obwohl fragende Blicke und aufmunternde Rippenstöße sie dazu aufforderten.
Mittlerweile hatte der gelehrte Dominikaner über die Schildpattfassung seiner Brille hinweg die beiden „Hinterbliebenen" gemustert. Endlich brach er das Schweigen:
„Was gibt es, edler Lorenzo? Wollt Ihr mich etwas fragen?"
Lorenzo de'Medici erhob sich; dabei zeigte es sich, daß er nicht sehr groß, aber kräftig gebaut und ungefähr siebzehn Jahre alt war. Obwohl dem Schnitt nach einfach, waren seine Kleider kostbar und brachten sein Äußeres vorteilhaft zur Geltung. Sein Gesicht trug unregelmäßige Züge und war keineswegs anziehend; doch wurden diese Mängel durch eine hohe Stirne und lebhafte, geistvolle Augen ausgeglichen.
„Wenn Ihr gestattet, möchte ich gern einige Fragen stellen, *domine magister*."
„Fragt!"
„Der unbekannte Philosoph des byzantinischen Kodex, den Ihr eben zitiertet, spricht vom Herrn, der Diener seiner Diener sei. Das verstehe ich nicht recht. Wie kann ein Herr gleichzeitig auch Diener sein? Herrentum und Knechtschaft in einer Person halte ich für unvereinbar."
„Meint Ihr? Und es ist doch so einfach: Der unbekannte Ratgeber byzantinischer Herrscher will damit sagen, daß, wer anderen befiehlt, der erste sein muß, der seine eigenen Gesetze befolgt, und auch immer dafür sorgen muß, daß sie befolgt werden können. Er ist auch nicht Herr seines Handelns, denn das Wohl der von ihm Abhängigen schreibt ihm sein Handeln vor. Außerdem

ist er strenger als jeder andere an seine Gesetze gebunden, weil er Vorbild zu sein hat und kleine Übertretungen vermeiden muß, die ein gewöhnlicher Bürger bedenkenlos begehen wird. Schließlich ist der Herr desto größer, je weniger er seine Größe fühlen läßt."

Sichtlich beeindruckt stand Lorenzo auf und nahm seine Hefte an sich.

„Ich werde Eure Worte nicht vergessen, *domine magister*."

Dann fragte er seinen Nachbarn:

„Kommst du mit, Amerigo?"

„Nein, ich bleibe."

Lorenzo hob grüßend die Hand und ging.

„Was willst du von mir?"

Pater Giorgio lächelte seinem Neffen aufmunternd zu, so daß diesem seine Bitte leichtfiel:

„Unten im Kreuzgang wartet ein Freund von mir, der gern mit Euch sprechen möchte."

„Bring ihn her! Zuerst aber will ich wissen, wie er heißt und was er von mir haben will."

„Er heißt Leonardo, ist der Sohn des Notars Piero da Vinci und möchte von Euch bei Messer Paulo eingeführt werden."

Bevor Pater Giorgio sich dazu äußern konnte, war Amerigo schon bei der Tür draußen und flitzte wie ein Pfeil in den Klosterhof.

Gesittet kehrte er mit Leonardo ins Schulzimmer zurück, wo sich der junge Maler mit der Anmut, die ihn auszeichnete, vor dem Lehrer seines Freundes verbeugte.

Pater Giorgios scharfes Auge musterte ihn:

„Du willst Messer Paulo aufsuchen? Zu welchem Zweck?"

„Ich möchte sein Schüler werden — wenn mein Vater es erlaubt und das nötige Geld gibt."

Er benahm sich mit großer Natürlichkeit und sprach zu dem gelehrten Dominikaner wie zu seinesgleichen:

„Aber ich bin nicht ganz sicher, daß er es tun wird. Ich habe Maler werden wollen und will es noch; aber ich will auch studieren. Wenn ich ihm nun mit diesem neuen Wunsch komme, wird er es vielleicht für eine Laune halten, obwohl..."

„Obwohl?"
„Obwohl ich jetzt weiß, daß es Kunst ohne Kenntnisse nicht geben kann. Ohne Mathematik, ohne Geometrie gibt es keine Konstruktion."
„Du hast recht. Das ist auch meine Ansicht. Was willst du von Messer Paulo lernen?"
„Vieles... alles... alles, was mir nicht klar ist und ich selbst nicht lösen kann. Ich will ihn befragen über den Vogelflug, die Bewegung der Fische im Wasser, über den menschlichen Körper und über die Arten der Fortbewegung; vor allem möchte ich über die Möglichkeit des Fliegens, die Art der Berechnungen, den Antrieb, die Kraft, kurz, über alles Einschlägige mit ihm sprechen."
Leise und verhalten lachte der Pater:
„Und sonst nichts? Bist du sicher, daß Messer Paulo alle Fragen beantworten kann?"
„Nein, sicher bin ich nicht; aber ich hoffe es. Ich habe gehört, man sage von ihm, daß er mit den Füßen auf der Erde gehe, sein Geist aber zwischen den Sternen schwebe, und er gleichzeitig sterblich und unsterblich sei."
Wieder lächelte Pater Giorgio:
„Das sagt Poliziano, unser Dichter am Hofe der Medici. Das ist dichterische Übertreibung. Jedes menschliche Können und Wissen ist begrenzt, und die Fragen, die du stellst, reichen über diese Grenzen hinaus."
„Aber ich bin überzeugt, daß viele dieser Grenzen in Zukunft überschritten werden."
Bei diesen mit so großer Sicherheit vorgebrachten Sätzen verschwand das Lächeln von den Lippen des Dominikaners:
„Vielleicht bist du einer der Menschen, die den Kreis unseres Wissens erweitern. Wir leben in einer Zeit des Aufbruchs, in der viel Neues geboren wird. Steck deine Ziele hoch. Versuche zu fliegen — ob im Geiste, ob mit künstlichen Flügeln. Und jetzt wünsche ich dir, daß unser gelehrter Toscanelli dir den Weg weisen möge, den du allein dann zu Ende gehen mußt."
Sie tauschten nur einen flüchtigen Blick und verstanden einander.

„Ich werde dir ein paar einführende Zeilen mitgeben, damit du vorgelassen wirst."

„Dafür wäre ich Euch dankbar, *domine magister*."

Pater Giorgio schrieb einige Worte auf ein Stück Pergament, faltete es und übergab es Leonardo:

„Komm einmal im Vorübergehen zu mir und sage mir, was du bei unserem großen Gelehrten erzielt hast."

Mit einem wohlwollenden Kopfnicken verabschiedete er Leonardo, strich seinem Neffen leicht über die Haare und verschwand rasch im Refektorium.

Zufrieden mit dem, was sie erreicht hatten, eilten die beiden Freunde auf die Straße. Amerigo, der beim Anhören der vorhergegangenen Unterredung manchmal rechte Minderwertigkeitsgefühle verspürt hatte, gewann langsam sein seelisches Gleichgewicht wieder:

„Sagte ich dir nicht, daß dir mein Onkel helfen würde? Jetzt können wir beruhigt zu Messer Paulo gehen; er wird dich freundlich empfangen, während du sonst gar nicht bis zu ihm vorgedrungen wärst. Er empfängt keinen Unbekannten, der ihm nicht empfohlen wird. Meine Empfehlung gilt nicht; als Schüler habe ich in diesen Dingen nicht mitzureden."

Leonardo lachte sein gutmütiges, etwas spöttisches Lachen:

„Das glaube ich dir, *amico*. Nun aber soll uns Messer Paulo Dal Pozzo Toscanelli lehren — dich, wie man über den Ozean segelt, und mich, wie man fliegt!"

3. Kapitel

GROSSE DINGE – KLEINE MENSCHEN

„Merkwürdiger Junge!" Wie eine Eule sah Toscanelli durch seine dicken Brillengläser Leonardo an und bemühte sich, aus dem Jungen klug zu werden.

„Sonderbare Fragen, die du an mich stellst."

„Ihr habt sie noch nicht beantwortet, *domine magister*", erwiderte der junge Maler sehr respektvoll, aber auch sehr bestimmt.

„Was soll ich dir antworten, wenn du wissen willst, wie der Flug des alten Griechen Ikaros in unseren Tagen zu verwirklichen wäre? Meiner wohldurchdachten Meinung nach ist es für einen Menschen nicht möglich zu fliegen. Die Sache vom Ikaros ist eben nur eine Sage und beruht auf keiner wirklichen Begebenheit. Der Mensch müßte viel mehr Kraft besitzen, als er tatsächlich hat, um Flügel in der nötigen Größe betätigen zu können. Niemand kann dir verbieten, solche Flügel herzustellen; du magst Adlerfedern dazu verwenden, wenn du es für gut hältst. Leg sie an, wenn sie fertig sind, und versuche dich vom Boden zu erheben – mit Hilfe dieser Flügel!"

„Ihr meint, die Kraft meiner Muskeln würde nicht ausreichen?"

„Nein! Weißt du, welche Oberfläche deine Flügel haben müßten, um dich tragen zu können?"

„Nein, Messere."

„Ungefähr zwanzig Ellen im Quadrat! Du wärest nicht einmal imstande, sie aufzuheben, geschweige denn sie zu bewegen."

„Aber wenn ich genügend Kraft dazu besäße?"

„*Wenn* du sie besäßest und wenn du die entsprechenden

Bewegungen ausführen könntest, bedarfst du noch der Hilfe des Windes, oder besser gesagt, noch der Luft, um dich zu tragen."

„Die Luft trägt? Warum fällt dann der Vogel herunter, wenn er die Flügel nicht bewegt?"

„Das ist nicht richtig. Er stürzt nur herab, wenn er tot ist, zum Beispiel, wenn er von einem Geschoß getroffen wird; aber nicht, solange er lebt. Hast du noch nie in großer Höhe einen Geier oder einen Sperber mit ausgebreiteten Flügeln ruhig in der Luft stehen sehen?"

„O ja, schon oft. Ich verstehe nicht, wie es möglich ist. Wie können sie sich unbeweglich in der Luft halten?"

„Denk an den Drachen, den die Kinder im Herbst steigen lassen; er schwebt oft, ohne sich zu bewegen."

„Ihn hält die Schnur, auf die er sich stützt."

„Falsch, ganz falsch! Er stützt sich nicht auf die Schnur, im Gegenteil: Sie zieht ihn nach unten, oft wirkt sie auch wie ein Anker. Der Drache stützt sich auf die Luft; der Wind bewegt ihn, die Schnur hält ihn fest, sonst nichts."

Aufmerksam hörte Leonardo zu:

„Und wenn es keinen Wind gibt?"

„Dann sinkt der Drache, während der Vogel durch eigene Kraft — auf mechanische Weise, sozusagen — sich oben hält."

„Auf mechanische Weise... durch die Kraft eines Apparates... so könnte auch der Mensch eines Tages fliegen..., so wird es auch sein!"

Toscanelli verzog den Mund zu einem gutmütigen Lächeln:

„Ach was! Hirngespinste... auf mechanische Weise willst du die Kraft deiner Muskeln verdoppeln, verdreifachen, verzehnfachen? Merke dir, mein Lieber: Die Mechanik bietet dir drei Möglichkeiten: Zahnräder, Hebel und elastische Federn. Wenn du sie verwendest, so vermehrst du das Gewicht. Je größer aber das Gewicht wird, desto mehr Hebel, Zahnräder und dergleichen benötigst du. Du gelangst dadurch in einen Teufelskreis, aus dem es keinen Ausweg gibt. Kein Apparat wird sich jemals von selbst in die Luft erheben können!"

„Vielleicht gibt es doch eine Möglichkeit."

Toscanelli nahm seine Brille ab, reinigte sie umständlich mit einem weichen Ledertuch und war nun wieder für die überraschenden Offenbarungen dieses jugendlichen Genies gerüstet:

„Also du meinst, man könne einen solchen Flugapparat herstellen?"

Er schlug sich auf die Schenkel:

„So einfach, wie du dir die Sache vorstellst, ist sie nicht. Auf dem Gebiet der Forschung ist nichts einfach. Ich suche seit Jahren einen Seefahrer, der den Ozean überquert — eine fast sichere Angelegenheit —, und kann keinen finden. Da steht mir nun ein fliegender Mensch ins Haus, der sich mit einem Apparat, der erst noch erfunden werden muß und der von selbst aufsteigt, in die Luft erheben will. Wie soll er denn aussehen? Wie soll er funktionieren, dein Apparat?"

„Das weiß ich noch nicht genau. Ich denke, daß er sich in die Höhe schrauben wird, so ähnlich wie sich eine Schraube in ihrer Mutter aus Holz oder Eisen bewegt." (Zitat aus den Aufzeichnungen Leonardos da Vinci.)

Diesmal setzte sich Toscanelli fest in seinem Lehnstuhl zurecht, als brauchte er für das Kommende eine Stütze, nahm die Brille ab, legte sie auf den Tisch und schloß die Augen.

„Sich in die Luft schrauben... soso... etwas ganz Neues... neugierig wäre ich schon, dergleichen einmal zu sehen... jaja!"

Leonardo griff in seine Tasche:

„Wenn Ihr sehen wollt... ich habe hier ein kleines Modell... eine Spielerei..."

Er stellte das Ding auf den Tisch. Es war ein Stückchen Blech, zu zwei flügelähnlichen Blättchen zurechtgeschnitten; das eine hinauf-, das andere hinabgebogen, einem heutigen Propeller nicht unähnlich.

Neugierig nahm Toscanelli das Ding in seine Hände, bewegte es hin und her und verzog dann die Lippen:

„Und *das* soll fliegen?"

Er warf es in die Höhe. Klirrend fiel es zu Boden.

„Es fliegt, wenn es hinaufgeschraubt wird", nahm sich Leonardo eifrig seiner „Erfindung" an.

Amerigo hatte sich bisher als schweigender Zuhörer und Zuschauer im Hintergrund gehalten und mit wechselnden Gefühlen das Gespräch verfolgt. Jetzt trat er vor und hob das komische Ding, das ein Flugapparat sein sollte, auf. Unterdessen hatte Leonardo aus der zweiten Rocktasche ein anderes Gebilde hervorgezogen. Es war ein Eisenstäbchen mit eingeschnittener Spirale und mit einer Art von Spule darüber; ein Loch in der Mitte des Blechstücks, wo sich die beiden Flügel trafen, erlaubte ihm, sie über das Stäbchen zu schieben.

„Paßt auf, *domine magister!*"

Rasch schob er die Spule hinauf, die Flügel begannen zu kreisen, hoben sich ab und schwirrten im Zimmer umher, bis sie sich auf dem Arbeitstisch des Messer Paulo niederließen.

„Es fliegt, das kleine Ding. Eine nette Spielerei. Es schraubt sich in die Luft, weil deine Hand den Antrieb gibt."

„Aber der Antrieb hätte kaum eine Wirkung, wäre nicht die rotierende Bewegung."

„Ich wiederhole: Eine nette Spielerei! Sie weist auf Möglichkeiten hin; aber welch weiter Weg, sie auszuwerten. Eine Grundlage, vielleicht! Wie willst du daraus einen Flugapparat gestalten? Vor allem aber: Woher nimmst du die Kraft für den Antrieb?"

Leonardo hielt den Kopf gesenkt und antwortete nicht. Dann sagte er mit seiner gewohnten Sicherheit:

„Ich weiß, daß ich noch viel zu lernen und viel nachzudenken habe, aber der Mensch kann, was er will — und ich will. Auch die Kraft für den Antrieb eines Flugapparates wird sich finden." (Ihm ist es nicht gelungen, obwohl er sich viel mit diesem Problem befaßte und zu Teillösungen kam, die seiner Zeit vorauseilten.)

Obwohl die Unterredung nicht so ausfiel, wie es sich der Junge vorgestellt hatte, ließ Leonardo nicht locker. Er wollte die Gelehrsamkeit seines neuen Bekannten nützen, um eine andere wichtige Auskunft zu erhalten. So platzte er heraus:

„Fließt das Blut in unseren Adern?"

Verblüfft starrte ihn Toscanelli an:

„Zum Teufel, was willst du eigentlich? Was willst du werden? Maler? Ingenieur? Flieger? Oder Arzt?"

Gegen seine Art sagte Leonardo leise:

„Ich weiß es noch nicht; ich weiß nur, daß ich vieles, am liebsten alles wissen und können möchte."

Die Antwort und wie sie gegeben wurde, besänftigte den Alten:
„Du fragst, ob das Blut in unseren Adern fließt? Das Herz ist eine Pumpe und pumpt es in die äußersten Finger- und Zehenspitzen, in den Kopf, in alle inneren Organe usw."

„Ist das notwendig?"

„Du fragst wie ein Kind nach dem Warum des Warum. Wir müssen uns begnügen, diese Tatsachen festzustellen. Ich habe dich im Verdacht, daß du nur fragst, um zu fragen."

Er war fast ärgerlich, entschloß sich dann aber doch, in seinen Ausführungen fortzufahren:

„Warum das Herz Blut in unsere Adern pumpt? Um dem Körper Wärme zu geben, um die Nährstoffe in jeden seiner Teile zu führen. Genaues weiß man nicht. Das ist auch eine Antwort, mit der du dich nicht zufrieden geben wirst. Einen guten Rat aber kann ich dir geben: Zersplittere deine Kräfte nicht! Packe nicht zuviel auf einmal an!"

Eine flammende Röte bedeckte das schöne Gesicht des Jungen:

„Ich danke Euch, aber: Ich will etwas Großes, etwas ganz Großes werden: Künstler, Gelehrter, Musiker, Erfinder, alles zusammen."

„Große Pläne und schöne Worte. Man kann nicht alles sein. (Leonardo da Vinci, das Universalgenie, sollte später beweisen, daß man all das in einer Person vereinen konnte.) Du wirst dich entscheiden müssen. Wo und was hast du studiert?"

Der Junge zögerte mit der Antwort; vielleicht hatte diese Frage einen wunden Punkt berührt.

Amerigo ahnte die Verlegenheit, in der sich sein Freund befand, und schaltete sich ein:

„Er arbeitet bei Meister Andrea Verrocchio."

„Das ist ein vorzüglicher Maler; aber was haben das Fliegen, das Blut und die Malerei miteinander zu tun?"

„Ein Künstler muß alles wissen, um alles richtig darstellen zu können. Wenn er den menschlichen Körper malen oder in Ton formen will, muß er dessen äußere und innere Beschaffenheit genau kennen, muß wissen, wie die einzelnen Organe funktionieren. Ja, er muß wie Gott aus dem Nichts Geschöpfe bilden, die den ewigen Gesetzen entsprechen."

„Du hast eine besonders hohe Meinung von den Künstlern, und ich verstehe, daß du Großes erstrebst; hoffentlich erreichst du es. Jetzt lebt wohl, ihr beiden! Ich glaube, daß jeder von euch seinen Weg machen wird. Und wenn du, mein lieber Leonardo, wieder ein paar Probleme in deinem Kopf wälzst, dann komm; *vielleicht* kann ich dir helfen."

Amerigo hörte mit offenem Munde den letzten Satz. Nie hätte er es für möglich gehalten, daß es für das Wissen seines Lehrers ein *„vielleicht"* geben könnte.

*

An diesem Abend — wie an vielen anderen auch — war Mona Elisa Vespucci im Gegensatz zu ihrem gelassenen, etwas pedantischen Gatten recht schlechter Laune. Sie ärgerte sich über ihren ältesten Sohn, der wieder einmal den Unterricht bei seinem Onkel Pater Giorgio geschwänzt hatte. Girolamo hatte es vorgezogen, mit einer Gesellschaft gleichaltriger und gleichgesinnter junger Leute den Jahrmarkt am St.-Gallus-Tor zu besuchen.

Auch Amerigo ließ sich mit dem Heimkommen Zeit. Er hatte seinem Freund Modell gestanden; sie waren ins Plaudern gekommen und fanden kein Ende.

Mona Elisa ließ ihren Ärger am Gatten aus, der an solche Ausbrüche gewöhnt war und sie mit der stillen Würde hinnahm, mit der er sonst seinen Klienten entgegentrat.

Sein Schweigen brachte die reizbare Frau noch mehr auf:

„Oh, das kümmert dich nicht! Du machst dir deine Aufgabe als Vater sehr leicht. Du magst ja ein tüchtiger Notar, ein ehrenhafter Bürger und ein guter Verwalter unseres Vermögens sein; aber deine väterlichen Pflichten erfüllst du nicht. Das lasse dir gesagt sein."

„Aber, aber, Elisa! Du bist ungerecht."

„Ungerecht? Ich? Jetzt ist es neun Uhr, und keiner deiner Söhne ist daheim, und mir sagst du, ich sei ungerecht! Es fehlt ihnen eben die Strenge des Vaters. Was unternimmst du schon, um ihren Leichtsinn zu zügeln?"

„Erst vorgestern habe ich sowohl Girolamo als auch Amerigo ermahnt."

„Du siehst den Erfolg."

„Heute werden sie eine ernsthafte Rüge erhalten. Ich werde sie über die Folgen ihres Benehmens aufklären."

Verächtlich verzog Mona Elisa den Mund:

„Eine ernsthafte Rüge! Sie pfeifen auf deine ernsthafte Rüge. Der Ochsenziemer, den mein Vater in einem solchen Fall für meine Brüder bereit hielt, der ist das Argument, das wirkt!"

Voll ehrlichem Entsetzen wiederholte Messer Anastasio:

„Aber, aber, Elisa! In der Erziehung wirkt ein Tropfen Honig besser als ein Faß Essig."

„Ganz falsch! Auf Honig fliegen die Bienen, das heißt, der ist gut für die Mädchen, aber den Jungen gehört Schärferes, besonders heutzutage, wo sie alle nichts taugen."

„Unsere Jungen sind brave Burschen; sie sind gut geraten, studieren..."

„... wenn es ihnen in ihren Kram paßt! Da ist vor allem Girolamo, der alles andere lieber tut als studieren. Amerigo ist im allgemeinen vernünftiger. Leider läuft er jetzt den Malern nach, besonders diesem jungen Bauern aus Vinci, dem Rinaldo, Bernardo oder wie er heißt."

„Du meinst doch nicht etwa den Sohn des Herrn Piero da Vinci? Aber, aber, Elisa! Messer Piero ist kein Bauer; er ist ein angesehener Notar und wohlhabender Gutsbesitzer und...", setzte er energischer hinzu, „mein persönlicher Freund."

„Das hindert doch nicht, daß sein Sohn einer jener modernen Tagediebe ist, die sich in den verschiedenen Künstlerwerkstätten", sie legte ihre ganze Mißbilligung in die Betonung dieses Wortes, „in jenen Künstlerwerkstätten herumtreiben, wo sie allerhand Dinge lernen, von denen es besser wäre, sie wüßten sie nicht. Jawohl, ich weiß, was ich sage!" beteuerte sie, als ihr Gatte protestierend die Arme hob.

„Das ist alles Gesindel, und dieser Rinaldo..."

„Leonardo..." wollte der Notar die Brandrede seiner Frau unterbrechen. Er hatte damit kein Glück.

„Ob Rinaldo oder Bernardo, das ist unwichtig. Wichtig ist, daß unser Sohn nicht verdorben wird, und dieser Leonardo scheint mir der Richtige zu sein. Sein Vater selbst hat erzählt, daß er Kummer mit ihm hat. In Vinci hat er seine Stube vollgepfropft mit Schlangen, Kröten, Würmern und anderem ekelhaften Getier; so eine Schweinerei!"

„Schlangen, Kröten und Würmer sind Geschöpfe Gottes und keine Schweinerei."

„Warum nimmst du dir nicht Nattern und Kröten ins Bett? Das wäre doch eine hübsche Abwechslung."

„Aber, aber, Elisa, du übertreibst und tust dem Jungen unrecht."

„Ich mag ihn eben nicht, ganz und gar nicht! Und", fügte sie triumphierend hinzu, „sein Meister mag ihn auch nicht; er hat nur Ärger mit ihm."

„Ich habe davon gehört. Leonardo soll ein außergewöhnliches Talent besitzen und seinen Meister bereits überflügelt haben."

Mona Elisa schien es müde zu sein, den Streit über Leonardo fortzusetzen und wechselte den Gegenstand des Gespräches:

„Heute nachmittag brachte ein Bote einen Brief; dein Bruder hat ihn geschickt. Was glaubst du, was er schreibt?"

„Das weiß ich nicht; aber du wirst mir seinen Inhalt gewiß nicht vorenthalten. Keine angenehme Nachricht?"

„Nein. Pater Giorgio teilt uns mit, daß Girolamo auch heute wieder den Unterricht versäumt hat."

„Unerhört! Weißt du, wo er ist?"

„Frag doch Amerigo! Er weiß Näheres."

„Und Amerigo? Wo ist er?"

„Ich sagte es doch vorher klar und deutlich; aber du hörst doch nie auf das, was ich sage. Amerigo treibt sich mit diesen Malern herum. Schöner Nutzen, den er aus dem teuren Studium zieht! Ich habe es dir doch gleich gesagt, mach einen tüchtigen Kaufmann aus ihm und nicht einen verrückten Gelehrten."

„Er wird ein Kaufmann werden; das ist beschlossene Sache; aber in den heutigen Zeiten muß einer, der es weiterbringen will, viel wissen, besonders viel, wenn er für ein Florentiner Haus arbeiten will. Warum sind unsere Bankiers und Handelsherren so angesehen? Nicht allein, weil sie mit vierundzwanzigkarätigen Goldgulden zahlen, sondern weil sie gebildete Leute sind und als Herren aufzutreten verstehen."

„Davon bemerke ich bei unseren Söhnen noch nichts; sie benehmen sich wie ungezogene Rangen, die man züchtigen muß."

Ungeduldig und verdrießlich erwiderte der Notar:

„Höre endlich auf zu schimpfen! Girolamo ist erst sechzehn, Amerigo kaum vierzehn Jahre alt. Ich lege dafür meine Hand ins Feuer: Mit zwanzig Jahren hat jeder eine schöne Stellung in einer Niederlassung der Medici, sei es in Spanien oder in der Levante, und erwirbt Geld und Ansehen."

In diesem Augenblick hörten die beiden Gatten einen leichten Schritt im Vorraum. Gleich darauf trat Amerigo ein. Mit seiner frischen Stimme begrüßte er die Eltern, und der Raum schien heller zu werden.

Herr Anastasio bemühte sich, ungnädig dreinzusehen und Strenge in den Ton seiner Stimme zu legen:

„Mein lieber, junger Herr, ist das die Stunde, in der Messer Paulo seine Schüler entläßt? Da kann man nur seine armen Kranken bedauern, die er erst jetzt besuchen kann."

Hochrot ließ Amerigo den Spott des Vaters über sich ergehen:

„Der Unterricht hat nur bis vier Uhr gedauert; aber dann ... dann ging ich in unsere Kirche zu Domenico und ... als es dunkel wurde ..."

„Was habe ich dir gesagt? Ich wußte es ja!" warf Mona Elisa böse ein: „Herumgetrieben hat er sich!"

Amerigo sah seinem Vater in die Augen:

„Zusammen mit Leonardo begleitete ich Domenico in seine Werkstatt."

„Das liederliche Kleeblatt hat sich gefunden."

Messer Anastasio räusperte sich und begann nach einem auffordernden Blick seiner Gattin:

„Ich will ja nicht behaupten, daß Domenico und Leonardo schlechte Burschen sind, ganz im Gegenteil; aber es sind angehende Künstler. Das ist nicht der richtige Umgang für dich. Du halte dich an deine Mitschüler. Denk an deine Zukunft und schließe dich an die jungen Medici, an Lorenzo und Giuliano, an. Ich bin sicher, daß auch Onkel Giorgio meine Meinung teilt."

Amerigo biß sich auf die Lippen:

„Lorenzo und Giuliano sind nicht meinesgleichen; sie sind zu vornehm und zu reich für mich."

„Damit hast du nicht ganz unrecht. Derzeit spielen die Medici die erste Rolle in unserer Stadt; aber auch du stammst aus einer alten Familie. Alle Vespucci sind im goldenen Buch des Adels eingetragen, und viele von ihnen versahen ehrenvolle Ämter. Hast du Giuliano di Lapo vergessen, der vor ungefähr fünfzehn Jahren Gonfaloniere der Republik und Console del Mar war? Sein Sohn, mein Vetter Piero, war Kapitän der Levante-Flotte und kam später an den Hof des Königs von Neapel, wo er zu den höchsten Ehren gelangte. Unsere Familie war immer mit den Medici befreundet; zu bescheiden, Sohn, darfst du nicht sein."

Nach einer kleinen Pause fügte er stolz hinzu:

„Und ich, bin ich nicht der Notar der Medici, ihr Vertrauensmann?"

„Ja, Herr Vater, trotzdem gehöre ich nicht zu ihnen. Ich kann nicht mithalten, wenn sie ihren Vergnügungen nachgehen. Ihr gesellschaftlicher Umgang ist nicht der meine. Onkel Giorgio wird es Euch bestätigen; er spricht die beiden Medici mit Monsignori oder Nobili an, uns andere aber mit den Vornamen."

„Ja, aber warst du nicht schon in ihrem Palast in der Via Larga eingeladen?"

„Ja, das schon; aber ich fühlte mich dort gar nicht wohl. Das ist eine Residenz. Außerdem benimmt sich Lorenzo, der mir nur zwei Jahre voraus hat, wie ein Erwachsener. Er nimmt an allen Gesprächen teil, disputiert über Politik und Philosophie und weiß über alles Bescheid. Er tritt wie ein Fürst auf, und Onkel Giorgio meint, daß nach dem Tode seines alten Großvaters und seines schwerkranken Vaters mein Mitschüler Lorenzo Herr unserer Republik werden wird — und das dürfte wahrscheinlich schon in ein paar Jahren der Fall sein."

„Ich weiß, ich weiß! Sein Großvater, unser *pater patriae* Cosimo, ist sehr alt, und seinen Vater Piero plagt die Gicht in ihrer bösesten Form; Pierfrancesco, sein Onkel, aber..."

„Zwischen den beiden Zweigen der Familie herrscht keine große Liebe."

„Erbschaftsstreitigkeiten! Das weiß ich als Notar der Familie am besten. Cosimo und die Seinen sind die Mächtigen, Pierfrancesco von der jüngeren Linie ist reicher und weiß diesen Reichtum auch den Verwandten gegenüber geltend zu machen."

Er machte eine Pause und besann sich auf den Anfang und den Zweck dieser Unterredung; so steckte er wieder seine ernste Miene auf:

„Lassen wir die Medici! Ob du sie aufsuchst oder nicht, das soll deine Sache sein. Ich möchte dir jedoch sehr empfehlen, dich intensiver deinen Studien zu widmen und die Gesellschaft der jungen Maler zu meiden. Keinesfalls will ich, daß du ein Künstler wirst."

„Auch ich will es nicht. Ich möchte ein Seefahrer werden, Herr Vater."

Messer Anastasio mußte über den Eifer seines Sohnes lächeln:

„Darüber wird sich reden lassen. Lerne fleißig, damit ich dir eine gute Stellung bei Pierfrancesco verschaffen kann. Vielleicht ergibt es sich dann, daß du die Schiffe des Hauses Medici führst; doch jetzt heißt es arbeiten und vernünftig sein. Gehorche deiner Mutter, sie meint es gut mit dir; löse dich von Domenico und Leonardo. Sie sind gewiß tüchtige Burschen, aber sie sind eben Künstler, und Künstler sind oft recht sonderbare Leute..."

„Zu Tisch!"

Die Stimme der Mona Elisa durchschnitt die eingetretene Stille. Ja, sie meinte es sicherlich gut mit ihren Kindern, die Mutter; sie opferte sich für ihre Familie auf — aber leicht hatte man es nicht mit ihr!

„Wenn mein Herr Sohn Girolamo endlich zu erscheinen geruht, bekommt er kein Abendessen!"

Das letzte Wort hatte eben die Mutter.

4. Kapitel

EIN WANDERER

In der anmutigen Villa Careggi in der Nähe von Florenz hatten die jungen Medici, Lorenzo und Giuliano, alles um sich versammelt, was sich durch Geist und Talent auszeichnete. Um die Sonne Lorenzo, der damals einundzwanzig Jahre zählte, kreisten zahlreiche Trabanten von heller und weniger heller Leuchtkraft. Ein Stern erster Ordnung war der gelehrte Grieche Argyropulos; daneben glänzten die italienischen Humanisten Ficino, Landino, Ugolini und andere mehr. Wer nennt ihre Namen! An Glanz und Ruhm standen ihnen die Poeten nicht nach, weder das Wunderkind Angelo Poliziano, das erst sechzehn Jahre zählte, noch der Spötter Pulci.

An einem lachenden Maimorgen hatte sich eine Gruppe der Gäste im großen Gartensaal zusammengefunden und hörte mit kritischem Behagen dem Satiriker Pulci zu, der eine Szene aus seinem komischen Epos Morgante vorlas. Er hatte kaum geendet, als sich auch schon verschiedene Gegenstimmen erhoben und in heiterster Weise die scharfen Angriffe des Dichters auf seine Zeitgenossen zu entkräften versuchten.

Die Unterhaltung war lebhaft und beschwingt und hatte sogar auf dem ernsten, meist in würdige Falten gelegten Gesicht des Griechen ein Lächeln hervorgebracht. Als er jetzt das Wort ergriff, tat er es nicht in der belehrenden Weise, die ihm eigen war, sondern er sprach wie jeder andere gut gelaunte Mensch:

„Meine Herren, es freut mich, Ihnen mitteilen zu können, daß sich meine Weissagung erfüllt hat!"

Miene und Worte waren so ungewöhnlich für diesen Mann, daß alles gespannt fragte:

„Welche Weissagung?"

Argyropulos warf sich in die Brust:

„Es sind Jahre her, daß ich prophezeite, unser Magnifico Lorenzo de' Medici würde im Alter von zwanzig Jahren — gleich Alexander dem Großen und Augustus — an der Spitze des Staates stehen."

Pulci, dessen scharfe Zunge gefürchtet war, schüttelte den Kopf und meinte boshaft:

„Wunderbar, Messere! Aber macht Ihr es Euch nicht ein wenig *zu* leicht, wenn Ihr Dinge voraussagt, die bereits eingetroffen sind? Da müßtet Ihr schon Beweise erbringen."

„Genügt Euch die Tatsache nicht, daß der Magnifico Lorenzo Herr von Florenz ist?"

Lachend rief Landino dazwischen:

„An dieser Tatsache ist nicht zu zweifeln; die *Weissagung* müßt Ihr beweisen!"

Der empfindliche Grieche war verletzt und entgegnete gereizt:

„Ich machte sie in Gegenwart des Magnifico Cosimo und seiner Gemahlin."

„Schade, daß beide schon tot sind! Schade für die beiden und schade für Euch!" meinte Pulci scheinheilig.

Argyropulos gab sich nicht geschlagen; wie hätte er auch eine Niederlage *coram publico* zugeben können! So lenkte er geschickt ab:

„Es ist ebenfalls eine nicht abzuleugnende Tatsache, daß ich Lorenzo und Giuliano herangebildet und zu dem gemacht habe, was sie sind."

Die erwartete Zustimmung blieb aus; dagegen kam die Frage:

„Was sagt man in der Stadt, was sie sind?"

„Oh, in der Stadt!" Marsilio Ficino hob die Augenbrauen und zuckte mit den Achseln: „In der Stadt... Ihr alle kennt unsere Florentiner und wißt, daß sie alles und jedes kritisieren. Wenn unser Herrgott selbst auf die Erde heruntersteige, würden sie achselzuckend sagen: ,Na und? Ist das auch schon etwas?' Ihr wißt es alle: Als Arnolfo den hohen Turm der Signoria vollendet hatte, was hörte man: ‚Na und? Schön ist er ja, aber eben ein Turm, nicht mehr.' Und als Ghiberti seine wundervollen Tore des Baptisteriums zeigte, hieß es: ‚Na und? Sehr gute Arbeit, aber schließlich sind es Türen, sonst nichts.' So sind die Florentiner eben!"

„Jetzt wollen wir aber endlich erfahren, wie sie über Lorenzo und Giuliano urteilen."

Pulci steckte seine lange Nase vor:

„Das werde ich euch gleich sagen; sie ..."

Erschrocken wehrte Argyropulos ab:

„Ich dulde nicht, daß hier in ihrem Hause schlecht über meine Schüler gesprochen wird."

„Warum glaubt Ihr, daß es etwas Schlechtes ist, wovon man spricht? Und warum steckt Ihr mir nicht gleich einen Knebel in den Mund? Um die Freiheit in Florenz muß es gut bestellt sein — würden die *Florentiner* sagen" — grinste Pulci.

„Von Knebeln ist keine Rede; Ihr dürft alles sagen, nur nicht in beleidigender Form."

Pulci verzog ironisch den Mund:

„Ich werde mich bemühen. Das Urteil der Stadt über Eure Schüler lautet: ‚Na und? Die beiden sind eben jung!'"

„Herrlich! Wunderbar! Ein glänzendes Urteil! Das schönste und schmeichelhafteste, das ich mir wünschen kann. Meine lieben Mitbürger können sich nicht vorstellen, wie dankbar ich ihnen dafür bin."

Alle wandten sich nach der Richtung, aus der die helle Stimme kam.

„Magnifico Giuliano!"

Mit aufrichtigem Vergnügen begrüßten sie den jungen Mann, der etwas ungemein Anziehendes in seiner äußeren Erscheinung und in der Art, sich zu geben, hatte.

Sein älterer Begleiter fühlte sich trotz des Beifalls Giulianos verpflichtet, ihn über die respektlose Äußerung des florentinischen „Volkes" zu beruhigen:

„Hört nicht auf die spitze Zunge unseres Dichters; das Volk liebt Euch — wie wir es alle tun."

Über diese Bemerkung und die beschwichtigende Art, wie sie

vorgebracht wurde, mußte Giuliano lachen, und mit Ausnahme des ehrfurchtgebietenden Griechen stimmten alle in das Gelächter ein.

„Schade, daß mein Bruder Lorenzo nicht anwesend ist. Es hätte ihn gewiß gefreut zu hören, was die Florentiner über uns sagen. Er ist so gerne jung und weiß die Jugend zu schätzen. Er dichtet jetzt eine Hymne, die beginnt: ‚Quant' è bella giovinezza' (O wie schön ist doch die Jugend), und ich füge hinzu: O wie schön ist doch das Leben!"

Mit strahlenden Augen sah er sich im Kreise um:

„Wir wollen uns einen guten Tag machen! Aber: Wo sind unsere Künstler?"

„Unten im Park!" Etwas Neid klang im Ton des jungen Poliziano; „sie lieben die Gesellschaft der Gelehrten und Dichter nicht sonderlich und ziehen es vor, ihren eigenen Vergnügungen nachzugehen."

Von außen drang Stimmengewirr zur der illustren Gesellschaft herauf.

„Das sind sie!"

„Ja, und ich erkenne auch die Stimme meines Bruders. Was ist los?"

Sie traten an die Fenster und blickten hinunter auf ein Rondell, wo sie Lorenzo de'Medici inmitten einer lärmenden Schar junger Leute bemerkten, die heftig gestikulierend ihre Meinung vertrat, wie es das Volk von Florenz seit eh und je tat.

Der junge Mann, der da in einer seiner wenigen Mußestunden mit Gleichaltrigen scherzte, stand an der Spitze der Republik Florenz, war Familienoberhaupt, verheiratet mit der stolzen Römerin Clarissa Orsini und freute sich auf die Geburt seines ersten Kindes.

Es waren zarte Schultern, die diese große Verantwortung trugen.

Nach dem Tode seines Großvaters Cosimo und seines Vaters Piero waren die Stadtgewaltigen an ihn herangetreten, die Regierung zu übernehmen. Es befanden sich bekannte Gegner der Medici darunter. Sie alle meinten, leichtes Spiel mit Lorenzo zu haben; einen Jungen zu lenken, ist keine schwierige Sache. Sie hatten sich getäuscht; *dieser* Junge war nicht leicht zu lenken. Er wußte, was er wollte. Er hatte bei Großvater und Vater eine gute Lehre genossen und wußte nicht nur in der Verwaltung von Florenz, sondern auch um die Leitung des ausgedehnten Familienunternehmens bestens Bescheid. In der kurzen Zeit, die seit seinem Amtsantritt vergangen war, hatte er außerdem eine ausgesprochene Begabung für Politik und viel Verständnis für die Vorgänge in der großen Welt bewiesen. Er errang immer mehr Anhänger im Volk und erschien seinen Gegnern immer gefährlicher.

Ja, der plaudernde junge Mann, der allem Anschein nach nur an Vergnügen dachte, hatte in kürzester Zeit gezeigt, daß er das Zeug zu einem tüchtigen Staatsmann in sich hatte. Er war kein Mann der Gewalt, sondern führte feinere Waffen und gewann als Vermittler zwischen den Staaten Italiens immer mehr Ansehen. Außerdem setzte er mit Erfolg die Bemühungen seiner Vorgänger fort, Florenz zu einem geistigen und wirtschaftlichen Mittelpunkt zu machen.

Vielleicht gelang ihm alles nach Wunsch, weil er jung war und Enttäuschungen noch nicht kannte. Jede sich bietende Gelegenheit nützte er unbedenklich aus.

„Lorenzo!"

Weit beugte sich Giuliano zum Fenster hinaus; „Lorenzo!"

Der junge Herr hob den Kopf und lachte zu seinem Bruder hinauf:

„Komm zu uns! An diesem herrlichen Maimorgen versteckt man sich nicht in kalten Zimmern. Hier im Freien ist es wunderbar."

„Deine Philosophen sind hier; sie kränken sich, weil du sie zugunsten der Künstler vernachlässigst."

„Führe sie zu mir. Beim Zeus! Ich vernachlässige sie nicht; ich vergönne ihnen den Genuß der Natur. Sie sollen ihre muffigen Stuben verlassen und sich mit uns des schönen Tages freuen."

„Gehen wir ins Freie, wenn es der Magnifico so haben will", sagte Argyropulos und trommelte zum Zeichen des Aufbruchs mit den Fingern auf den Tisch.

„Bei der schönen Artemis! Wir werden beweisen, daß wir keine Maulwürfe sind, die sich bei Sonnenschein in ihre Höhlen verkriechen; auf zur Jagd nach Stechmücken!" blies sich Pulci auf.

Binnen kurzem waren alle um Lorenzo geschart; man lagerte sich in den Schatten mächtiger Steineichen und auf sonnigen Rasenbänken. Bald wurde die Unterhaltung mit verteilten Rollen fortgesetzt, wobei die griechische und römische Götterwelt, deren Marmorstandbilder den Park schmückten, die stummen Zuhörer abgaben.

Ja, es war ein herrlicher Morgen und Lorenzo blendender Laune; er plauderte angeregt und verteilte seine witzigen Bemerkungen gerecht an alle Anwesenden. Seinem geschulten Blick als Gastgeber entging es nicht, daß sich der Sohn des Herrn Piero da Vinci von der Gesellschaft langsam zurückzog. Es gelang Lorenzo, sich dem Maler unbemerkt zu nähern:

„Warum so still, Leonardo? Fehlt dir dein Freund Amerigo? Man hat mir erzählt, ihr verstündet euch so gut, weil du die Luft, er aber den Ozean erobern will."

„Träume, Magnifizenz, Träume. Allerdings wollen sie verwirklicht werden. Das erfordert viel Zeit. Zeit zum Nachdenken, Zeit zum Lernen, Zeit zum Experimentieren — und das Leben ist kurz."

Leonardo wechselte den Ton:

„Was meinen Freund Amerigo betrifft: Er konnte mich nicht begleiten. Euer Vetter, der Magnifico Pierfrancesco, nahm ihn mit sich nach Trebbio."

Über das Gesicht Lorenzos glitt ein Schatten:

„Ja ja, mein Herr Vetter. Er weiß, wie er mich ärgern kann; aber Amerigo bereitet mir noch größeren Ärger!"

Das konnte für Amerigo nicht gleichgültig sein. Leonardo erkundigte sich:

„Was hat er denn angestellt? Gewiß tat er nicht absichtlich etwas Falsches."

„Er hat unsere Schulkameradschaft vergessen und mich bei seinen Zukunftsplänen übergangen. Warum ist er an meinen Vetter Pierfrancesco herangetreten, wenn er für unser Haus arbeiten will? Warum kam er nicht zu mir? Entweder hat es ihm sein Stolz verboten — und das wäre ungeschickt von ihm — oder es war Mangel an Vertrauen, weil ich eben nur ein ‚Junge' bin. Pierfrancesco allerdings ist 55 Jahre alt, ein reicher Bankier, dessen Vermögen größer als das unsere sein soll, dessen Schiffe auf dem Meer kreuzen und der Niederlassungen in Sevilla und in Smyrna besitzt; wahrscheinlich hat er Amerigo versprochen, ihn dort zu verwenden, und ihm ein hohes Gehalt geboten. Das reizte unseren Freund; dennoch erwartete ich, daß er sich zuerst an mich wenden würde."

„Ich kann mir nicht vorstellen, daß Amerigo aus Geldgier oder aus anderen niedrigen Beweggründen gehandelt hätte. Das sähe ihm gar nicht ähnlich."

Leonardo geriet bei der Verteidigung seines Freundes immer mehr ins Feuer.

Mit einem feinen, ironischen Lächeln erwiderte Lorenzo:

„Lieber Freund, sprich nicht von niedrigen Beweggründen. Amerigo möchte ein Seefahrer werden, er muß die Gelegenheit ergreifen, die sich ihm bietet, das heißt in diesem Fall, die ihm Pierfrancesco bietet und ich ihm derzeit nicht bieten kann. Ich verstehe, daß er so handelt und — bedaure es. Trotzdem hätte ich ihn heute gern in unserer Mitte gesehen."

Leonardo verbeugte sich mit der Eleganz eines Weltmannes:

„Ich werde ihm Eure Worte mitteilen und glaube, seine Antwort zu kennen: ‚Was soll ich in dieser erlesenen Gesellschaft? Ich bin weder ein Dichter noch ein Maler noch ein Philosoph; wie ein Fisch auf dem Trockenen würde ich mich dort fühlen.' "

Die gute Laune des Herrn von Florenz war wieder hergestellt:

„Du hast recht. Ich höre ihn sprechen. Vergeben und verzeihen wir! Aber nun zu dir! Was treibst du?"

„Magnifizenz, ich träume," er lächelte, „ich träume... und lebe und arbeite, indem ich träume. Das greifbare Ereignis ist nicht so wichtig; es befriedigt mich selten. In meinen Träumen gestalte ich alles klarer... besser... vollkommener..."

„Ich hörte von einer Anbetung der Drei Könige, mit der dich noch mein Vater beauftragte."

„Auch sie zählt zu meinen Träumen, an deren Verwirklichung ich arbeite."

„Und was hast du Greifbares in letzter Zeit gemacht?"
„Eine Laute, Herr."
Ungläubig sah Lorenzo zu dem hochgewachsenen Maler auf:
„Eine Laute?"
Wenn er auch um die vielseitige Begabung Leonardos wußte und von seinen Versuchen auf verschiedenen Wissens- und Kunstgebieten gehört hatte, war er doch von dieser neuesten „Laune" überrascht.

„Ja, eine Laute", mußte der junge Künstler zugeben und fing sofort an sie zu beschreiben — als wollte er sich rechtfertigen, nicht an dem bestellten Gemälde zu arbeiten.*

„Sie besteht aus Silber und besitzt die Form eines Pferdeschädels. Nach zahlreichen Experimenten ist es mir endlich gelungen, ihr den wohltönenden und vollen Klang zu verleihen, der mir vorschwebte. Wie viele Saiten ich ihr geben werde, ist mir noch nicht ganz klar; ich muß erst das Material, die Länge und die Stärke der Saiten erproben und die Zahl ihrer Schwingungen feststellen."

In komischer Verzweiflung hob Lorenzo die Hände:

„Und dies alles für eine Laute! Wann wird man auf ihr spielen können, wenn du bei ihrer Herstellung die hohe Wissenschaft bemühst? Ich beginne langsam zu begreifen, daß deine Begabung nicht zu klein ist, um große Dinge zu ersinnen, sie aber zu groß ist, diese auch zu verwirklichen. Du willst allen Dingen auf den Grund gehen und dabei das ganze Weltall umarmen; so fürchte ich, daß es dir nicht gelingen wird, unsere — im Verhältnis dazu — kleinen Ansprüche zu befriedigen."

„Vielleicht habt Ihr recht, Magnifizenz. Die Laute jedoch geht ihrer Vollendung entgegen. Wenn es dann soweit ist, müßt Ihr mir gestatten, Euch ein Lied darauf vorzuspielen."

„Einverstanden!"

Der Magnifico schlug ihm auf die Schulter:

„Komm jetzt mit mir zu den anderen — und träume nicht zuviel. Mir sind die Ergebnisse wichtiger als die Träume, und wären sie noch so groß! Deinem Freund Amerigo bestelle, daß

---

* Es ist tatsächlich nie vollendet worden.

ich ihn zu sehen wünsche. Vielleicht kann ich ihm etwas sagen, das ihm mein lieber Vetter Pierfrancesco nicht sagen kann."
Mit diesen rätselhaften Worten schloß er das Gespräch.

*

„Was, zum Kuckuck, hat mir der Magnifico zu sagen?"
Seitdem ihm Leonardo den Wunsch Lorenzos mitgeteilt hatte, rumorte es in seinem Kopf. Langsam schritt er über den Pontevecchio, um seinen alten Lehrer zu besuchen, wie er es regelmäßig tat. Sonst legte er sich auf dem Wege zu ihm die Fragen zurecht, die er an ihn stellen würde und deren Beantwortung für ihn von Interesse war. Heute jedoch kreisten seine Gedanken nur um die unerwartete Aufforderung des Magnifico. Was war das, was Pierfrancesco ihm nicht mitteilen konnte und ihm Lorenzo sagen wollte?
„Will er mir ein Amt verleihen? Am Hofe vielleicht gar? Um Gottes willen, nur *das* nicht! Ja, ein Schiffskommando, das wäre etwas! Darüber ließe sich reden. Aber einem Zwanzigjährigen eine Karavelle anzuvertrauen, auch wenn er von Navigation und Kosmographie mehr versteht als die meisten Kapitäne... nein! Daran war nicht zu denken. Messer Pierfrancesco hat mir wenigstens versprochen, mich nach Sevilla zu senden; dort werden die Schiffe für weite Fahrt ausgerüstet; dort gibt es Möglichkeiten für einen, der zur See will. Langsam wäre es an der Zeit, dieses Versprechen einzulösen. Was tue ich hier? Hauptbuch führen, Rechnungen schreiben, Berichte erstatten... immer das ewige Einerlei!"
Er seufzte aus tiefstem Herzensgrunde...
„Was kann Lorenzo mir zu sagen haben?"
In seiner Versunkenheit hatte er nicht bemerkt, daß ein Mann ihm folgte. Gewiß ein Fremder. Solche Gewänder trug man in Florenz nicht.
Der Unbekannte betrachtete nicht ohne Wohlgefallen den gutgekleideten jungen Mann, der seiner Umwelt so gar keine Beachtung schenkte und der jetzt sogar laut zu sich selber sprach:
„Mein verehrter Messer Paulo hat gut reden: ‚Vorwärts, Ame-

rigo, fahr fort! Draußen auf dem Meer liegt deine Zukunft; dort findest du Ruhm und Ehre. Fahr nach Westen, um in den Fernen Osten zu kommen', sagt er. Alles sehr gut und schön; aber er soll mir lieber raten, wie ich zu Schiffen und zu Geld komme. Soll ich vielleicht zum König von Frankreich oder zum König von Spanien gehen, eine schöne Verbeugung machen und bitten: ,Lieber Herr König, hättet Ihr nicht ein paar überzählige Schiffe und einen Beutel Gold für mich? Ich möchte nämlich ein bißchen auf dem Ozean herumfahren.' Ja, das wäre es..."

„Entschuldigt, Messere; ich suche das Haus des berühmten Arztes und Forschers Toscanelli. Könnt Ihr mir sagen, wo ich es finde?"

So plötzlich aus seinen Phantasien gerissen, sah Amerigo den Sprecher verständnislos an. Bald hatte er sich gefaßt und musterte den Unbekannten. Er hatte einen Mann von ungefähr fünfundzwanzig Jahren von sympathischem Äußern vor sich, dessen Kleidung verriet, daß er sich nicht in allzu glänzenden finanziellen Verhältnissen befand. Seine Frage ließ erkennen, daß er fremd in der Stadt war, und seine Aussprache verriet, daß er nicht aus der Toskana stammte.

„Das Haus Toscanelli? Am Ende dieser Straße, Messere", antwortete Amerigo in besonders höflichem Ton, um seine anfängliche Zerstreutheit zu entschuldigen. „Wenn Ihr gestattet, führe ich Euch hin, denn es ist auch mein Ziel."

„Bedeutet das, daß auch Ihr Messer Paulo aufsuchen wollt?"

„Ja, er war... er ist mein Lehrer!"

Der Fremde blieb stehen, nahm den Hut ab und strich mit einer nervösen Handbewegung eine Haarsträhne zurück:

„Ihr kennt ihn also? Er ist Euer Lehrer. Seid auch Ihr ein Arzt?"

„Nein, nein, Arzt bin ich keiner. Ich habe ganz andere Interessen."

Mit einer Geste, als wollte er sich für eine Ungehörigkeit entschuldigen, fuhr er fort:

„Mathematik, Kosmographie, Navigation..."

„Mathematik, Kosmographie, Navigation..." wiederholte der andere. „Da kann ich Euch gut verstehen und — beneiden. Ihr habt Glück, einen solchen Lehrer zu besitzen. Ich habe mir meine Kenntnisse in langen Jahren mühsam selbst aneignen müssen."

„Ihr seid...?"

„Ein armer Seefahrer mit großen Plänen im Kopf und keinen Pfennig in der Tasche. Mein Name sagt Euch nichts. Euch wird es genügen, wenn ich Euch verrate, daß ich aus dem einzigen Grunde von Genua zu Fuß hierher gewandert bin, um Messer Paulo zu sehen und mit ihm zu sprechen."

„Ihr kennt ihn?"

„Persönlich noch nicht; doch schrieb er mir einen Brief, den ich bei mir trage. Wenn ich ihn vorweise, werde ich hoffentlich empfangen werden."

Erstaunt starrte Amerigo ihn an:

„Paulo Toscanelli hat Euch geschrieben?"

Nach kurzem Nachdenken setzte er hinzu:

„Dann empfängt er Euch gewiß. Kommt mit mir!"

„Nicht wahr, er ist sehr gütig und liebenswürdig? Sicher hält er ein offenes Haus für alle, die kommen, um ihm ihre Verehrung zu bezeigen."

Amerigo mußte lachen, ob er wollte oder nicht:

„Entschuldigt meine ungebührliche Heiterkeit. Ich könnte jede Wette eingehen und würde sie gewinnen: Hättet Ihr nicht seinen Brief in der Tasche, so würdet Ihr die Schwelle seines Hauses nicht überschreiten. Messer Paulo ist keinesfalls böse, auch nicht hochmütig, aber sehr mißtrauisch und abweisend, besonders gegen Unbekannte. Er soll es nicht immer gewesen sein; er wurde es auf Grund schlechter Erfahrungen. Es kamen Besucher, die seinen Namen für dunkle Zwecke mißbrauchten, und solche, die sich Herstellungsgeheimnisse der von ihm verwendeten Medikamente aneignen wollten, und andere, die verstohlen eine Skizze der von ihm entworfenen See- oder Himmelskarten anfertigten. Das ertrug er nicht, und so wurde er verschlossen und ein wenig menschenscheu."

Als er die Enttäuschung auf dem Gesicht des Fremden bemerkte, beruhigte er ihn:

„*Euch* empfängt er, besonders, wenn Ihr über Navigation mit ihm sprechen wollt."

„Das will ich tun; deswegen bin ich ja gekommen. Er kennt meine Pläne und unterstützt sie."

Mit Mühe unterdrückte Amerigo die Frage, die ihm auf der Zunge brannte. Wie ein Blitz war der Gedanke in ihm aufgeleuchtet: Ein Seefahrer... was will er... Toscanelli ist mit seinen Plänen einverstanden... Pläne... will er nach Westen... Westen...?

Schweigend erreichten sie das Haus.

„Ich möchte Messer Paulo von Eurer Ankunft unterrichten. Es kann allerdings eine Weile dauern, bis ich Gelegenheit dazu habe. Wen darf ich ihm melden?"

„Christoph Kolumbus aus Genua."

*

Toscanelli hob kaum den Kopf, als ihn Amerigo beim Eintreten grüßte. Er schien in schwierige Berechnungen vertieft zu sein. Man durfte ihn nicht stören; so ließ sich Amerigo auf einen Stuhl nieder und wartete schweigend, bis sein Meister ihn anreden würde.

Nach einigen Minuten, die ihm endlos vorkamen, weil er an Kolumbus dachte, der noch immer vor der Türe stand, begann Toscanelli plötzlich zu reden. Sprach er zu sich selbst, waren seine Worte an Amerigo gerichtet? Das war kaum zu entscheiden.

„Hundertmal dasselbe Ergebnis bei Anwendung der verschiedensten Methoden. Es bleibt dabei: 120 Längengrade von Lissabon nach Katai in westlicher Richtung, 240 auf der östlichen Route. Die Entfernung verdoppelt und verdreifacht sich, wenn man ganz Afrika und Indien umschiffen muß. Und diese Idioten verstehen das nicht. Über Guinea wollen sie fahren, längs der afrikanischen Küste. Diesen Umweg wollen sie auf sich nehmen! Wo sie es doch so einfach haben könnten."

Sein Ton wurde immer ärgerlicher:

„Die Portugiesen, diese großen Seefahrer, nichts, aber schon gar nichts wissen sie. Dummköpfe sind sie."

Er schlug mit der Faust auf den Tisch:

„Narren und Dickköpfe sind sie, die in ihrer Dummheit beharren. Die besten Seekarten habe ich für sie entworfen, die Route über den Ozean genau eingezeichnet, einen ausführlichen Bericht geschrieben, und was haben sie mir gesagt: ‚Über den Ozean kann man nicht fahren', als ob er nicht auch Wasser, Wasser, nichts als Wasser wäre."

Beim Wort Wasser hieb er jedesmal auf den Tisch, daß die Papiere flatterten.

„Furcht haben sie, weil sie keine Küste in der Nähe haben wie auf der Fahrt entlang von Afrika. Da kommen sie mir mit Ausreden: die Strömungen und die Winde und die Hitze und die Kälte und Ungeheuer und die Dämonen und..."

Toscanelli hielt erschöpft inne; Amerigo rutschte auf seinem Sessel hin und her. Sollte er den Besuch anmelden? Er wagte es.

„Messere..."

Sehr ungehalten pfauchte ihn sein Meister an:

„Was willst du?"

Bevor er antworten konnte, sprach Toscanelli weiter; nun aber richtete sich sein Zorn gegen Amerigo:

„Du, du bist auch einer, der sich fürchtet. Du willst ein Seefahrer sein und sitzt noch immer hier."

„Ich bin erst zwanzig Jahre alt; wer vertraut einem Zwanzigjährigen ein Schiff an?"

Messer Paulo brummte:

„Das weiß ich auch, daß du jung bist. Soll ich zuschauen, wie du heranwächst? Und sterben, bevor du ein Mann geworden bist? Ich brauche jetzt, heute, einen Mann, der Mut hat, den richtigen Weg einzuschlagen und zu wissen, wie er an ein glückliches Ende kommt."

„Ich wüßte jemand", begann Amerigo, doch konnte er den Satz nicht vollenden.

„Ah, du kennst jemand, und ich kenne ihn nicht. Wie Diogenes mit der Laterne habe ich in der ganzen Toskana gesucht und niemand gefunden. Jetzt kommst du daher und..."

Plötzlich schlug seine Stimmung um:

„... und meine Laterne wird nicht mehr sehr lange brennen..."

Wieder begann Amerigo:

„Ein Mann..."

„Ja ja, dein Jemand. Wer ist es?"
„Er nennt sich Kolumbus und kommt aus Genua — zu Fuß!"
Mit einem Ruck wandte sich Toscanelli ihm zu:
„Was? Wer? Kolumbus?"
„Ja, Kolumbus aus Genua."
„Wo steckt er?"
„Er steht vor der Tür und will mit Euch sprechen."
„Er ist hier?"
Amerigo nickte bestätigend.
Messer Paulo sprang auf und war mit zwei Schritten bei Amerigo, der vor soviel Energie zurückwich.
„Er will mit mir sprechen?"
„Ja, Messere. Er trägt einen Brief von Euch bei sich — sagt er."
„Und du läßt ihn vor der Türe stehen? Ihn! Den Mann, den ich brauche. O welche Esel habe ich mir in meinen Schülern herangezogen!"
Er ging zur Türe, riß sie auf und brüllte:
„Lodovico! Lodovico!"
Dieser stürzte eilends herbei:
„Was ist los? Was befehlt Ihr?"
„Lauf zur Haustür; dort wartet ein Besucher. Empfange ihn, wie es sich gehört, und führte ihn zu mir. Es ist Messer Christoph Kolumbus aus Genua. Hast du mich verstanden?"
Ohne zu antworten, stürzte der Diener die Treppe hinunter; er kannte die Wutausbrüche seines Herrn und tat alles, um sie zu vermeiden. Inzwischen suchte er krampfhaft in seinem Gedächtnis nach dem Namen Kolumbus; er hatte ihn nie gehört.
Wer konnte das sein? Jedenfalls eine wichtige Persönlichkeit. Ein Botschafter? Ein Admiral? Der... Doge!
Eilig öffnete er das schwere Tor.
Das war der Besuch, der mit Hochachtung behandelt werden sollte? Dieser schlechtgekleidete Bittsteller vor der Tür? Das muß ein Irrtum sein.
Herablassend fragte er:
„Zu wem wollt Ihr?"
Etwas eingeschüchtert durch das anmaßende Auftreten seines Gegenübers, erwiderte Kolumbus:

„Ich möchte Messer Paulo Dal Pozzo Toscanelli sprechen. Hier ist ein Brief, den er mir schrieb."

„Tretet ein!"

Und dann? Dann gab es einen Auftritt, wie ihn die Anwesenden nicht für möglich gehalten hätten.

Messer Paulo eilte seinem Gast entgegen und schloß den ärmlichen Fremden in die Arme.

„Du, hier in Florenz... bei mir!... in meinem Hause! Das ist ein Freudentag für mich. Du kommst zur rechten Zeit, mein Freund. Fast verzweifelte ich schon daran, einen Menschen zu finden, der meine Ideen verwirklicht. Nun bist du gekommen, *du* wirst über den Ozean fahren, Christoph Kolumbus."

5. Kapitel

CHRISTOPH KOLUMBUS

Toscanelli entfaltete das Schreiben, das ihm Kolumbus als Ausweis übergeben hatte.

„Ja, das ist mein letzter Brief an dich", und er begann halblaut vorzulesen:

„Paulo grüßt Christoph Kolumbus.

Ich erkenne Deinen großen und edlen Wunsch an, dorthin fahren zu wollen, wo die Gewürze wachsen; darum sende ich als Antwort auf eines Deiner Schreiben die Abschrift eines anderen Briefes, den ich vor einigen Tagen an einen meiner Freunde schrieb. Er verkehrte — vor den spanischen Kriegen — am Hofe des durchlauchtigsten Königs von Portugal, und ich beantwortete damit ein Schreiben, das er im Auftrag seiner Hoheit über den besagten Fall an mich gerichtet hatte. Auch sende ich Dir eine andere Seekarte, ähnlich der, die ich ihm zukommen ließ, und die Deinen Wunsch befriedigen wird..."*

„Es besteht kein Zweifel, daß dieser Brief von mir stammt. Ich erinnere mich seiner ganz genau, und ich erinnere mich auch, damals erklärt zu haben, dies sei der Mann, den ich brauche. Und jetzt, da du vor mir stehst, finde ich diese Ansicht zu meiner Freude voll bestätigt."

Während Messer Paulo sprach, schien Kolumbus ein anderer zu werden; seine Gestalt straffte sich, seine Gesichtszüge verhärteten sich unter dem Ausdruck einer unbezwinglichen Tatkraft, sein Kopf hob sich voller Selbstbewußtsein. Auch seine Stimme hatte an Fülle und Bestimmtheit gewonnen, als er sagte:

---

* Historisch.

„Ihr habt mir meine Zuversicht wiedergegeben, Messer Paulo. Ich war immer fest entschlossen, den Sprung über den Ozean zu wagen, doch niemand wollte mir dabei die nötige Unterstützung gewähren. Wen immer ich darum bat, er versagte sie mir. Der Narr, der Abenteurer hieß es. Sogar zum Betrüger stempelte man mich. Ausgelacht hat man mich. Ich wollte fast verzweifeln, nicht an mir, sondern an der Umwelt; da kam Euer Schreiben zur rechten Zeit — und hier bin ich. Ihr werdet mir helfen."

„Ich?" Das Gesicht Toscanellis verzog sich zu einem Lächeln, das gleichzeitig spöttisch und schmerzlich war. „Ich? Ich bin doch nur ein armer, hinfälliger Greis. Wie du habe ich die Großen und die Einflußreichen dieser Welt angerufen; was erhielt ich? Lob, viel Lob und Anerkennung. Mein Name ist überall bekannt. Doch als es darum ging, meine Theorien in die Praxis zu übertragen, da fand sich niemand dazu bereit. Da wurden die Lobreden zu Ausreden. Jetzt kommst du zu mir und verlangst Hilfe von einem Mann, der selbst keine finden konnte."

Dem lebhaften Mienenspiel seiner Zuhörer entnahm Toscanelli, daß sie seine Ausführungen nicht nur mit Interesse verfolgten, sondern ihnen auch beistimmten. Kolumbus bemerkte dazu:

„Wißt Ihr, daß man versuchte, unsere Idee, den Osten über den Westen zu erreichen, zu stehlen? Während Euch der König von Portugal eine Absage erteilte, griff er später den Gedanken auf und rüstete Schiffe aus, die auf Grund Eurer See- und Himmelskarten die Reise unternehmen sollten."

Seine Hände ballten sich zu Fäusten:

„Nur ihre Feigheit und ihr Aberglauben haben Kapitäne und Mannschaften daran gehindert, uns zuvorzukommen!"

Doch der alte Menschenkenner schüttelte den Kopf:

„Du übersiehst den wahren Grund ihres Scheiterns: ihre Unfähigkeit. Eine Fahrt ins Unbekannte ist nur erfolgreich, wenn der Kapitän über die nötigen Kenntnisse verfügt. Wer nicht die Lage seines Schiffes mit Hilfe von Instrumenten nach dem Stand der Sonne und der Sterne jederzeit bestimmen kann, ist in der Weite des Meeres verloren. Wer dieses und dessen Erscheinungen nicht genau kennt, den verschlingt es. Wer sich in der Gefahr nicht selbst zu helfen versteht, der ist für ein solches Unternehmen ungeeignet. Vergebens suchte ich jahrelang nach dem richtigen Mann; ich glaube, ihn in dir gefunden zu haben. *Du wirst Erfolg haben. Ob ich ihn noch erleben werde?*"*

Erregt packte Kolumbus den alten Mann am Arm:

„Ihr glaubt fest an mich?"

Statt aller Antwort nickte Toscanelli mit dem Kopf.

Der Genuese griff noch fester zu, als er weiter fragte:

„Ihr seid überzeugt davon, daß ich den Ozean überqueren und den Weg nach Indien auffinden werde?"

Mit einem Ruck befreite sich Messer Paulo aus dem harten Griff und meinte ärgerlich lachend:

„Spare deine Kraft für deine Aufgabe und bringe nicht gleich einen alten Mann um. Im übrigen bin ich jetzt mehr als je der Überzeugung, daß du der rechte Mann bist."

Kolumbus errötete wie ein Schulbub über dieses Lob, und wie ein Schulbub fragte er:

„Was soll ich jetzt tun?"

„Laß uns erst überlegen."

Toscanelli trat zum Globus des Messer Francesco Castellani, den er durchaus nicht seinem Eigentümer zurückstellen wollte, und drehte ihn mit leichter Hand:

„Es sind ungefähr 120 Längengrade bei der Überquerung des Ozeans zurückzulegen; die Fahrt geht geradewegs nach Westen und wird nicht durch größere Landmassen unterbrochen."

„Ihr meint, es lägen keine ausgedehnten Inseln zwischen Europa und Asien? Was ist mit Atlantis, von dem schon Plato erzählt?"

„Selbstverständlich kenne ich die Sage vom versunkenen Atlantis. Auf den alten Karten sind auch die Namen Antilia und San Brandano vermerkt. Es dürfte sich dabei um größere Inseln handeln, von denen wir heutzutage keine näheren Kenntnisse mehr besitzen. Auch ihre Erforschung bildet ein Ziel für weitere Seefahrten; doch wir erstreben als nächstes die Überquerung des Ozeans, weil wir erkannt haben, daß wir dadurch am schnellsten nach Katai gelangen."

---

* Er hat ihn nicht mehr erlebt, denn er starb 1482.

Amerigo hatte sich während des Gesprächs im Hintergrund gehalten. Was er hörte, war ihm vertraut; doch war es plötzlich lebendig geworden. Das war kein Traum mehr. Es war zum Plan geworden, der verwirklicht werden sollte; die Zeit der Berechnungen, Erwägungen, Vorbereitungen schien gekommen. Eine Tat sollte gesetzt werden — doch nicht von ihm ...

Die Stimme des Genuesen unterbrach seine Gedanken:

„Ich glaube wie ans Evangelium an Euch, Messer Paulo. Dieser Glaube allein genügt aber — leider! — nicht: Ich brauche Geld. Florenz ist reich, die Medici sind mächtige Leute. Ihr könntet viel für mich tun."

Toscanelli winkte ab:

„Leider nicht. Florenz ist zwar reich, sehr reich sogar; die Florentiner jedoch sind praktische Leute und gehen kein Risiko ein. Sie stecken ihr Geld in kein Abenteuer, besonders nicht in eines, das sich um Schiffe dreht und mit dem Meer zu tun hat. Die Stadt besitzt keine Flotte wie Venedig oder Genua. Warum unterstützt deine mächtige Vaterstadt nicht deine Pläne?"

„*Nemo propheta in patria* ... ich bin in meiner Heimat kein Prophet, auf den man hört, sondern ein Narr, über den man lacht."

„Davon könnte mancher Florentiner auch ein Lied singen."

Kolumbus bohrte weiter:

„Die Medici haben weltweite Verbindungen."

„Ich weiß nicht, welche Aufnahme du bei Lorenzo finden würdest, kämst du ihm mit dem Vorschlag, dir eine Fahrt über den unbekannten Ozean zu ermöglichen; er ist nämlich unter anderem auch ein guter Geschäftsmann."

„Aber wenn *Ihr* mit ihm sprecht?"

Toscanelli seufzte:

„Er behandelt mich ja mit der größten Hochachtung, aber er hält mich für ein bißchen verrückt. Er ist zwar ein Dichter und ein Philosoph, vor allem aber ist er ein Realpolitiker. Ja, wenn ich ihm den vernünftigen Plan eines Bündnisses zwischen allen italienischen Staaten vorlegte, dann würde er mich aufmerksam anhören und mich vielleicht beauftragen, alle Möglichkeiten auszuschöpfen, um ein solches zustande zu bringen. Doch dem Vor-

schlag, zwei oder drei Karavellen für eine Fahrt ins Unbekannte auszurüsten, den erwägt er erst gar nicht."

„Er ist doch jung und gewiß auch unternehmungslustig; er muß doch Freude am Abenteuer haben."

„Freilich ist er jung — an Jahren; aber er ist viel älter als sein Alter, wenn es um den Staat und seine Verantwortung diesem gegenüber geht. Nie würde er öffentliche Gelder in ein so gewagtes Unternehmen stecken."

„Und sein eigenes?"

„Auch nicht."

Es war still geworden.

Plötzlich erhob sich Toscanelli; er schien einen Entschluß gefaßt zu haben. Energisch wandte er sich an den jungen Vespucci:

„Kolumbus soll nicht vergebens zu mir gekommen sein. Wir wollen es im Palazzo Medici versuchen. Komm mit, Amerigo, du bist ja mit Lorenzo befreundet."

*

Es kam selten vor, daß Lorenzo de'Medici seine Heiterkeit verlor. Nur Nachrichten, die seine Absichten durchkreuzten, konnten seine gute Laune verderben; heute war er schlecht gelaunt, das konnte niemand bestreiten. Und die Nachricht, die das bewirkt hatte? Ein Kurier war eingetroffen und hatte den Verlust von drei großen Karavellen gemeldet, die mit Seide beladen von Smyrna abgesegelt und in einem Sturm bei Vada gescheitert waren. Die Ladung zweier Schiffe konnte gerettet werden, die des dritten nicht. Der Schaden betrug 300.000 Gulden. Gleichzeitig hatte er erfahren, daß vier Schiffe seines Vetters Pierfrancesco, die ebenfalls in Smyrna Seide geladen hatten, vor drei Tagen glücklich gelandet waren; das schmerzte.

So war Lorenzo an diesem Morgen auf das Meer, das sich *sein* Geld geholt und das seines Vetters vermehrt hatte, nicht gut zu sprechen. Er rettete sich ins Philosophieren:

„Alles, was verläßlich und dauerhaft ist, ruht fest auf der Erde. Alles, was dem Wasser anvertraut wird, ist dem Zufall überlassen. Florenz ist eine Stadt im Binnenland; sie bedarf keiner Flotte. Ihre Waren sollen von nun an den Schiffen anderer Nationen anvertraut werden."

Er befand sich daher nicht in guter Gemütsverfassung, als er durch ein ungewöhnliches Ereignis noch mehr aus seiner Ruhe gebracht wurde.

„Wer? Messer Paulo Toscanelli möchte mit mir reden?"

Seit zwei Jahren hatte er sich nicht im Palazzo Medici blicken lassen und immer neue Entschuldigungen für sein Fernbleiben gefunden: seine Studien, seinen Rheumatismus und — als endgültige Ablehnung jeder Einladung — sein Alter.

Lorenzo konnte sich auch nicht erinnern, daß er während der langen Dauer ihrer Beziehungen jemals um eine Audienz bei den Medici angesucht hätte. Hatte man seinen ärztlichen Beistand gebraucht, wurde um ihn geschickt, und er war dem Ruf immer ohne Zögern gefolgt.

„Ist er allein?" fragte er den Sekretär, der ihm sein Kommen gemeldet hatte.

„Nein, er befindet sich in Gesellschaft des jungen Vespucci und eines Mannes, den ich nicht kenne. Er dürfte fremd hier sein."

Eine Persönlichkeit wie Toscanelli konnte man nicht abweisen; außerdem war es ein Grundsatz der regierenden Medici, daß die Türen ihres Hauses jedem Bittsteller offen standen.

Leutselig ging er dem Gelehrten entgegen, der mit seinen beiden Begleitern an der Schwelle des schönen Raumes stehengeblieben war.

„Es freut mich, Messer Paulo, Euch bei mir begrüßen zu können, ein Vergnügen, das mir nur selten zuteil wird."

„Das braucht Euch nicht leid zu tun, Magnifizenz. Die Gesellschaft eines alten Mannes ist langweilig. Wenn man mehr als lange genug gelebt hat, ist es besser, daß man vergessen wird, als daß man lästig fällt."

„Niemand vergißt Euch; zu groß sind Eure Leistungen und Euer Ruhm."

Er streckte Amerigo seine Hand entgegen:

„*Salve!* Du scheinst die Gewohnheiten deines Lehrers anzunehmen und unser Haus zu meiden."

„Auch ich möchte nicht lästig fallen, Magnifizenz."
„Laß die Magnifizenz! Warum nennst du mich nicht Lorenzo wie einst, als wir nebeneinander auf der Schulbank saßen und Heidenangst vor deinem Onkel Pater Giorgio hatten?"
„Warum? Dafür gibt es viele Gründe. Vor allem sind wir keine Jungen mehr; unsere Lebenswege gehen weit auseinander; Ihr seid viel zu hoch gestiegen und zu sehr beschäftigt, als daß ich Eure kostbare Zeit in Anspruch nehmen dürfte."
Für einen Augenblick vergaß der Magnifico seine schlechte Laune und meinte lachend:
„Wenn alle, die zu mir kommen, wirklich Zeit raubten, hätte ich schon längst keine mehr zum Leben."
Er unterbrach sich und kehrte zum Grund ihres unerwarteten Besuches zurück:
„Was hat Euch zu mir geführt? Ihr habt einen Freund mitgebracht. Warum tritt er nicht näher?"
Kolumbus kam dem Wunsche nach und verbeugte sich tief. Bevor er noch den Mund aufmachen konnte, ergriff Toscanelli das Wort:
„Dieser Mann heißt Christoph Kolumbus und kommt aus Genua. Er ist ein ebenso kühner wie tüchtiger Seefahrer und will Euch eine Sache vortragen, die ihm sehr am Herzen liegt."
Einladend wies der Magnifico auf einige Stühle und sagte:
„Im Sitzen plaudert es sich besser."
Es war wieder Toscanelli, der als erster zu sprechen begann:
„Magnifico Lorenzo! Schon die Alten wußten, daß zur See fahren wichtiger sein kann als vieles andere auf der Welt."
Gelangweilt murmelte Lorenzo vor sich hin:
„Vivere non est necesse, navigare necesse est."
Dann fuhr er lebhafter fort:
„Aber ich gestehe Euch, meine Lieben, nie habe ich weniger diese Notwendigkeit gefühlt als am heutigen Tage."
Seine drei Besucher sahen einander bestürzt an.
„Wir haben einen ungünstigen Zeitpunkt erwischt", flüsterte Amerigo.
Anscheinend unbeeindruckt nahm Toscanelli den Faden seiner Rede wieder auf:

„Warum ist Florenz so groß geworden?"
Er zitierte Dante:
„Perchè per terra e per mare batte l'ali..." (Weil es über Land und Meer seine Flügel schlägt)*
„E per lo inferno il nome suo si spande" (Und sein Name ist in der Hölle verbreitet), beendete Lorenzo spöttisch das Zitat.

Dieser neue Schlag drohte Toscanelli aus der Fassung zu bringen; er hielt es für das beste, die Unterhaltung zu beenden und sagte leise:

„Wir sind zu ungelegener Zeit gekommen, Magnifizenz, und bitten um Entschuldigung, Euch gestört zu haben."

Damit wollte er sich erheben, aber eine sehr bestimmte Handbewegung Lorenzos hinderte ihn daran:

„Aber, aber, *domine magister*, Ihr werdet doch über einen kleinen Scherz nicht gleich ungehalten sein! Laßt Euch durch meine Bemerkungen, die rein persönlicher Natur sind, nicht ablenken und fahrt in Euren Ausführungen fort."

Mit der ihm zu Gebote stehenden Liebenswürdigkeit fügte er hinzu:

„Ich bitte Euch darum!"

„Ohne Handel, ohne Schiffahrt kann sich kein Land entwickeln. Die großen Völker des Altertums haben dies rechtzeitig erkannt und dadurch ihre Größe begründet. Rom wurde zur Weltmacht, nicht nur weil es zu kämpfen verstand, sondern weil seine Schiffe übers Meer zogen. Warum sind in unseren Tagen die Länder an der ozeanischen Küste so reich? Weil ihre Galeeren die Meere befahren und kostbare Güter heimbringen. Warum sind unsere Städte mächtig geworden? Weil Venedig, Genua, Pisa und wie sie alle heißen das Meer eroberten."

Scherzend winkte Lorenzo ab:

„Ich habe verstanden, Messer Paulo; Ihr braucht nicht *ab ovo* zu beginnen. Wenn ich nicht irre, wollt Ihr mich auf einem neuen Wege nach Indien schicken — wo der Pfeffer wächst."

Toscanelli meinte halb im Ernst, halb im Scherz:

„Magnifizenz, wie könnt Ihr nur...? Ich alter Narr denke

---

* Göttliche Komödie, Inferno, XXVI, 1—3.

zwar wirklich an einen neuen Weg nach Indien — darüber lächelt ganz Florenz —, aber Euch nach Indien schicken! Sendet lieber Eure *Schiffe* dorthin; das wäre schön!"

„*Zu* schön, mein Lieber! Zu schön, um wahr zu werden. Euer Wunsch ist es, daß wir Ostasien früher als Portugal oder eine der anderen großen Seefahrernationen erreichen. Wenn *sie* es nicht zuwege brachten, ans Ziel zu gelangen..."

Voll Eifer warf Messer Paulo ein:

„Sie verfolgten auch nicht *meinen* Weg."

„Oh, ich weiß! Die berühmte Überquerung des Ozeans", wandte Lorenzo ein.

Kolumbus und Amerigo sahen einander an und begruben ihre Hoffnungen.

Mit verbissener Beharrlichkeit nahm Toscanelli das Gespräch wieder auf:

„Ja, die Überquerung des Ozeans, *meinen* Weg! Ich habe hier den Mann, der ihn einschlagen und bis ans Ziel verfolgen wird."

Er wies auf Kolumbus:

„Vierzig Jahre lang habe ich gesucht..."

„... und glücklich gefunden. Ihr hattet eben mehr Glück als Diogenes mit seiner Laterne", lächelte der Magnifico ironisch.

„Jetzt ist alles aus", flüsterte Amerigo dem Genuesen zu. „Wenn Lorenzo zu spötteln anfängt, so ist das ein Zeichen, daß er nicht verstehen, sondern den Gegenstand des Gesprächs wechseln will."

Doch auch Toscanelli wollte nicht verstehen und beharrte auf seinen Absichten:

„Kolumbus benötigt nicht mehr als drei Karavellen; sie müssen nicht groß, doch seetüchtig sein. Was sind drei Schiffe für das Haus Medici? Was sind sie im Vergleich zu den ungeheuren Reichtümern, die Florenz erwarten, wenn es als erste Stadt die direkte Verbindung mit Indien aufnimmt? Wenn es den Sarazenen keine Abgaben für Seide, Gewürze, Edelsteine zu zahlen braucht und sich den Transport durch die Wüste und über die höchsten Gebirge der Welt erspart? Schlagen wir *meinen* Weg ein: Das Meer ist frei, das Meer ist offen..."

„... offen wie ein Grab, das alles verschlingt."

Lorenzo dachte an seine drei Karavellen und die 300.000 Gulden, die auf dem Meeresboden ruhten.

Messer Paulo war ernstlich gekränkt:

„Wenn jemand das Meer als ein offenes Grab betrachtet, brauche ich dem nichts mehr hinzuzufügen. Andere hingegen meinen, das Meer sei eine unerschöpfliche Quelle des Reichtums."

„Kein Wunder, wenn es unsere Schiffe mit ihren wertvollen Ladungen verspeist, wie zum Beispiel auch die meinen."

„Der Ozean hat...?" fragte Toscanelli voll Spannung.

„Aber nein! Dazu benötigen wir ihn nicht; das bringt auch unser Mittelmeer zuwege; die Sandbänke von Vada genügen dafür. Dem Ozean bringen wir ungeheuren Respekt entgegen; ihm nähern wir uns erst gar nicht."

„Es wird immer besser; ich wollte, wir wären schon fort", sagte Amerigo leise zu Kolumbus.

Heldenmütig unternahm Messer Paulo noch einen letzten Versuch:

„Magnifico Lorenzo, habt Ihr wirklich nicht drei Schiffe, die Ihr meinem jungen Freund Kolumbus anvertrauen würdet?"

„Doch! Ich habe sie. Er muß sie nur vom Meeresgrund holen; vielleicht gelingt es ihm."

Von den Gesichtern seiner Zuhörer las er die Wirkung seiner Worte ab; er lenkte ein:

„Warum sucht Ihr nicht meinen Vetter Pierfrancesco auf? Alle seine Schiffe sind glücklich in den Heimathafen eingelaufen. Man sagt auch, er wäre reicher als ich; ein Grund mehr, sich an ihn zu wenden. Außerdem ist er ein Mann, der Vertrauen zum Meer und seinen Möglichkeiten besitzt. Und du, Amerigo, der du ihm so ergeben bist, warum hast du nicht daran gedacht, deinen Freund zu ihm zu führen?"

Der junge Vespucci fühlte sich verletzt und erwiderte kurz: „Ihr seid der erste Mann in der Stadt."

„Ja, ja, aber über ihre Schiffe kann ich nicht ohne weiteres verfügen. Wenn der Vetter deines Vaters, Giuliano di Lapo, noch Console del Mar wäre, hätte man die Sache erwägen können. Eben fällt mir ein, daß ein Vespucci am spanischen Hof verkehrt.

Wenn ich nicht irre, bekleidet er ein Amt beim König von Neapel."

„Ihr habt recht. Piero Vespucci ist ein entfernter Verwandter; er ist der Sohn jenes Giuliano, den Ihr erwähnt habt."

„Stimmt! Um ihn handelt es sich, um Piero Vespucci; war er nicht Kommandant der Florentiner Galeeren in der Levante? Das dürfte sieben oder acht Jahre her sein."

„Auch das ist richtig. Es ist derselbe."

„Und bei diesen Beziehungen zu so einflußreichen Leuten in der eigenen Familie wendest du dich an mich, der ich vom Seewesen nichts verstehe? Begebt Euch zum König von Neapel, Messer Kolumbus! Dort werdet Ihr Gehör und Unterstützung durch Piero Vespucci finden. Wollt Ihr einen Empfehlungsbrief? Ich bin gerne bereit, Euch einen solchen mitzugeben; ich finde die Idee genial. Es fehlt mir nur jedes Urteil über die Durchführbarkeit."

Er machte eine kleine Pause und sagte dann lebhaft zu Kolumbus:

„Ich möchte Euch einen Rat auf den Weg geben: Tragt doch Euer Anliegen meinem Vetter Piero vor; er liebt das Meer und weiß den Nutzen, den es ihm bringt, zu schätzen."

Hierauf verabschiedete der Magnifico seine Besucher mit vielen schönen Worten und Wünschen für eine erfolgreiche Zukunft.

Paulo Toscanelli und seine beiden Begleiter standen auf der Straße, um eine tiefe Enttäuschung reicher.

Kolumbus war am schwersten betroffen. Er hatte nicht gewagt, in das Gespräch, in dem es um sein Schicksal ging, einzugreifen. Als er bemerkte, daß die Worte Toscanellis auf den jungen Herrn von Florenz nur wenig Eindruck machten, war ihm dies unfaßbar. Für ihn war Messer Paulo mindestens ein Halbgott.

Amerigo fand sich als erster in der neuen Lage zurecht.

„Auf zu Messer Pierfrancesco de'Medici!"

„Noch ein Versuch? Nein, nein; ich habe keine Zuversicht mehr, seitdem ich erfahren habe, wie schwierig es selbst für einen Mann wie den berühmten Paulo Toscanelli ist, Verständnis für seine Pläne zu finden."

Der Gelehrte schien diese Ablehnung nicht zu hören und fragte Amerigo:

„Hast du Vertrauen zu Pierfrancesco?"

Der dachte nach und sagte dann mit Nachdruck:

„Eigentlich nicht. Wenn Lorenzo zu sehr Politiker ist, so ist sein Vetter zu sehr Geschäftsmann. Wenig aufs Spiel setzen und viel verdienen, ist sein Grundsatz."

„Nicht nur seiner", bemerkte bitter Messer Paulo.

„Sollen wir ihm nicht doch die Vorteile einer solchen Entdeckungsreise mit ihren Möglichkeiten und Aussichten vor Augen führen?"

Der Genuese verneinte energisch:

„Wir befinden uns hier in einem Binnenland; das Meer flößt den Menschen Furcht ein; jeder fürchtet das Wagnis. Die Seefahrer, die ihre Waren befördern, wagen sich nur ungern außer Sehweite der Küste; daher sind es nur die Völker der Westküste Europas, die den Ozean vor Augen haben, wie Portugiesen, Spanier, Niederländer oder Engländer, die für meine Pläne in Betracht kommen — das habe ich jetzt deutlich erkannt. *Dort* muß ich es versuchen, nicht hier."*

Nach den Erfahrungen der letzten Stunde konnten seine beiden Gefährten dieser Ansicht nur beipflichten. Kolumbus fuhr fort:

„Trotzdem bedauere ich es nicht, die Mühen dieser langen Wanderung auf mich genommen zu haben. Das Beisammensein mit Euch hat mir neuen Auftrieb gegeben. Eure Zustimmung zu meinen Plänen, Messer Paulo, und die Bestätigung ihrer Richtigkeit geben mir die Kraft, sie unter allen Umständen in die Tat umzusetzen. Das ist die beste Unterstützung, die Ihr mir geben konntet — alles andere wird sich finden. Ich danke Euch. Lebt wohl!"

Ein fester Händedruck sagte mehr als alle Worte.

„Und nun zu dir, junger Freund! Mich freut es, dir begegnet zu sein", er lächelte ihm zu, „wenn ich dich recht beurteile, so wirst auch du den Weg nach Westen einschlagen. Viel Glück!"

Amerigos Augen leuchteten:

„Auf Wiedersehen — auf *unserem* Wege!"

---

* Kolumbus ging 1476 nach Portugal, 1484 nach Spanien.

6. Kapitel

DIE BURG VON TREBBIO

Ein Falkennest auf drohendem Fels. So liegt die Burg von Trebbio auf der Anhöhe, zwischen den Tälern des Arno und der Sieve; ringsum dunkle Wälder und heitere Weinberge; friedvolle Einsamkeit läßt ihre kriegerische Vergangenheit vergessen.

Im Herbst des Jahres 1476 war geräuschvolles Leben hier eingezogen. Fast täglich brachten schön gezäumte Pferde und Maultiere edle Herren und Damen zur Burg; schwer beladene Lasttiere folgten ihnen, was auf einen längeren Aufenthalt schließen ließ. An der Zugbrücke standen der Magnifico Pierfrancesco und seine Gattin Mona Laudomia und hießen ihre Gäste willkommen.

„*Salve*, Messere ... willkommen, Madonna ... welche Neuigkeit bringt Ihr mit? Breitet sich die Seuche noch immer weiter aus? Ist es wahr, daß die Jungfrau aus der Kirche der Impruneta durch die Stadt getragen wurde?"

Solche und ähnliche Fragen wurden an die Neuankömmlinge gestellt, sobald sie den Boden Trebbios betraten.

In Florenz wütete die Pest. Wer draußen, in der näheren oder weiteren Umgebung der Stadt, ein Landgut besaß, ob es nun ein Schloß oder auch nur ein Häuschen war, der flüchtete hinaus, um sich in der reinen Landluft in Sicherheit zu wissen; und wer über genügend Raum verfügte, lud seine Freunde ein; so half er ihnen und sich selbst, die böse Zeit zu überstehen.

Messer Pierfrancesco hatte gleich beim ersten Aufflackern der Seuche erklärt:

„Solange es in Trebbio leere Zimmer gibt, stehen sie für meine

Freunde bereit; haben wir keinen Platz mehr, dann lasse ich die Zugbrücke hochziehen!"

Wie in Florenz residierten auch hier die Medici nicht weit voneinander entfernt: die jüngere Linie unter Pierfrancesco oben auf der Burg in Trebbio, die Hauptlinie mit Lorenzo und Giuliano im Schlosse von Cafaggiolo, das in der Ebene liegt.

Die Beziehungen zwischen den beiden Zweigen dieser berühmten Familie waren nicht die besten. Es gab wohl keine öffentlichen Streitereien, man war höflich zueinander, vermied aber, sich allzu häufig zu sehen.

Pierfrancesco gestand sich unumwunden ein, daß er die beiden Jungen um die Regierungsgewalt beneidete, die — wie er fand — eigentlich ihm zustand.

Wahrscheinlich hegten Lorenzo und Giuliano kein ähnliches Gefühl gegen ihren Vetter, obwohl sein Vermögen das ihre überstieg, was nicht bedeutete, daß sie arme Leute waren: ihr Reichtum war weltbekannt. Die Brüder waren jung, intelligent und lebenslustig, hatten eine Schar begabter Freunde und tüchtige Berater um sich — warum sollten sie diesen Krösus an Seiden und Pökelfleisch beneiden? Ja, dieser reiche Bankier handelte wirklich — unter anderem — mit Pökelfleisch! Seine Niederlassungen in Spanien und in der Levante befaßten sich auch mit der Ausrüstung und der Versorgung von Schiffen; daher das Pökelfleisch.

*

An einem schönen Junimorgen ritt Amerigo mit den Söhnen Pierfrancescos die steile Anhöhe von Trebbio hinauf. Mit der warmen Jahreszeit hatte auch die Ausbreitung der Pest zugenommen. Es war gefährlich, in Florenz zu wohnen. Immer mehr Einwohner verließen die heiße Stadt.

Seit sieben Jahren arbeitete Amerigo in der Bank der Medici und wurde von Pierfrancesco in besonderer Weise bevorzugt. So war er von seinem Dienstgeber auch eingeladen worden, seine Söhne aufs Land zu begleiten und dort zu bleiben, bis man ohne Gefahr wieder nach Florenz zurückkehren konnte.

Die Einladung erstreckte sich auch auf den alten Messer Anastasio; doch gelang es niemand, ihn zum Verlassen seines alten Palazzos in der Vorstadt Ognissanti zu bewegen. Er hielt als echter Städter von der Landluft nicht viel und zog es vor, mit einem alten Diener im Hause seiner Vorfahren zurückzubleiben. „Wir Alten sterben nicht so leicht; wir sind zähe und von gutem Schlag. Ich bin gesund und fürchte die Pest nicht."

So zog Amerigo nach Trebbio, die anderen Familienmitglieder begaben sich auf einen nahegelegenen Meierhof, der Eigentum der Vespucci war.

In Gesellschaft Amerigos befand sich auch Domenico Ghirlandaio. In den letzten Jahren hatten sich die Reihen der Florentiner Künstler gelichtet; die alten hatte der Tod geholt; die jungen waren, wenn sie sich einen Namen gemacht hatten, abgewandert; so war Leonardo da Vinci in Mailand geblieben, wohin er als Geschenk an den Herzog im Auftrag des Magnifico Lorenzo den silbernen Pferdeschädel gebracht hatte, der übrigens auch dort helles Entzücken erregte. Wer übrig geblieben war, weilte bei Lorenzo in Cafaggiolo.

Domenico jedoch hatte sich schon vor einiger Zeit an die jüngere Linie der Medici angeschlossen, wo es ruhiger zuging und weniger Prunk als beim regierenden Magnifico entfaltet wurde. Auch jetzt hatte er dankbar die Einladung Pierfrancescos angenommen.

Ähnlich wie Domenico Ghirlandaio erging es auch Amerigo. Schon seit längerer Zeit war er nicht mehr in der Via Larga gewesen. Er fühlte sich in der Gesellschaft dieser prominenten Leute nicht wohl; er hatte noch nichts geleistet, das ihn aus der Menge herausgehoben hätte; was sollte er im Kreise dieser Berühmtheiten? Im Innersten seines Herzens gestand er sich aber ein, daß seine Gefühle für Lorenzo sehr abgekühlt waren, als die Hoffnungen des Genuesen Kolumbus, dem er sich geistesverwandt fühlte, in so grausamer Weise enttäuscht wurden.

Was war aus Christoph Kolumbus geworden? Man hatte nichts mehr von ihm gehört. Hatte er noch keinen Fürsten gefunden, der ihm den Befehl über drei Seeschiffe anvertraut hätte? Den Ozean hat er gewiß noch nicht überquert: *diese* Nachricht wäre unter allen Umständen nach Florenz gelangt. Daß es noch nicht geschehen war, beruhigte Amerigo, der seine ehrgeizigen Pläne noch nicht aufgegeben hatte und sich schämte, noch so ferne von ihrer Verwirklichung zu sein. Das alles hinderte ihn jedoch nicht daran, die wärmsten Gefühle für den Genuesen zu hegen.

Den alten Toscanelli sah Amerigo nur mehr selten; der fast Achtzigjährige war menschenscheu geworden. Es kam vor, daß er auch die treuesten seiner Schüler nicht mehr vorließ.

Eines Tages hatte Messer Paulo eine Bemerkung über Christoph Kolumbus fallen lassen:

„Er hat mir geschrieben. Er sucht noch immer einen Gönner. Er läßt nicht nach, und er wird es erreichen — das andere Ufer..."

Seither waren Jahre vergangen, und der Weg nach Indien war noch immer nicht erschlossen.

Man hörte zwar von Expeditionen. Mit Vorschußlorbeeren bedacht waren sie ausgefahren, sang- und klanglos kehrten sie zurück... *wenn* sie zurückkehrten! Die Azoren, die Kanarischen Inseln waren Etappen; das fürchterliche Kap Blanco versperrte den Weg um Afrika herum. Besonders Kühne waren zum Senegal, zum Kap Verde vorgedrungen — die Fahrt über den Ozean hatte noch keiner gewagt.

Sooft Amerigo einem Seemann begegnete, hielt er ihn an und wollte Neues über die Große Fahrt wissen.

„Über den Ozean segeln? Das kann auch nur eine Landratte erwarten. Was glaubt Ihr, wie es dort aussieht? Wirbel, Untiefen, Stürme, Ungeheuer, Windstillen lassen kein Schiff ans Ziel kommen. Auch um Afrika herum kann man nicht fahren; es wurde oft genug versucht und ist nie gelungen."

„Warum nicht?"

„Gegenwind und Gegenströmungen sind zu stark und werden noch ärger, je näher man der *Linie* kommt."

Einmal erklärte ihm ein Matrose im Brustton tiefster Überzeugung:

„Afrika läßt sich nicht umschiffen. Zwischen dem Ozean und dem Indischen Meer besteht keine Verbindung. Im Süden hängt Afrika mit dem Land des ewigen Eises zusammen."

Ein anderes Mal sprach er mit einem, der mit einer spanischen

Expedition gegen Westen gesegelt war. Nach acht Tagen waren sie umgekehrt: Kein Land, nicht die kleinste Insel kam in Sicht. Weiterzufahren — das hieße Gott versuchen.

Vom Turm der Burg wehte die Fahne mit dem Wappen der Medici, den „*Palle*".*

Zahlreiche Gäste erfüllten den alten Bau mit Lärm und Bewegung. Amerigo mied sie.

Wenn es abends zu dunkeln begann, schlich er sich auf den Turm, wo ein kleines Observatorium eingerichtet war, das kaum jemals von einem der Gäste aufgesucht wurde. Dort verbrachte er viele Stunden. Er beobachtete die Sterne, handhabte Sextanten und Astrolabium, stellte Berechnungen an und schlüpfte in die Rolle eines Kapitäns, der sein Schiff über den Ozean steuerte — und vergaß dabei, daß er nur ein kleiner Bankangestellter war.

Eines Abends überraschte ihn Pierfrancesco bei der Sternguckerei. Lachend fragte er ihn:

„Allem Anschein nach willst du die Kenntnisse, die du dir bei unserem braven Toscanelli angeeignet hast, auffrischen. Denkst du noch an seine verrückte Idee, nach Westen über den Ozean ... *den Ozean!* ... nach Indien zu segeln? Narrheiten!"

„Wenn die Erde rund ist, Messere, ist es keine Narrheit, sondern eine Möglichkeit, die in Betracht gezogen werden muß."

„Aber mein lieber Amerigo! Das sind doch alles Kindereien. Welcher vernünftige Mensch ließe sich darauf ein? Übrigens: woher willst du wissen, daß die Erde rund ist? Es ist doch niemand aus der anderen Richtung zu uns gekommen."

„Dies wäre der Fall, folgten wir der Route, die uns Paulo Toscanelli vorgezeichnet hat. Ich könnte es beweisen: Gebt mir ein Schiff!"

„Hahaha! Ausgezeichnet!"

Messer Pierfrancesco konnte sich vor Lachen nicht fassen. Wieder ernst geworden, sagte er:

„Ich denke nicht daran! Von mir wirst du nie ein Schiff für einen solchen verrückten Zweck bekommen. Schiffe sind kein

---

* Kugeln.

Spielzeug für Knaben. Man darf nicht für ein sinnloses Experiment Menschenleben aufs Spiel setzen. Außerdem sind Schiffe eine Kapitalsanlage wie Häuser und Landgüter; ein Schiff verlieren, heißt Kapital einbüßen."

Amerigo wollte die einmalige Gelegenheit voll ausnützen und beharrte:

„Versucht es mit mir! Ich bringe Euch das Schiff sicher in den Hafen zurück. Glaubt mir! Ich *muß* die Fahrt über den Ozean unternehmen."

„Nicht mit meinen Schiffen. Übrigens überlege ich seit längerer Zeit, dich nach Spanien zu schicken. Wenn dir der König dort eine Flotte anvertrauen will, so ist dies seine Sache; aber ich will mir nicht den Vorwurf machen, ich hätte dich in den Tod ziehen lassen."

Schwerfällig stieg Pierfrancesco die Treppen des Turmes wieder hinunter und ließ einen bitter enttäuschten Amerigo hinter sich zurück.

Hatte sich der alte Medici wenig geneigt gezeigt, die kühnen Pläne des jungen Mannes zu unterstützen, so gab es in der Burg doch jemanden, der Augen und Ohren aufsperrte, wenn er davon hörte. Gern erzählte ihm Amerigo, wie er mit vollen Segeln übers Meer hinjagen oder auf der Kommandobrücke mit dem geheimnisvollen Astrolabium die Sonnenhöhe bestimmen oder des Nachts neue Sterne am Himmel entdecken oder über seinem Schreibtisch in der Kajüte aufsehenerregende Berechnungen über die Polhöhe anstellen würde. Wie war es schön zu phantasieren, wenn man einen so aufmerksamen Zuhörer besaß, wie es der dreizehnjährige Sohn des Hausherrn war, der ebenfalls den Namen Lorenzo trug.

„Wenn ich nur schon erwachsen wäre! Ich gäbe dir drei Schiffe — oder benötigst du vier? Und die beste Ausrüstung. Und den größten Vorrat. Und auch ein paar Fässer unseres guten Weins aus Trebbio. Ja, und..."

Amerigo lächelte:

„Beeile dich mit dem Wachsen, sonst hast du vor dem Erwachsensein vergessen, was du jetzt versprichst."

„Das werde ich nie vergessen. Ich habe auch schon mit meinem

Vater darüber gesprochen und ihm erklärt, daß mir alles einleuchtet, was du mir über die Erde und den Ozean erzählt hast. Die Erde ist rund, folglich muß man sie umfahren können."

„Was antwortete er?"

„Er glaubt es nicht, daß sie eine Kugel ist. Das müßte man bemerken, sagt er."

„Morgen kommt mein gelehrter Onkel Giorgio; er wird es ihm beweisen können."

Pater Giorgio kam, sprach, erklärte, bewies, aber er predigte tauben Ohren: Messer Pierfrancesco wollte es nicht wahrhaben, daß die Erde eine Kugel sei. Er zählte zu jenen engstirnigen Menschen, die nur sehen, was sie sehen wollen, und dies nur, wenn sie Nutzen davon haben.

Was kümmert es ihn, ob man über den Osten oder über den Westen nach Indien fuhr? Übrigens: wenn tatsächlich ein kürzerer Weg gefunden würde und so die teuren Waren reichlicher auf den Markt kämen, würden die Preise sinken und die Profite kleiner werden. Ein Unternehmen, das derartige Folgen hätte, sollte er unterstützen? Das wäre doch sträfliche Dummheit.

Seufzend mußte sich Pater Giorgio geschlagen geben. Den Schlußpunkt dieses Gesprächs setzte der reiche Vetter des Magnifico Lorenzo durch seine Ausführung:

„Sagt selbst, ehrwürdiger Vater, was kann es einem Bankier ausmachen, ob die Erde rund oder eckig ist? Ob man vom Westen oder vom Osten nach Katai gelangt? Meine Schiffe benötigen zwei Wochen, um die Ware von der Levante in unseren Hafen zu bringen; warum soll ich sie monatelang den größten Gefahren aussetzen und damit ein vielfach größeres Risiko auf mich nehmen, warum?"

Angesichts dieser Beweisführung gab Pater Giorgio jeden weiteren Versuch, Messer Pierfrancesco zu überzeugen, endgültig auf und verabschiedete sich.

Das Leben in Trebbio verlief heiter und ruhig und wurde kaum von den Sorgen um Florenz überschattet. Die Pest breitete sich aus, und die Wochen vergingen; die Stadt war fast entvölkert, und das öffentliche Leben konnte kaum aufrechterhalten werden. Die Zurückgebliebenen nahmen in dumpfer Ergebung dieses entsetzliche Schicksal auf sich oder lehnten sich in wilder Verzweiflung dagegen auf; alle aber beherrschte nur der Gedanke ans Überleben. *Dieses* Florenz lag viel weiter von Trebbio entfernt als die paar Meilen, die es tatsächlich von ihm trennten.

Im Laufe der Tage und Monate wandelte sich jedoch die Stimmung in der Burg. Das beglückende Gefühl der Sicherheit wich langsam der Langeweile. Damen und Herren fanden mit der Zeit den ländlichen Frieden eintönig und begannen sich nach Abwechslung zu sehnen. Sie waren der unmittelbaren Gefahr entflohen, doch jetzt tauchte die Angst auf, der man nicht entfliehen konnte; man konnte sie aber betäuben.

Man überlegte, ob man nicht in prunkvoller Aufmachung nach Cafaggiolo hinunterreiten und dem Magnifico Lorenzo seine Aufwartung machen sollte.

Der Hausherr, der seine Gäste bei guter Laune erhalten wollte, nahm die Idee auf und ließ die notwendigen Vorkehrungen treffen.

Die beiden Magnifici, Lorenzo und Giuliano, empfingen ihren Vetter und seine fröhliche Gesellschaft in liebenswürdigster Weise.

Am Abend versammelten sich alle Gäste im großen Saale des wahrhaft fürstlich eingerichteten Schlosses. Die Lichter der hundert Doppelleuchter strahlten auf die kostbaren Gewänder der Festteilnehmer herab und zeigten die schillernden Seiden und bunten Edelsteine in ihrer vollen Pracht.

Wie zu Zeiten des alten Cosimo, als es noch keine ernsteren Zwistigkeiten zwischen ihnen gab, waren die Mitglieder der Familie um den Tisch vereint.

Den Ehrenplatz zur Rechten des Magnifico Lorenzo nahm sein Vetter Pierfrancesco ein, der gut dreißig Jahre älter war als er. Früher hatte er ihn mit Onkel angeredet, was zwar nicht dem Verwandtschaftsverhältnis, aber dem Altersunterschied entsprach. Als er aber bemerkte, daß sein Vetter bei dieser Anrede jedesmal schmerzlich das Gesicht verzog, unterdrückte er sie und bemühte sich, ihm keine Ursache zu geben, beleidigt zu sein. Trotz der Verschiedenheit der Charaktere und trotz alter Erbschaftsstreitigkeiten war das persönliche Verhältnis der beiden Vettern zueinander nicht schlecht. Das stark entwickelte Familiengefühl überwand meistens die bestehenden Gegensätze.

Anders verhielt es sich mit den Damen des Hauses Medici; Mona Laudomia war sehr zurückhaltend und machte den Eindruck, hochmütig zu sein; Mona Clarissa, die stolze Römerin, fühlte sich ihr als Gattin des Herrn von Florenz weit überlegen.

Während sich die beiden jungen Medici damit begnügten, sich über ihren pedantischen Vetter Pierfrancesco lustig zu machen oder sich über seinen Neid zu ärgern und weiter keine bösen Gefühle gegen ihn hegten, ging es bei den rivalisierenden Damen tiefer. Ihre gegenseitige Abneigung war echt, und die Reden, die sie austauschten, waren spitz.

Das Mahl begann, und die anfangs gehemmte Unterhaltung lockerte sich.

„Es ist kaum zu glauben", meinte Lorenzo zu seinem Nachbarn, „wir wohnen so nahe und sehen einander so selten. Eure Gäste müssen sich in dem Falkennest Trebbio ein wenig langweilen, nehme ich an."

Sofort verteidigte Pierfrancesco ein wenig gekränkt seine geliebte Burg.

„In einem Falkennest ist es nicht so langweilig, wie Ihr meint. Der Blick, den wir von oben genießen, ist sehr schön und übertrifft bei weitem die Aussicht, die Cafaggiolo bieten kann."

Lorenzo, dem an der guten Laune seines Vetters gelegen war, lenkte bereitwillig ein:

„Ich stimme Euch bei, Vetter, die Lage der Burg ist einzigartig. Ihr habt auch verstanden, einen Hofstaat um Euch zu versammeln, der die Langweile verscheucht. So habt Ihr meinen Domenico Ghirlandaio entführt, und Pater Giorgio ist samt seinem Neffen Amerigo in Euer Lager übergelaufen."

Die letzten Worte hatte der Magnifico so laut gesprochen, daß sie auch von Amerigo gehört werden mußten, der feuerrot wurde.

Lorenzo war jetzt im richtigen Fahrwasser; mit liebenswürdiger Bosheit sprach er über die Tafel hinüber zu Amerigo:

„Jaja, mein lieber Mitschüler, du bist mir untreu geworden,

weil ich euch keine Flotte versprechen konnte. Gewiß hast du es bei meinem großzügigen Vetter besser getroffen, und wir können dich demnächst als Admiral und kühnen Entdecker begrüßen."

Da meldete sich ganz unten an der Tafel eine jugendliche Stimme:

„Mein Vater hat Amerigo nichts versprochen; aber von mir wird er einmal drei Schiffe bekommen. Oder auch vier."

Alle wandten sich dem Sprecher zu, der sich mit einem Male nicht ganz wohl in seiner Haut zu fühlen schien. Während um ihn Gelächter aufflackerte, errötete der Sohn Lorenzo vor Verlegenheit, der Vater Pierfrancesco jedoch vor Zorn. Streng rief er seinem Sprößling zu:

„Du hältst sofort deinen Mund! Ich muß mich deiner wirklich schämen. Hast du vergessen, daß du in Gegenwart von Erwachsenen zu schweigen hast? Steh sofort auf und verlaß den Tisch."

Lachend schaltete sich der Magnifico ein:

„Gnade für meinen Namensvetter! Erlaubt ihm, auf seinem Platz zu bleiben, damit er die guten Dinge, die noch aufgetragen werden, nicht versäume."

Pierfrancesco machte gute Miene zum bösen Spiel und gab durch ein Kopfnicken, das allerdings von einem drohenden Blick begleitet wurde, seine Zustimmung.

Dann sprach der große Lorenzo zum kleinen:

„Ich liebe die Aufrichtigkeit, und es freut mich, wenn du frisch von der Leber weg deine Meinung äußerst. Also, mein lieber Lorenzo, du willst unserem Amerigo eine Flotte anvertrauen?"

Wütend stieß Pierfrancesco zwischen den Zähnen hervor:

„Nichts wird er! Nicht *ein* Schiff erhält er! Um sie in unbekannten Meeren absaufen zu lassen, dazu sind mir meine Galeeren zu gut."

Bald entspann sich eine angeregte Unterhaltung über die Erforschung der Meere, von der jetzt so oft gesprochen wurde. Die Meinungen waren geteilt. Manche sahen nur das Wagnis; manche regten sich über die zu erwartenden Folgen für die Wirtschaft auf; die Jugend begeisterte sich an der Gefahr; nur wenige drängte die Wißbegier zum Neuen hin. Es gab aber auch in dieser geistreichen Gesellschaft einige, die achselzuckend von Hirngespinsten sprachen.

Es war spät geworden, deshalb mußte man an den Aufbruch denken. Beim Abschied reichte der Magnifico Lorenzo seinem Vetter die Hand:

„Wollen wir nicht die letzte Nacht des Jahres gemeinsam verbringen? Ich lade Euch samt Familie und Freunden zur Silvesterfeier nach Cafaggiolo ein."

Bescheiden hatte Amerigo gewartet, um wie alle anderen seinen Dank für das gebotene Vergnügen auszudrücken. Lorenzo hielt ihn fest:

„Komm einmal allein zu mir. Ich würde mich gern über deine Pläne unterrichten. Das ließ ich dir schon vor langer Zeit durch Leonardo da Vinci bestellen; doch du bist nicht gekommen. Auf Wiedersehen also!"

*

Silvester des Jahres 1476.

Hellerleuchtet das Schloß Cafaggiolo. Im großen Saale drängt sich eine reichgekleidete und kostbar geschmückte Menge. Reichtum, Gelehrsamkeit und Kunst sind hier in ihren besten Vertretern vereint.

Politiker fehlen nicht. Merkwürdig erscheint es, daß sich so viele Gegner der Medici zu diesem Empfang eingefunden haben; bei einigem Nachdenken gibt es eine einleuchtende Erklärung dafür. Diese Gegner sind nämlich unter den großen Familien der Stadt zu suchen, die mit den Medici durch viele Bande und viele gemeinsame Interessen verbunden sind. Noch ist es nicht das Volk, das um seine Freiheit ringt, es sind gleichgestellte Rivalen, von denen sie bekämpft werden — in ihrem eigenen Haus.

Wer die Verhältnisse nicht näher kannte, der mochte an Frieden und Freundschaft glauben. Die Pest hatte — scheinbar — ein Wunder bewirkt und mit ihren tödlichen Keimen auch Haß und Neid vernichtet.

Die scharfzüngigen Florentiner entschärften ihre Kritik und fanden, daß alles zum besten stünde — wenn nur die Seuche endlich erlöschen wollte! Noch nie wäre die Stadt so schön, so reich, so mächtig, ihre Bewohner so wohlhabend, so gut behütet und in der Welt so angesehen gewesen. Die beiden jungen Medici hätten sich als tüchtige Männer bewährt. Ihr Lächeln brächte Glück.

So hieß es und so schien es.

Auf einen der eingeladenen Gäste wurde vergeblich gewartet. Seine Abwesenheit wurde allgemein bemerkt und besprochen. Messer Pierfrancesco de'Medici war durch einen heftigen Anfall von Gicht ans Bett gefesselt. Er hatte sich durch seinen Sohn Lorenzo entschuldigen lassen. Mona Laudomia war bei ihrem Gatten in Trebbio geblieben, um mit ihm gemeinsam den Jahreswechsel zu erleben.

„Gicht ist eine schmerzhafte Angelegenheit", meinte der Magnifico Lorenzo zu seinem Namensvetter mit betonter Herzlichkeit; „doch hoffe ich, daß sie nicht gefährlich ist."

„Auch wir hoffen es. Der Arzt schien allerdings ein wenig beunruhigt zu sein, weil das Herz angegriffen ist. Aber unser Vater wird auch diesen Anfall überstehen, wie er alle vorhergegangenen überstanden hat."

Die geistvolle Stirn des Magnifico bewölkte sich.

Zu genau wußte er über die Familienkrankheit der Medici, die Gicht, Bescheid. Sie hatte seinen Vater Piero im Alter von 53 Jahren unter die Erde gebracht und bedrohte auch ihn.

Mit einem festen Händedruck versprach er dem jungen Lorenzo, gleich am nächsten Tag nach Trebbio zu reiten, um sich dort nach dem Befinden seines kranken Vaters zu erkundigen. Dann trennte er sich von ihm, weil er neue Gäste begrüßen mußte. Geschickt und gewandt erfüllte er seine Pflichten als Gastgeber. Er durchschritt die Säle, sprach mit dem und mit jenem und war mit netten Komplimenten, die er an schöne Frauen richtete, nicht sparsam.

Da entdeckte sein scharfes Auge die hohe Gestalt seines alten Lehrers, des Dominikanerpaters Giorgio Vespucci. Er richtete es so ein, daß er auf seinem Gang durch den Saal in dessen Nähe kam.

Pater Giorgio war kurz vorher aus Florenz eingetroffen und bemühte sich, eine heitere Miene zu zeigen. Es gelang ihm nicht recht. Er konnte wohl die meisten der Anwesenden täuschen, nicht aber den Magnifico, der sich im Laufe seines kurzen Lebens schon viel Menschenkenntnis angeeignet hatte.

„*Salve, domine magister!* Was für Nachricht bringt Ihr aus der Stadt?"

„Weder gute noch schlechte, Magnifizenz", erwiderte der Mönch ausweichend. „Wie Ihr wißt, hat die Seuche ihren Höhepunkt überschritten und geht langsam zurück. Schon in Kürze werden alle, die Florenz verlassen haben, unbesorgt dahin zurückkehren können."

„Das ist doch eine gute Nachricht! Warum erscheint Ihr so bedrückt? Was quält Euch?"

„Oh, Magnifizenz, hier ist doch nicht der Ort noch die Stunde, sich Sorgen zu machen."

Das war nicht die Antwort, die Lorenzo beruhigt hätte.

„Warum weicht Ihr mir aus?"

In diesem Augenblick näherte sich der Dichter Angelo Poliziano seinem Gönner:

„Magnifico Lorenzo, ich bitte im Namen aller Anwesenden, uns die Ehre zu erweisen, nach der Tafel die ersten Terzinen Eures scherzhaften Poems *Nencia di Barberino* zu zitieren."

„Das werden wir sehen", antwortete Lorenzo kurz und ging weiter.

Poliziano und alle, die dieser Szene beigewohnt hatten, sahen einander betroffen an. Das war nicht die Art und nicht der Ton, wie der Magnifico mit seinen Gästen zu sprechen pflegte. Was hatte er denn?

„Was ist mit ihm los?" wiederholte der junge Dichter. „Warum ist der Magnifico so erregt?"

Kurz wie vorhin Lorenzo erwiderte der Pater:

„Ich weiß es nicht."

Als bald darauf das große Silvesterbankett begann, schien jede Wolke verschwunden zu sein. Geplauder und Gelächter. Musik und Wein. Fröhlichkeit überall. Die Brüder Lorenzo und Giuliano verstanden es ausgezeichnet, eine Gesellschaft in gute Laune zu versetzen und auch ernsten Gesprächsthemen eine heitere Note zu geben.

Waren wirklich alle Gäste ganz bei der Sache? Wer sich aufmerksam umgesehen und an den verschiedenen Tischen herumgehört hätte, dem wäre einiges aufgefallen. Je entfernter von der großen Tafel, die sich in der Mitte des Saales befand, desto kühler wurde die Stimmung; die Leuchtkraft der jungen Medici-Sonnen reichte nicht aus, allen Eingeladenen warm zu machen. Es war nicht leicht festzustellen, worin die Anzeichen davon bestanden. Vielleicht in einem verzerrten Lächeln oder einen bedeutungsvollen Blick oder einem ausdrucksvollen Schweigen. Es lag etwas in der Luft, das kaum zu fassen, aber doch vorhanden war.

Weder Lorenzo noch Giuliano schienen es zu bemerken; an ihrem Tisch ging es lustig zu. Amerigo aber, der ziemlich weit davon entfernt neben seinem Onkel Giorgio saß, dem fiel es auf. Es war ihm schon nicht entgangen, daß der Dominikaner ernster als gewöhnlich war, und er hatte ihn sofort bei seiner Ankunft mit Fragen bestürmt:

„Was ist geschehen, *domine?* Ihr seid so ernst. Ist mein Vater krank?"

„Beruhige dich! Es geht ihm gut."

„Und der Mutter? Und den Geschwistern? Ist bei ihnen auf dem Land auch alles in Ordnung?"

„In bester Ordnung; sie werden demnächst wieder in die Stadt zurückkehren."

Es war nichts anderes aus ihm herauszubringen gewesen. Jetzt saßen sie Seite an Seite bei Tisch; der Druck, der auf ihnen lag, wollte nicht weichen. Amerigo bemerkte, daß es in ihrer Umgebung noch andere Leute gab, deren Fröhlichkeit gemacht schien. Sein Onkel spielte dabei eine Rolle; das war ihm bei der kurzen Unterredung zwischen Pater Giorgio und Lorenzo aufgefallen, die sicher nicht nach Wunsch geraten war.

Das Mahl war beendet; von der *Nencia* wurde nicht weiter gesprochen. Einige Stimmen, die laut wurden, brachte die eisige Miene des Magnifico Lorenzo sofort zum Schweigen. Es war noch nie vorgekommen, daß er sich zum Vortragen seiner Verse hätte bitten lassen.

Mona Clarissa trat an die Seite ihres Gatten; der Tanz begann. In den Pausen schritt das Paar durch die Reihen der Eingeladenen und plauderte ungezwungen mit ihnen — vielleicht um den Eindruck, den die Ablehnung der *Nencia* hervorgerufen hatte, zu verwischen.

Der junge Poliziano ließ den Magnifico nicht aus den Augen. „Es liegt ihm etwas auf dem Herzen. Er ist nicht so wie sonst. Das Gespräch mit Pater Giorgio hat ihn verändert", und auch er stellte die Frage, die an diesem Abend so oft gestellt wurde:

„Was ist los?"

Wieder versuchte Lorenzo, sich unauffällig dem Dominikaner zu nähern:

„Warum so ernst, *domine?* Verurteilt Ihr Musik und Tanz? Verträgt sich Euer geistliches Gewand nicht mit dieser Umgebung? Oder verletzt Euch der leichtfertige Ton, der hier herrscht? Ich verstehe Euch; ich selbst fühle mich manchmal in diesem lauten Treiben nicht recht am Platze und ziehe mich gerne auf eine Weile zurück."

Den letzten Satz sagte er so laut, daß ihn die Umstehenden hören mußten. Jetzt wandte er sich ausdrücklich an diese:

„Wer gleich mir eine Pause einschalten will, der komme mit!"

Einige Gäste folgten ihm; wollten sie dem Herrn von Florenz einen Gefallen tun oder teilten sie seinen Wunsch nach Zurückgezogenheit oder waren noch andere Beweggründe dafür maßgebend?

Unter denen, die den Magnifico begleiteten, befanden sich Pater Giorgio und Poliziano, die beiden Gelehrten Argyropulos und Ficino sowie die beiden jungen Edelleute, Francesco de' Pazzi und Bernardo Bandini, die eigens zu diesem Fest von Florenz nach Cafaggiolo geritten waren.

Lorenzo ließ prüfend seinen Blick über sie schweifen, dann gab er dem abseits stehenden Amerigo einen freundschaftlichen Wink:

„Komm mit, Amerigo, du fühlst dich zwischen all diesen Leuten auch nicht sehr wohl; ich sehe es dir an der Nasenspitze an."

Amerigo fühlte, wie ihm die Röte ins Gesicht stieg, und ärgerte sich darüber, schloß sich aber der kleinen Gruppe an.

Im wunderbar eingerichteten Arbeitszimmer des Magnifico herrschte köstliche Ruhe, die durch die Klänge der Musik, die nur gedämpft durch die starken Mauern drangen, angenehm unterstrichen wurde.

„Hier seid ihr erst richtig meine Gäste!"

Befriedigt ließ sich Lorenzo in seinen Lehnstuhl gleiten und forderte gleichzeitig die anderen auf, sich ebenfalls zu setzen.

„Von Natur aus bin ich ein Einzelgänger und weiß Ruhe und Einsamkeit zu schätzen."

Er seufzte tief auf und lächelte dann ironisch:

„Das Schicksal aber hat mich fürs öffentliche Leben bestimmt, ja mich sogar an die Spitze der Stadt und des Staates gestellt."

„Zu unserem Glück!" ließ sich Francesco de'Pazzi aus dem Hintergrund vernehmen. Lag nicht ein gewisser Hohn in seiner Stimme?

Wieder erschien das spöttische Lächeln auf den Lippen des Magnifico:

„Es freut mich, das gerade aus *deinem* Munde zu hören, Francesco. Dein Ausspruch verscheucht viele Schatten."

„Schatten zwischen uns? Hervorgerufen durch Verleumdungen vielleicht, denen ein Lorenzo de'Medici sicher kein Gehör schenkt", versetzte der junge Pazzi.

„Da hast du recht! Ich lasse mich weder von Verleumdungen noch von Gerüchten beeinflussen. Aber daß die Pazzi die Medici lieben und verehren — diese Behauptung ließe ganz Florenz vor Lachen platzen."

Unwillkürlich lächelten auch die Teilnehmer an dieser kleinen Sitzung; die Rivalität zwischen den beiden mächtigen Familien war stadtbekannt.

Als Francesco eine protestierende Bewegung machte, fuhr Lorenzo rasch fort:

„Ich weiß, ich weiß: alte Geschichten ... nichts Ernsthaftes ... weder du noch dein Onkel Jacopo wollen etwas davon wissen. Wenn ich das nicht glaubte, hätte ich dich dann eingeladen?"

„Und wenn ich nicht dein Freund wäre, würde ich dann gekommen sein?"

Lässig lehnte sich Lorenzo in seinen Sessel zurück und stützte den Kopf an die hohe Lehne. Er machte den Eindruck eines müden Menschen und hielt die Augen halb geschlossen:

„Manchmal überkommt mich im tollsten Wirbel ein Gefühl der Trauer...", sagte er leise, wie zu sich selbst.
Poliziano, den die Neugier plagte, und der die höfischen Umgangsformen noch nicht recht beherrschte, störte die eingetretene Stille mit der Bemerkung:
„Aber, Magnifico! Vor der Tafel wart Ihr noch ganz munter; erst das Gespräch mit Pater Giorgio hat Euch die Laune verdorben."
Der Eindruck, den diese Worte gemacht hatten, war von den verschlossenen Mienen der Anwesenden nicht abzulesen; nur dem Pater Giorgio war die Sache sichtlich unangenehm.
„Ich bitte um Entschuldigung; ich habe aber meines Wissens nichts Bemerkenswertes gesagt."
Der Magnifico hob die Augen und richtete sich in seinem Sitz auf:
„Das ist richtig. Ihr sagtet — nichts! Eben das beunruhigt mich. Ihr könnt nur schlecht verbergen, was Euch bewegt, und ich las eine böse Neuigkeit in Eurem Gesicht. Mir entgeht selten etwas."
Mit mehr Eifer als Takt wollte Poliziano den Dominikaner zum Sprechen bringen und reizte ihn, indem er sagte:
„Unserem Magnifico kann man nichts verheimlichen; er errät alles."
Der Mönch blieb stumm.
Lorenzo drängte:
„Mein Beruf verlangt, daß ich über alles, was im Staate vorgeht, unterrichtet bin. Und nun, *domine magister*, was gibt es Neues — und Unangenehmes in Florenz?"
„Gott sei Dank! In Florenz ist Ruhe."
„Wo ist keine? Fürchtet doch nicht, uns böse Nachricht zu bringen. Wir vertragen viel, und wir sind Männer unter uns."
Noch immer zögerte Pater Giorgio, bevor er sagte:
„Ein Ereignis von unabsehbarer Tragweite..."
Lorenzo wurde ungeduldig:
„Erzählt!"
„In Mailand wurde am Tage des heiligen Stephans vor der Kirche, die seinen Namen trägt, der Herzog Galeazzo Sforza von drei Verschwörern erdolcht."

„Tot?"
„Auf der Stelle; kaum, daß er die Madonna anrufen konnte."
„Die Urheber des Attentats?"
„Drei Edelleute, die der Herzog in ihrer Ehre schwer gekränkt hatte."
Ein peinliches Schweigen entstand. Allen war der Ruf des Herzogs — ein schlechter Ruf — bekannt, aber es handelte sich um ein gekröntes Haupt; das galt als unantastbar.
Der Magnifico bewahrte Ruhe.
Langsam sagte er:
„Er war kein guter Fürst; aber das hat mit dem Verbrechen als solchem nichts zu tun."
„Ihr alle könnt mit Sicherheit behaupten, er sei der böseste der Tyrannen gewesen", rief der junge Pazzi mit schneidender Stimme.
„Das wird er vor Gott verantworten müssen. Einen Menschen ohne öffentliches Gerichtsverfahren zu töten, ist barbarisch und eine größere Tyrannei als jede andere."
Wieder meldete sich Francesco de'Pazzi:
„Wer ist nach deiner Meinung Tyrann: Cäsar oder Brutus?"
Der alte Argyropulos konnte sich die Gelegenheit, einen kleinen Vortrag zu halten, nicht entgehen lassen; so fing er an:
„Meine Landsleute, die alten Griechen, haben Harmodios und Aristogeiton gefeiert, die im Jahre 514 v. Chr. Hipparchos töteten, den Nachkommen des Peisistratos, Tyrannen von Athen. Die Geschichte spricht die Mörder eines Caligula, eines Caracalla, eines Heliogabalus frei, weil diese Ungeheuer waren, die den Namen Mensch nicht verdienten. So könntet Ihr nicht behaupten, Magnifico, daß die Mörder jener Tyrannen selbst Tyrannen waren, weil sie ohne öffentliches Gerichtsverfahren Unmenschen beseitigten."
„Und doch sage ich, daß sie Rechtsbrecher waren, daß sie das Recht mißachteten — wie es eben Tyrannen tun. Das Recht muß unter allen Umständen gewahrt bleiben. Wohin kämen wir, wohin käme der Staat, wenn sich jeder zum Richter aufwürfe und nach Gutdünken seinen Gegner aus dem Wege räumte. Du, freilich, du, Francesco, erhebst den Dolch des Brutus und . . ."

Francesco de'Pazzi sprang auf. Bleich bis in die Lippen, wollte er in schärfster Weise erwidern; doch sein Nachbar Poliziano packte ihn am Arm, um ihn zur Vernunft zu bringen.

Da öffnete sich die Tür, ein Diener trat ein und flüsterte dem Magnifico einige Worte ins Ohr.

Lorenzo erhob sich von seinem Sitz:

„Eben erhalte ich die Nachricht, daß mein Vetter Pierfrancesco verschieden ist. Das Fest ist aus."

7. Kapitel

DIE VERSCHWÖRUNG DER PAZZI

„Vor zwei Jahren starb Pierfrancesco de'Medici; trotzdem gibt es für mich noch immer keine Schiffe, keine Seefahrt, nicht einmal den versprochenen Posten in der Levante oder in Spanien. Heute bin ich 27 Jahre alt und sitze noch immer in Florenz fest. Was tu ich hier? Handeln und Feilschen, Rechnungen schreiben und in Büchern eintragen, die mich nicht interessieren! Ein Stubenhocker bin ich geworden!"

Amerigo stützte den Kopf in seine Hände. Er vermochte nicht klar zu überlegen; sein Gehirn war ausgebrannt; er hatte allen Schwung verloren.

Jahr um Jahr verging, und jedes nahm einen Teil seiner Hoffnungen mit sich fort. Was nützten ihm seine Studien beim alten Toscanelli? Was aber auch die Beziehungen zu den Mitgliedern seiner Familie, die einflußreiche Stellungen bekleideten, wenn er sie nicht ausnützte? Was hatte er von seinem Onkel, dem Console del Mar? Was vom Flottenkommandanten, der sein Vetter war? Nichts, aber schon gar nichts! Er saß hier fest: in der Bank der Medici; sein Lebensschiffchen war auf eine Sandbank geraten — sagte er sich in bitterer Selbstironie und lächelte über den poetischen Vergleich. Kein Mensch kümmerte sich um seine Sorgen. Da gab es wohl den jungen Lorenzo, den Sohn Pierfrancescos, der ihm bei jedem Zusammentreffen sagte: „Verliere nicht den Mut! Hab Geduld! Ich verspreche dir, Amerigo, daß du deine Flotte bekommen wirst." Ja, das war gewiß sehr lieb und verständnisvoll gedacht, aber was half es ihm? Lorenzo war ein Junge von fünfzehn Jahren. Bevor er erwachsen war und über sein Erbe verfügen durfte, konnte er seine Meinung noch etliche Male ändern; auch wenn er sie jedoch beibehielt, war die Aussicht auf eine zermürbende Wartezeit wenig schön.

Es mußte etwas geschehen! Bald. Sofort. Jetzt oder nie! Wenn er sich nicht jetzt entschließen konnte, Florenz zu verlassen und sein Glück auf dem Meere zu suchen, war es für ihn zu spät.

Er brauchte Hilfe für das Unternehmen, Hilfe, die er bisher nicht gefunden hatte — bei einem Menschen, der Sinn für Größe hatte und das nötige Geld besaß. Im Geist nahm er eine Musterung aller Leute vor, die in Betracht kamen. Er stieß dabei auf einen Namen, der ihm verheißungsvoll erschien.

„Vetter Marco..."

Er stand im gleichen Alter wie Amerigo; sie hatten einander als Kinder gut gekannt. Später waren sie getrennt worden. Der Vater Marcos war — wie es der Magnifico bei der denkwürdigen Unterredung mit Kolumbus angedeutet hatte — in den Dienst des Hauses Aragon getreten und hatte es dort weit gebracht, ja geradezu schwindelnde Höhen erreicht: Admiral der neapolitanischen Flotte... spanischer Grande... Herzog von Kalabrien! Dieser Zweig der Familie Vespucci war nach Neapel ausgewandert, weil er sich in Florenz an einer Verschwörung gegen Cosimo de'Medici beteiligt hatte, und war dort groß geworden. Jetzt waren diese Vettern ein wenig hochmütig und trugen gegen die Florentiner Verwandten gern eine gewisse Überlegenheit zur Schau; besonders Piero, der Herzog von Kalabrien und Vater Marcos, beugte seinen Kopf vor niemand, auch nicht vor dem regierenden Magnifico. Er verzieh den Medici auch heute noch nicht, daß seine Familie einst ihretwegen die Heimat verlassen mußte.

Amerigo ließ sich diese Gedanken durch den Kopf gehen; endlich faßte er den Entschluß, sich an seinen Vetter Marco zu wenden. Er setzte ihn auch gleich in die Tat um.

Marco Vespucci bewohnte einen großartigen Palast in der Nähe der Kirche Santa Trinità und war mit der schönsten Frau von Florenz verheiratet.

Simonetta Cattaneo aus einem der alten Geschlechter der Stadt

ließ durch ihre Schönheit die Herzen aller Männer höher schlagen, auch das des schönen Giulianos und seines bei weitem weniger schönen Bruders Lorenzo de'Medici. Der Dichter Poliziano hatte sie in Versen besungen, die jeder Florentiner kannte, und die Maler Botticelli und Pollaiolo hatten sie auf ihren Bildern verewigt.
Im allgemeinen fühlte sich der junge Ehemann durch die Huldigungen, die seiner Frau dargebracht wurden, geschmeichelt, doch die der Brüder Medici reizten ihn bis aufs Blut und bestärkten ihn in seinem Haß auf alles, das diesen Namen führte.

Amerigo wurde von seinem Vetter sehr freundlich aufgenommen. Nach einem kurzen Gespräch, in dem Erinnerungen an die gemeinsam verbrachte Kinderzeit ausgetauscht wurden, fragte ihn Marco nach seinen Wünschen.
Er holte weit aus, schilderte seinen Werdegang und kam dann auf seine Pläne und deren Verwirklichung zu sprechen. Das letzte Wort seiner Darlegungen lautete: „Geld!"
Marcos entgegenkommendes Lächeln wurde höhnisch:
„Oh, dieses Florenz! Es besitzt den Reiz einer Circe, die uns alle beherrscht und ihren Zwecken dienlich macht. Ich sehe, daß auch du ihr Sklave bist und dich aus ihren Fesseln nicht befreien kannst. Schau meinen Vater an! Schau mich an! Was wäre aus uns geworden, hätten wir sie nicht verlassen? Bestenfalls auf ihren Vorteil bedachte Kaufleute oder Wucherer, die sich hier Bankiers nennen."
Mit einem stolzen Lächeln setzte er seine Rede fort:
„Und was *ist* aus uns geworden? Du weißt es. Rette auch du dich, solange es möglich ist."
Es gelang Amerigo nicht, ein Wort der Zustimmung einzuwerfen; voller Eifer fuhr Marco fort:
„Warum hast du mir nicht früher eine Nachricht zukommen lassen? Warum hast du nicht an meinen Vater geschrieben, als er am Hofe des Königs war? Damals hätte ein Wort von ihm genügt, und deine Forderungen wären erfüllt worden. Mittlerweile hat er alle seine Ämter zurückgelegt und steht im Begriff, nach Florenz zurückzukehren. Ich persönlich liebe diese Stadt nicht —

das gestehe ich offen ein —, doch mein Vater ist alt, ihn treibt das Heimweh. Hier will er seine Tage beschließen; hoffentlich bereut er es nicht."

Marcos freundliche Miene schwand, als er den verhaßten Namen aussprach:

„Zwischen uns und den Medici ist die Liebe nicht allzu groß; Ihr steht in einem ganz anderen Verhältnis zu ihnen. Dein Vater und du, ihr werdet von ihnen beschäftigt..."

„Von der jüngeren Linie, nicht der regierenden."

„Ich erinnere mich jetzt. Aber: bist du nicht mit Lorenzo in die Schule gegangen? Unser Onkel Giorgio war euer Lehrer. Was hast du von dieser Schulfreundschaft? Nichts... nichts... nichts. So sieht eben der Dank der Tyrannen aus."

Unwillkürlich mußte Amerigo lachen:

„Wieso sind mir die Medici zu Dank verpflichtet? Und Lorenzo ist doch kein Tyrann!"

„Er ist einer!"

„Übertreibe doch nicht, Marco."

Doch dieser beharrte:

„Er ist ein Tyrann, aber einer mit weichen Handschuhen. Er umgibt alle seine Handlungen mit einer Aura von Schönheit; er verbirgt das Unrecht, das er begeht, hinter den Gemälden des Botticelli und des Ghirlandaio, hinter den Statuen eines Donatello und Verrocchio. Die Proteste seiner Opfer werden übertönt von seinen und seiner Poeten Verse und von bezaubernden Melodien. Die Florentiner — wie übrigens alle Völker — lassen sich davon nur allzu gerne blenden."

Marco machte eine abschließende Bewegung:

„Genug davon! Was kann ich für dich tun?"

„Ich sagte es schon: Verhilf mir zu Geld für meine Ozeanüberquerung."

„Warte!"

„Das kann und mag ich nicht länger."

„Warum hast du dich nicht längst an unseren großen Mäzen, an Lorenzo, gewandt?"

„Das tat ich. Er meinte lachend, er verstünde nichts von der Seefahrt."

„Stimmt! Er versteht auch nichts vom Kriegführen, desto mehr von schönen Frauen, von Poesie und Musik, von Statuen und Bildern und der vermaledeiten Politik."

„Er versteht alles, was er für sein Amt braucht", verteidigte Amerigo den Magnifico.

„Wie du meinst; aber sprich nicht von der Seefahrt mit ihm."

„Er sagte mir, daß er keine Schiffe mehr besäße."

„Er besitzt welche, doch verkehren sie nur zwischen der Levante, Ägypten und unserem Hafen von Pisa."

„Weil sie für die Hochseefahrt nicht geeignet sind."

„Lorenzo sollte viel mehr Schiffe haben; sie müßten nur richtig eingesetzt werden."

„Das erzählst du *mir?* Was kann *ich* dafür tun?"

„Vielleicht mehr, als du denkst. Ich riet dir vorhin zu warten; du wirst nicht lange zu warten brauchen. Verlier die Geduld inzwischen nicht."

Amerigo sah ihn zweifelnd an:

„Ich verstehe die Sache nicht; was willst du damit sagen?"

„Es muß dir genügen, wenn ich dir verrate, daß sich in unserer Stadt Geschehnisse vorbereiten, die in bezug auf die Seefahrt wie auch in anderen Dingen so manche Veränderungen bewirken werden."

„Und das zu meinem Vorteil?"

„Wie ich glaube."

„Wann wird das sein?"

„Nicht später als bis Ende des Monats April."

Amerigo war von seiner Idee so eingenommen, daß er nur an sie dachte, als er fragte:

„Bereitet man vielleicht gar eine überseeische Expedition vor?"

Diese Frage kam für Marco so unerwartet, daß er nur mit Mühe ein Gelächter unterdrückte; es gelang ihm sogar, eine ernste Miene aufzusetzen, als er erwiderte:

„Überseeisch würde ich dieses Unternehmen nicht nennen; aber Expedition ist die richtige Bezeichnung dafür."

„Soll ich wiederkommen? Willst du mit deinem Vater darüber sprechen, wenn er hier eintrifft?"

„Das werde ich zu gegebener Stunde gewiß tun. Vorläufig lassen wir die Dinge an uns herankommen. Sei überzeugt, daß die bevorstehenden Ereignisse deine besten Anwälte sind."

Mit einer neuen Hoffnung im Herzen verließ Amerigo seinen Vetter.

Kurz darauf wurde ein anderer Besucher gemeldet, den Marco sofort zu sich bitten ließ.

„Was bringst du?" fragte der Gatte der schönen Simonetta.

„Die Ereignisse überstürzen sich; die Sache kann nicht länger aufgeschoben werden. Es wissen schon zu viele darum. Heute gab es ein Gastmahl in der Villa in Fiesole. Wir waren bereit. Der Neffe des Papstes, der Kardinal Riario, war anwesend; auch der Erzbischof Salviati und selbstverständlich unsere ganze Gesellschaft: Bandini, Maffei und die anderen. Eine derart gute Gelegenheit wird sich nicht so leicht mehr finden."

„Und, und, was geschah?"

„Nichts! Gar nichts! Unser schöner Giuliano de'Medici ließ sich im letzten Augenblick entschuldigen: ein Unwohlsein hindere ihn am Kommen. Lorenzo..."

„Ihr mußtet das Ganze abblasen?"

„Selbstverständlich. Der Schlag muß beide treffen. Wenn einer mit dem Leben davonkommt, dann lebt auch die Tyrannei in Florenz weiter."

Marco Vespuccis Miene war sorgenvoll; er schien mit dem Gehörten keineswegs einverstanden zu sein.

„Euer Vorhaben gefällt mir nicht. Bringt das unzufriedene Volk in Aufruhr, stürzt die Medici und ich gewähre Euch meine volle Unterstützung. Eine Verschwörung, wie Ihr sie aufzieht, ist ein gefährliches Wagnis, das selten zum Erfolg führt, meistens aber mißlingt und dann blutig gerächt wird."

„Sei nicht ängstlich! Denk an das Unternehmen in Mailand. Der Tyrann ist tot, die Stadt atmet auf."

„Welchen Nutzen zogen die Attentäter daraus? Sie wurden sofort durch das Volk, das sie befreien wollten, erschlagen. Die Untat geschah vor einer Kirche, und die Menge stellte sich gegen die Mörder."

Sein Gegenüber zuckte die Achseln:

„Pech!"

„Nein! Die richtige Antwort auf den Meuchelmord, der nicht die beabsichtigte Wirkung hervorrief — wie ich aus Mailand erfuhr. Herzog Lodovico il Moro ist um nichts besser als der ermordete Galeazzo."

„Wir haben aus den Fehlern gelernt; unsere Vorbereitungen werden genau und lückenlos sein. Was hast du heute? Diese Skrupel sind neu."

Ironisch meinte er:

„Beunruhigt es dich vielleicht, daß Mona Simonetta zu viele Tränen vergießen könnte, wenn wir das Blut ihres schmachtenden Anbeters Giuliano vergießen?"

Marco Vespucci sprang auf, packte den Sprecher beim Arm und schüttelte ihn:

„Schweig! Sprich nicht von Simonetta. Lorenzo und Giuliano besingen sie in ihren Versen und verehren sie als ihre Muse — weiter nichts!"

„Das wissen wir alle. Mona Simonetta steht rein da; doch du, du bist als Ehemann lächerlich geworden. Du kennst die scharfen Zungen unserer Florentiner und weißt: Lächerlichkeit tötet!"

„Laß das! Das ist meine Sache. Du irrst, wenn du mir persönliche Motive unterschiebst; das ist eine Angelegenheit unserer ganzen Familie. Ich warne dich nicht aus Feigheit oder aus Mitleid mit den Medici. Ich überlege und erwäge unsere Chancen. Seid ihr sicher, daß alles abläuft, wie ihr es geplant habt? Seid ihr sicher, daß Lorenzo nicht schon von allem unterrichtet ist?"

Der Verschwörer beugte sich weit vor und flüsterte dem Vespucci ins Ohr:

„Morgen während des feierlichen Hochamts in Santa Reparata. Das Amt zelebriert Kardinal Riario selbst. Lorenzo und Giuliano müssen schon ihrer Stellung wegen daran teilnehmen."

Marco wich vor seinem unheimlichen Besucher zurück. Fassungslos starrte er ihn an:

„In der Kirche? Ein Meuchelmord in der Kirche?"

„Das Läuten zur Wandlung ist das verabredete Zeichen."

„Nein, nein, nein! Das darf nicht sein. Ein derart scheußliches Verbrechen ... wie kannst du es zulassen? Das *kann* nicht gut ausgehen."

Ein Schluchzen saß ihm in der Kehle und ließ ihn nicht weitersprechen.

Hart und unerbittlich kam die Antwort:

„Es muß sein!"

Doch Marco schüttelte den Kopf:

„Nein, es muß nicht sein. Was ihr tun wollt, ist Gotteslästerung. Ihr habt Gott selbst zum Gegner."

„Dann unterstützt er die Tyrannei. Willst du weiterhin die Übergriffe der Medici ertragen? Sollen wir, die wir ihnen weder an Vermögen, Bildung oder Herkunft nachstehen, uns weiterhin von ihnen befehlen lassen? Was haben sie aus unseren alten demokratischen Einrichtungen gemacht? Unsere Volksherrschaft, was ist aus ihr geworden?"

Der Verschwörer hatte sich ins Feuer geredet und vorgebracht, was er zu sagen pflegte, um neue Anhänger zu werben oder Schwankende zu überreden. Beschwörend trat er vor Marco hin:

„Willst du weiter Sklave sein, wo du Herr sein könntest?"

„Schweig!" schrie ihn Vespucci an. „Ich liebe die Freiheit nicht weniger als du; aber ich will meine Hände rein halten. Das Verbrechen, das ihr begehen wollt, ist so entsetzlich, daß es mich abstößt... mich anwidert... mich ekelt."

Er schwieg erschöpft.

Mit kalten Blicken musterte ihn sein Besucher:

„Geh und zeige mich an!"

„Du weißt, daß ich es nicht tun werde."

„Der Zweck heiligt die Mittel. Wir könnten nicht mehr zurück — auch wenn wir wollten. Alles ist bis ins kleinste bedacht und vorbereitet."

Marco schloß die Augen. Nach einer Weile sagte er tonlos:

„Ich werde euch nicht verraten. Als wir uns verbündeten, um den Übermut der Medici zu brechen, schwur ich euch Treue. Ich werde sie halten."

Es war eine Drohung, die Marco zur Antwort erhielt:

„Vergiß nicht, sie zu halten!"

„Vergessen? Das kann ich nicht — so gern ich es möchte", meinte er bitter. „Erwartet aber nicht, daß ich diesem Verbrechen beiwohnen werde."

Nach einer Pause setzte er zögernd hinzu:

„Wer eine Zuflucht nötig hat, dem steht mein Haus offen."

Er blickte seinem Gegenüber voll in die Augen:

„Wer will die Tat auf sich nehmen?"

„Soll ich Namen nennen?"

Er blickte sich vorsichtig um, als hätte er vor unerwünschten Zuhörern Angst:

„Ein gedungener Abenteurer sollte die Brüder töten. Als wir unseren ursprünglichen Plan änderten, trat der Feigling zurück: in der Kirche könne er niemanden umbringen."

„Das begreife ich", nickte Marco verständnisvoll; doch voll Verachtung fuhr der Verschwörer in seinem Bericht fort:

„Faule Ausreden! Lorenzo hat es ihm angetan. Mit seiner Leutseligkeit. Ich mußte den Kerl bei Hofe vorstellen, damit er sich die Brüder genau ansehe."

„Wer wird es an seiner Statt tun?"

Ein fast unhörbares Flüstern:

„Stefano und Andrea da Volterra. Sie hassen ihn aus tiefstem Herzen. Eine alte Familienfehde. Übrigens bin ich nicht ganz sicher, ob es die geeigneten Leute sind. Was mich und Bernardo betrifft, so gedenken wir, den schönen Giuliano eigenhändig ins bessere Jenseits zu befördern. Wenn du morgen zu Mittag die Martinella (die Glocke des Campanile) läuten hörst, dann weißt du, daß das Volk von Florenz seine Freiheit wiedergewonnen hat. Leb wohl!"

„Tu es nicht!... Francesco de'Pazzi!"

*

Es war ein herrlicher Frühlingssonntag im April des Jahres 1478. Die Gläubigen strömten zur Kathedrale Santa Reparata. Diesmal sollte das feierliche Hochamt von einem Kardinal gehalten werden, der ein Verwandter des Papstes Sixtus IV. war.

Mehr noch als eine religiöse Feier war es ein Fest der Jugend. Kardinal Riario war kaum zwanzig Jahre alt, die Brüder Medici, ein Großteil ihres Hofstaats und der Spitzen der Behörden — sie alle waren jung und voller Schwung. So war auch unter den Teilnehmern am Gottesdienst die Jugend stark vertreten.

Ein Fest der Jugend und ein Fest der Versöhnung war es, das begangen werden sollte. Die Beziehungen zwischen dem Vatikan und Florenz waren gespannt, seitdem die Medici dem vom Papst ernannten Erzbischof Salviati die Investitur verweigert hatten. Die Anwesenheit beider Kirchenfürsten, des Kardinals als Vertreter Seiner Heiligkeit und des nunmehr anerkannten Erzbischofs, waren der augenfällige Beweis für die stattgefundene Aussöhnung.

Zum Beginn der Festlichkeiten fehlte noch ungefähr eine halbe Stunde. Amerigo stieg die Stufen zur Kirche hinauf und betrat das Hauptschiff. Eng aneinander gedrängt standen die wartenden Gläubigen. Er mußte sich durchzwängen, um einen Platz weiter vorn im Mittelgang zu erreichen.

Langsam verstrichen die Minuten.

Endlich ertönten draußen einzelne Rufe, die sich bald zum Chor verstärkten:

„Der Kardinal kommt!"

„Der Magnifico!"

Noch sah man sie nicht.

„Gleich werden sie eintreffen. Das Gefolge hat den Palast bereits verlassen."

Schon tauchte die Spitze eines farbenprächtigen, funkelnden, glitzernden Zuges auf, der sich zu Fuß dem Vorplatz der Kathedrale näherte. Der Magnifico Lorenzo in kornblumenblauem Samt und der jugendliche Kardinal im Purpurgewand eröffneten ihn. Eine lange Reihe kirchlicher Würdenträger, Hofherren, Gelehrter und Künstler folgten ihnen. Die Trompeten schmetterten und lockten alle, die nicht an der kirchlichen Zeremonie teilnehmen konnten, auf die Straße.

Gleich allen anderen wartete Amerigo auf den Einzug des Kardinals und seiner Begleitung.

„Wo ist Giuliano?"

Beim Klang dieser Stimme, die ihm bekannt vorkam, drehte er ein wenig den Kopf. Er fand seine Annahme bestätigt; es war Francesco de'Pazzi.

Mit Mühe verstand Amerigo die leise Antwort:

„Zum Teufel! Sollte es auch das dritte Mal nicht gelingen? Er *muß* kommen. Gehen wir ihn holen!"

Der junge Pazzi und sein Freund Bandini drängten in aller Eile dem Ausgang zu und stießen beiseite, was sich ihnen in den Weg stellte. —

Kleriker und Pagen schufen eine Gasse für die hohen Persönlichkeiten.

Beim Eintritt in die Kirche dankte Lorenzo mit gewohnter Leutseligkeit für die dargebrachten Huldigungen.

„Es lebe der Magnifico!"

„Hoch die Medici! Palle! Palle!"

Doch in diese Rufe mischten sich andere, die in den Ohren Lorenzos einen bedrohlichen Klang hatten.

„Es lebe der Papst!"

„Es lebe der Kardinal!"

Wenn ihn die anscheinende Zuwendung der Menge zu Riario beunruhigte, bewahrte er doch seine lächelnde Miene und schritt ohne Zögern weiter. Dabei bemerkte er Amerigo. Ihre Blicke trafen sich. Mit einer freundschaftlichen Geste erwiderte er dessen Gruß.

Der junge Vespucci mischte sich unter das Gefolge und gelangte auf diese Weise bis an die Stufen, die zum Hochaltar führten. Dort fand er einen Platz bei einer Säule, von dem aus er alle Vorgänge gut beobachten konnte.

Kardinal Riario zog sich nach seinem Einzug sofort in die Sakristei zurück, um die Meßgewänder anzulegen. Inzwischen unterhielten sich die Zurückgebliebenen im Flüsterton.

Es verging eine längere Weile, und die Spannung stieg.

An die Säule gelehnt und kaum zehn Schritte von Lorenzo entfernt, betrachtete Amerigo seine Umgebung. Dann schaute er nach dem großen Eingangstor, durch das noch immer Nachzügler einzutreten versuchten. Eine Bewegung entstand. Ein Murmeln pflanzte sich weiter:

„Giuliano kommt!"

„Warum kommt er so spät?"

Eine schmale Gasse bildete sich. Jetzt erschien der jüngere

Medici in Begleitung von Francesco de'Pazzi und Bernardo Bandini.

Einige Bemerkungen wurden laut:

„Wer spricht von Feindschaft zwischen den Medici und den Pazzi? Seht doch, wie gut sie sich verstehen! Jetzt schlägt Francesco sogar seinen Arm um Giuliano und führt ihn die Stufen zum Altar hinauf. Seht euch die beiden nur an!"

Weder Amerigo noch die anderen unbefangenen Zuschauer ahnten, daß sich Pazzi durch diese freundschaftliche Geste überzeugen wollte, daß Giuliano kein Panzerhemd unter seinem Festkleid trug.

Der jüngere Medici trat zu dem ihm bestimmten Betpult, nickte seinem Bruder zu und kniete nieder.

In der Tür zur Sakristei erschien die Gestalt des Kardinals in einem prachtvoll bestickten Meßgewand. Das Klingeln des Glöckchens zeigte den Beginn des Hochamtes an. Gefolgt vom Erzbischof von Florenz, einigen anderen Bischöfen und den Kanonikern des Domkapitels schritt der Vertreter des Papstes zum Altar.

Alles kniete nieder, und die heilige Handlung nahm ihren Anfang. Die Orgel ertönte. Chöre erklangen im Wechselgesang. Das Kircheninnere war durch Hunderte von brennenden Kerzen fast taghell erleuchtet. Ihr Geruch vermischte sich mit Wolken von Weihrauch zu einem Duft, der die Gemüter in Weihestimmung versetzte. Das Mysterium bereitete sich vor. Fand es offene Herzen?

Amerigo beobachtete und ließ sich durch den Aufwand an Licht und Blumen, Musik und Räucherwerk nicht täuschen. Er fühlte die Spannung, die in der Luft lag, und sah zu Lorenzo hinüber, der vorne, von den übrigen getrennt, auf einem Betschemel kniete.

Die schlanke Gestalt erschien ihm plötzlich klein und hilflos. Er, der Herr von Florenz, ein König fast, war allein; erst in einem bestimmten Abstand befand sich sein Gefolge. Jeder konnte sich ihm nähern.

Wohin entführt mich meine Phantasie? lächelte Amerigo über sich selber. Wer sollte dem Magnifico Schaden zufügen wollen? Er dachte an das boshaft-witzige Gerede über die Medici; nichts weiter als das übliche Geschwätz! Und Marco? Und die geflüsterten Bemerkungen vorhin? Riesengroß stand plötzlich die Angst vor ihm.

Das silberne Glöckchen läutete zur Wandlung. Die Köpfe neigten sie. Alle?

Zwei schrille Stimmen unterbrechen die andächtige Stille.

„Tod dem Tyrannen!"

Wer hat es gerufen? Was geht vor?

Keiner weiß, was geschieht.

Amerigo streckt sich, um besser sehen zu können. Der Raum zwischen ihm und den Medici ist auf einmal nicht mehr leer.

Zwei Männer bedrängen den Magnifico mit ihren Dolchen.

Geistesgegenwärtig zieht dieser seinen Degen, wirbelt ihn herum und läßt die Angreifer nicht an sich heran.

Plötzlich sind auch die Herren seines Gefolges in Kämpfe verwickelt. Es geht Mann gegen Mann. Degen und Dolche werden gezückt. Blut fließt. Verwundete stürzen zu Boden. Schreien und Stöhnen. Die Erregung wächst.

Da schreit einer:

„Nieder mit den Medici!"

Der Ruf pflanzt sich fort: „Nieder mit den Medici!"

Wie erstarrt lehnt Amerigo an seiner Säule. Er hört den Ruf, und vieles wird ihm klar.

Wie ein schwarzer Racheengel steht Francesco de'Pazzi hochaufgerichtet vor dem Betschemel des knieenden Giuliano, sein blankes Schwert in der Hand. Mit einem Blick, aus dem der Wahnsinn leuchtet, stößt er es dem Knieenden in die Brust, einmal, zweimal, dreimal: „Freiheit für Florenz!" Bernardo Bandini folgt ihm; in wildem Haß sticht er auf den Toten ein: „Freiheit für Florenz!"

Sie treten vor den Altar und heben die bluttriefenden Schwerter in die Höhe wie zum Schwur: „Freiheit für Florenz!"

Der Ruf pflanzt sich fort.

Das Getöse verstärkt sich; die Verwirrung steigt.

In diesem Augenblick gelingt es Lorenzo, mit ein paar großen Sätzen die Tür zur Sakristei zu erreichen. Mit seinem Degen, den er mit bewundernswerter Geschicklichkeit handhabt, hält er sich die Gegner vom Leibe — wie lange noch?

Da löst sich Bernardo Bandini von der Gruppe am Hochaltar, eilt auf Lorenzo zu und dringt mit seinem Schwert ungestüm auf den Medici ein. Schon blutet der Angegriffene. Sein Ende scheint gewiß.

Francesco Nori, ein Gefolgsmann des Magnifico, wirft sich zwischen die Kämpfenden. Mit seinem Körper deckt er Lorenzo — und sinkt zu Tode getroffen nieder.

Hinter Lorenzo öffnet sich die Tür; hilfreiche Hände ziehen ihn in die Sakristei. Die schweren Flügel fallen hinter ihm ins Schloß. Er ist in Sicherheit.

Bernardo steht vor der verschlossenen Tür. Verwirrt blickt er um sich. Er sieht sich allein. Zu seinen Füßen liegt der Tote, der sich für seinen Herrn geopfert hat.

Bandini rafft sich auf: „Freiheit für Florenz!"

Nur wenige stimmen ein. Die öffentliche Meinung hat jäh umgeschlagen. Alle wußten jetzt um den Mord vor dem Altar.

„Nieder mit den Mördern!"

„Hoch das Haus Medici! Palle! Palle!"

Plötzlich erkennt Bernardo Bandini die ganze Schwere der Tat und wird von Entsetzen gepackt. Er wirft seine Waffen weg und versucht, ins Freie zu entkommen.

Der zusammengesunkene Körper Giulianos blutet. Nur wenige Schritte entfernt steht Francesco de'Pazzi, den eine Schar Freunde und Mitverschwörer umgibt und ihn fortzubringen trachtet. Er kreischt mit heiserer Stimme sein „Freiheit für Florenz!".

Der Lärm ebbt ab. Alles drängt hinaus. Das geschändete Haus Gottes leert sich langsam.

Amerigo lehnt noch immer wie betäubt an seiner Säule. Er versucht, das gräßliche Schauspiel, das sich in nur wenigen Minuten vor ihm abgespielt hat, in seinen Zusammenhängen zu erfassen, und fragt sich: Warum diese Wahnsinnstat? Warum?

Kardinal Riario und seine Kleriker kamen hinter dem Hochaltar, wohin sie sich geflüchtet hatten, hervor.

Die Tür zur Sakristei öffnete sich. Der Magnifico Lorenzo trat heraus.

Lorenzo war blaß, doch ruhig. Er hielt den bloßen Degen in

der Hand. Um seinen Hals war ein weißes Tuch geschlungen, das Blutflecken aufwies. Langsam machte er ein paar Schritte gegen den Altar. Niemand wagte zu sprechen. Wer sich von seinem Gefolge noch in der Kirche befand, trat zu ihm; alle hatten ihre Degen entblößt und bildeten einen Wall von Treue, während von draußen noch schwache Rufe: „Freiheit für Florenz!" und Waffenlärm hereindrangen.

Dann sah er die Leiche seines Bruders. Er hielt den Atem an. Sein schöner, junger Bruder! Die Blutlache hatte sich ausgebreitet. Tropfen auf Tropfen fiel von den Altarstufen herab — das einzige Geräusch in der bedrückenden Stille der Kathedrale.

Endlich konnte Amerigo den Bann, der auf ihm lag, abwerfen. Leise trat er an den Magnifico heran:

„Lorenzo..."

Er bemerkte die notdürftig verbundene Wunde:

„Habt Ihr Schmerzen, Magnifizenz? Seid Ihr schwer verletzt?"

„Nein!"

Er zeigte auf Giuliano:

„Wer hat es getan?"

Seine Stimme war leer, ohne Klang.

„Ich kann es nicht sagen. Es ging alles so schnell. Ich sah Francesco de'Pazzi und Bernardo Bandini; ihre Schwerter waren blutig. Ich hörte nach Freiheit für Florenz rufen. Dann war alles vorbei."

Mit schleppenden Schritten ging Lorenzo zur Leiche. Aufrecht blieb er davor stehen. Aus starren Augen blickte er auf das, was sein Bruder gewesen war, nieder. Seine Hände ballten sich. Er atmete schwer.

Man versuchte, ihn zum Gehen zu bewegen.

„Nein, ich will sehen, was man ihm angetan hat."

Er ließ die Leiche auf den Marmorboden legen.

Da lag er nun, der schöne Giuliano, der von den Frauen geliebt, von den Dichtern besungen, den Künstlern vollkommenes Modell des menschlichen Körpers gewesen war. Seine Mörder hatten ganze Arbeit geleistet: er war bis zur Unkenntlichkeit entstellt.

„Wem tat er Böses an?"

„Er war ein Medici."

Vor der Kirche, deren Tore jetzt von der Stadtguardia bewacht wurden, drängte sich das Volk von Florenz.

„Hoch die Medici!"

„Lorenzo soll sich zeigen! Wir wollen sehen, daß er lebt."

Die Bäcker und die Fleischer, die Schuster und die Schneider, die Färber und die Tuchwalker, die Spinner und die Weber; sie alle warteten auf sein Erscheinen.

*

Der Magnifico befahl, die Leiche Giulianos auf eine Bahre zu legen. Amerigo und eine Anzahl anderer Freunde griffen zu. Der Zug setzte sich langsam in Bewegung und schritt durch die leere Kathedrale. Die Tore öffneten sich.

Lorenzo ließ die Bahre mit dem Toten niederstellen, um ihn der Menge zu zeigen.

Der Anführer der Hellebardiere meldete dem Magnifico:

„In der Stadt herrscht Ruhe. Die Häupter der Verschwörung sind gefaßt. Unsere Wachen sind auf die wichtigsten Gebäude verteilt. Ich bürge für Eure persönliche Sicherheit, Magnifico!"

Die Hellebardiere hatten ihre liebe Not, das Volk abzuwehren. Jeder wollte seine Empörung über die Untat und seine Anhänglichkeit an die Medici zum Ausdruck bringen. Unter ihrem Schutz erreichte die Trauerprozession ihr Ziel, den Palast in der Via Larga.

In seinem Arbeitszimmer ließ sich der Magnifico in den hohen Lehnstuhl fallen. Blaß und in sich versunken saß er eine Weile da. Niemand wagte ihn zu stören.

Ein Diener trat ein und meldete den Stadtsekretär.

„Wir danken Gott für die glückliche Errettung Eurer Person, Magnifico Lorenzo. Wir werden alles daransetzen, die Mörder ihrer gerechten Strafe zuzuführen. Unsere Untersuchungen sind noch nicht abgeschlossen. Wir wissen aber schon zu diesem Zeitpunkt, daß es sich um einen Versuch, die Regierung zu stürzen, handelt. Er ging von hoher Stelle aus. Die beiden Salviati, Francesco de'Pazzi und Bernardo Bandini sind schon gefaßt. Ganz

Florenz ist über sie empört. Das Volk rottet sich zusammen und stößt wilde Verwünschungen gegen die Verschwörer aus."

Nervös trommelte Lorenzo mit den Fingern seiner auffallend schönen Hände auf der Platte seines Schreibtisches:

„Eine Verschwörung... eine regelrechte Verschwörung! Und das wußte niemand?"

Der Stadtsekretär stammelte eine lahme Entschuldigung. Der Magnifico ließ sie nicht gelten:

„Auch ich ahnte nichts. Wie konnte ich auch annehmen, daß persönlicher Haß so weit führen würde. Mit politischen Schwierigkeiten, mit offenen und versteckten Bosheiten, mit Verleumdungen, damit rechnete ich, doch..."

Er fuhr sich mit der Hand über die Stirn:

„Der Kardinal ist in Sicherheit?"

„Er befindet sich in seinen Zimmern. Wir stellten ihm eine Leibwache."

„Gut. Ich danke Euch."

Unter den Fenstern des Arbeitszimmers Lorenzos sammelte sich von neuem eine beträchtliche Anzahl seiner Anhänger und verlangte, daß er spreche.

Mit der steinernen Miene, die seit dem fürchterlichen Erlebnis nicht von seinem Gesicht gewichen war, zeigte er sich den Wartenden. Ein einziger Aufschrei der Freude über seine Rettung und der Anhänglichkeit begrüßte ihn. Die Leute winkten ihm zu, schwangen Tücher, warfen ihre Kopfbedeckungen in die Luft und schrien und schrien:

„Medici! Lorenzo! Palle!"

*

Die Stadt war nicht so ruhig, wie es der Stadtsekretär berichtet hatte. Florenz war in zwei Lager gespalten; diesseits von Santa Reparata beherrschten die *Palle* das Feld, im Viertel jenseits der Kathedrale hatten die Verschwörer die Oberhand.

Auf dem Heimwege aus dem Palast mußte auch Amerigo diese Beobachtung machen.

Eben hatte er noch die Hochrufe auf die Medici gehört, jetzt stieß er auf Banden, die sich grölend durch die Straßen wälzten und „Tod den Mördern" forderten. Eine Welle des Hasses führte sie zu den Häusern der Pazzi und der Bandini, die in den Augen des Volkes zugleich auch hassenswerte Vertreter von Macht und Reichtum waren.

Amerigo wurde mitgerissen und fand sich plötzlich auf dem Platz vor dem *palazzo vecchio*, eingekeilt in eine mit den verschiedensten Waffen ausgerüstete Menge. Er konnte weder vor- noch rückwärts und verwünschte diesen Unglückstag.

Auf einmal sprengte aus einer der Seitenstraßen eine Gruppe bewaffneter Reiter, die sich den Massen entgegenstellte. Amerigo schätzte ihre Zahl auf hundert. Sie wurden von einem stattlichen alten Herrn mit weißem Bart angeführt. Er richtete sich in den Steigbügeln auf und rief laut über den Platz:

„Freiheit für das Volk von Florenz! Es lebe unsere Republik!"

Ein Aufheulen der Menge antwortete ihm:

„Nieder mit den Mördern! Hoch die Medici! Palle! Palle!"

Palle war der Schlachtruf, der die Wut der Versammelten steigerte. Aus ihren Reihen flogen bald Steine, Unrat und alles, was sich zum Wurfgeschoß eignete, gegen die Schar der Ritter. Die Lage wurde bedrohlich.

Vergeblich versuchte Amerigo sich durchzuschlängeln und in eine stille Nebengasse zu entkommen. Nun erkannte er auch den Alten hoch zu Roß.

„Jacopo de'Pazzi! Wie kann er sich an diesem unsinnigen Unternehmen beteiligen?"

Langsam, aber unaufhaltsam schob sich die Phalanx der Ritter vor und drängte die Gegner gegen den Regierungspalast, von dessen Zinnen die Leichen dreier Männer baumelten. Die beiden Salviati und Jacopo di Poggio boten einen abscheulichen Anblick, der ihren Gefährten und Mitverschwörern die Fäuste ballen und die Zähne zusammenbeißen ließ.

Wieder tönte die befehlsgewohnte Stimme des alten Pazzi über die Köpfe der Menge; den Weg zu den Herzen fand sie freilich nicht.

„Freiheit für Florenz!"

Ein Hagel von Steinen und Beschimpfungen war die Antwort.

„Mörder! Verräter! An den Galgen mit euch!"
„Nieder mit den Pazzi!"
Die Lage wurde immer ernster. Die Menge warf sich den Rittern entgegen.
Schon wurden die vordersten von ihren Pferden heruntergerissen.
Oben an den Zinnen setzte der Wind die Gehenkten in leise Bewegung.
Ein Kommando des Alten. Der Zug der Ritter vollführte eine Schwenkung, und mit gelösten Zügeln strebten sie der Vorstadt zu. Das Spiel war verloren.
Vom entgegengesetzten Ende des Platzes hörte man wüstes Geschrei:
„Wir haben ihn! Wir haben ihn!"
Eine Gruppe aufgeregter Menschen schob sich heran und stieß einen fast nackten, blutbedeckten Mann vor sich her; er war die Zielscheibe von Schlägen, Stößen und Beschimpfungen gröbster Art.
Es war Francesco de'Pazzi.
Er war von den unbarmherzigen Rächern in seinem Bett überrascht worden. Sie hatten ihn herausgeholt, mißhandelt und verschleppt. Sein Schenkel wies eine tiefe Wunde auf. Höhnisch riefen seine Henker, er hätte sie sich selbst zugefügt, als er wie irrsinnig auf Giuliano einstach.
„Hängt ihn auf!"
„An den Galgen mit dem Mörder!"
„Auf die Zinnen zu den anderen!"
Vom Palast der Pazzi bis zur Signoria zog sich eine breite Blutspur.
Jeder wollte seine Wut an ihm auslassen, ihn verletzen, ihn quälen. Das Böse rief auch hier wieder das Böse hervor.
Bleich und ausgeblutet, vor Schwäche taumelnd, ging Francesco de'Pazzi seinen schweren Gang. Mit der letzten Kraft, die er noch besaß, hielt er den Kopf hoch und preßte die Lippen aufeinander: seine Peiniger sollten keinen Schmerzenslaut von ihm hören. Sie verdoppelten ihre Schläge, verdoppelten die Beschimpfungen: Francesco schwieg.

„Richtet ihn, aber quält ihn nicht!"

Amerigo erschrak über seine eigene Stimme.

Er hatte den Schrei ausgestoßen, weil er den Anblick dieser Quälerei nicht länger ertragen konnte. Doch jetzt wurde es auch für ihn, in dem man einen Anhänger der Pazzi vermutete, gefährlich. Die ihm zunächst Stehenden ergriffen Partei gegen ihn und stießen wüste Drohungen aus. Da wurde er kräftig am Arme gepackt, erhielt einen Stoß in den Rücken und befand sich in einem finsteren Torbogen.

„Schweig, du Dummkopf! Oder willst auch du dort oben hängen?"

Domenico Ghirlandaio stand vor ihm und hielt ihn noch immer am Arm fest.

„Weißt du denn nicht, daß Piero und Marco Vespucci in die Verschwörung verwickelt sind? Und du ergreifst öffentlich Partei für Francesco de'Pazzi, wenn auch nur aus reiner Menschlichkeit! Deine Verwandten sind bloßgestellt. Du mußt vorsichtig sein. Das Volk ist nicht zu halten; es will seine Opfer haben. Wenn die Pazzi gesiegt hätten — vielleicht! Wer kann es wissen —, wären sie umjubelt und als Retter des Vaterlandes gefeiert worden. Sie haben verloren und müssen zahlen. Der Einsatz war hoch; die Mittel waren verbrecherisch."

Domenico schüttelte Amerigo freundschaftlich bei den Schultern:

„Nimm dich zusammen! Du kannst nicht helfen. Auch ich habe Mitleid mit dem Unglücklichen."

Amerigo drückte seinem Retter warm die Hand:

„Ich weiß, daß ich dir wahrscheinlich mein Leben verdanke. Hättest du mich nicht weggeführt..."

Er sah wieder den jungen Pazzi vor sich und sich selbst in der gleichen Lage. Ein Krampf erfaßte ihn.

„Ich will fort! Weg aus Florenz. Viel besser, sich in die Gefahren eines unbekannten Ozeans hinauszuwagen, als in dieser Stadt, deren Bürger sich gegenseitig umbringen, gefährlich zu leben."

2. Buch: Die neue Welt

1. Kapitel

DER DRITTE AUGUST 1492

Anfang April des Jahres 1492 blieb ein Mann vor einem großen Gebäude im Hafengebiet von Sevilla stehen. Er war kräftig, doch war sein Haar schon leicht ergraut. Er musterte das Haus und gewahrte die rotweiße Fahne mit dem Doppelwappen.

Das Tor stand offen. Auf der Bank beim Eingang saß ein junger Mann in der Uniform der spanischen Handelsmarine. Er hatte eine alte Seekarte auf seinen Knien ausgebreitet und studierte sie anscheinend eifrig; tatsächlich aber teilte er seine Aufmerksamkeit zwischen ihr und der Beobachtung seiner Umgebung.

Als sich der Fremde entschloß, in das stattliche Gebäude einzutreten, und die Schwelle überschreiten wollte, erhob sich der jugendliche Wächter, der eben noch ganz in sein Studium vertieft schien, und sah den Fremden fragend an:

„Que quiere Usted?" (Was wollt Ihr?)

Er sprach spanisch; aber kein Spanier hätte ihn als Spanier anerkannt.

Auch der Fremde war kein Spanier; das verriet der Tonfall seiner Antwort.

„Ich suche die Niederlassung des Hauses Medici aus Florenz."

Voller Freude trat der Junge einen Schritt näher:

„Seid Ihr nicht ein Italiener?"

Das strenge Gesicht des Älteren hellte sich auf. Er schien jünger zu werden, als er sagte:

„Ein kleiner Landsmann! Es tut gut, sich wieder einmal in seiner Muttersprache unterhalten zu können."

Mit komischem Ernst stellte der Jüngere fest:
„Florentiner wie ich seid Ihr aber nicht."
„Du gefällst mir. Rate, woher ich bin!"
Kritisch schaute der junge Florentiner zu ihm auf:
„Römer seid Ihr keiner; deren Sprache kenne ich. Aus Venedig kommt Ihr auch nicht; die Sprache der Venezianer ist weich und schmiegsam."
„Du kennst dich gut aus. Ich will dich nicht länger auf die Folter spannen: Ich bin aus Genua; aber: ob aus Rom, Florenz, Neapel oder Genua: Alle Italiener sind Brüder und müssen zusammenhalten — besonders in der Fremde. Und jetzt beantworte mir endlich meine Frage."
„Dies ist eine Niederlassung der Medici-Bank. Ihr wünscht?"
„Sei nicht neugierig!" tadelte scherzhaft der Mann aus Genua und fügte dann ernsthaft hinzu:
„Ich will mit dem Leiter der Bank über Schiffsausrüstungen reden."
Wichtig erklärte der junge Mann:
„Dann wendet Ihr Euch am besten an meinen Onkel, den Messer Vespucci. Sein Büro befindet sich im ersten Stock."
Mit einer höflichen Verbeugung verabschiedete sich der Fremde und stieg die Marmortreppe hinauf. Durch eine offene Tür betrat er einen großen, lichten Raum, dessen Wände von Landkarten und hohen Regalen verdeckt waren, auf denen sich nautische Instrumente, Aktenbündel, Muster von Tauwerk und dergleichen mehr häuften.
„Que quiere Usted?"
Ein gutgekleideter Herr richtete gewohnheitsmäßig die Frage an den Eintretenden. Er saß an einem großen, mit Papieren bedeckten Schreibtisch und warf einen prüfenden Blick auf den Unbekannten, der ihn seinerseits forschend betrachtete und schließlich sagte:
„Ich bin ein Landsmann von Euch; auch ich komme aus Italien."
Angenehm berührt, erhob sich Vespucci und trat mit ausgestreckten Händen auf seinen Besucher zu:
„Eine nette Überraschung; es kommt nicht oft vor, daß ich hier einen Landsmann begrüßen kann."

Amerigo führte den Genuesen zu einem Stuhl bei seinem Schreibtisch und nahm selbst seinen gewohnten Platz wieder ein:
„Setzt Euch, Messere, und erzählt, was Euch zu mir führt."
„Ich besitze Briefe der spanischen Regierung." Er zog dabei eine Pergamentrolle aus der Ledertasche, die er bei sich trug.
„Sie sind von den katholischen Majestäten, Isabella und Ferdinand, unterzeichnet und eröffnen mir einen Kredit auf Euer Haus. Mit diesem Geld soll die Ausrüstung einer Expedition bezahlt werden, deren Leitung mir anvertraut wurde."
Unverwandt hielt Vespucci die Augen auf den Sprecher gerichtet.
„Eine Expedition? Wohin?"
Der Genuese blickte freundlich in das schmale Gesicht vor ihm, dessen gespannte Miene ihn belustigte.
„Was ich jetzt sage, wird Euch in Erstaunen versetzen. Vielleicht wird Euch auch der Titel, der mir in diesem Schreiben beigelegt wird, sonderbar erscheinen. Wahrscheinlich würdet Ihr mich ohne Siegel und Unterschrift der Könige gar nicht ernst nehmen."
Sein Lächeln vertiefte sich:
„Ich führe nämlich den Titel eines Admirals des Ozeans!"
„Diesen Titel höre ich allerdings zum erstenmal in meinem Leben", lächelte Amerigo zurück.
„Ihr werdet Euch noch mehr über den Zweck meiner Mission wundern."
Wie unter einem Zwang erhob sich Vespucci, unterbrach mit einer befehlenden Geste die Worte seines Gastes und zitierte:
„Gegen Westen fahren, um den Osten zu erreichen ... Messer Christoph Kolumbus."
Auch der Genuese hatte sich erhoben und starrte sein Gegenüber an:
„Wer seid Ihr? Woher wißt Ihr? Daß ein spanischer Seefahrer vom verrückten Kolumbus und seinen undurchführbaren Plänen weiß, hätte mich nicht gewundert, aber Ihr? Ein Italiener..."
„Denkt nach: Es gibt auch Landsleute, die darum wissen!"
Doch Kolumbus schüttelte verneinend den Kopf.
Vespucci beharrte:

„Ihr kennt mich sogar. Freilich sind es zwanzig Jahre her, daß wir uns sahen."

Ungläubig wiederholte der Genuese:

„Zwanzig Jahre?"

„Um genau zu sein: Zweiundzwanzig!"

„Ihr seid jünger als ich. Ich habe meine 46 Jahre auf dem Buckel, und sie wiegen schwer, weil sie voll Sorgen und Mißerfolge waren. Aber Ihr seht frisch aus und habt die vierzig gewiß noch nicht erreicht. Ihr könnt damals nur ein Knabe gewesen sein."

Bei dieser Feststellung lachte Amerigo herzlich:

„Ich bin 41 Jahre alt, daher nur fünf Jahre jünger als Ihr, und war bereits neunzehn. Kramt weiter in Eurem Gedächtnis."

„Ich finde keine Spur. Vor zweiundzwanzig Jahren... das war 1470... wo war ich da?... Lissabon?"

Kopfschütteln.

„Ratet weiter!"

„Florenz?"

„Ja. Erinnert Euch! Ihr sagtet zu mir: ,Auch du wirst den Weg nach Westen einschlagen.'"

„Bei Gott! Wo war das nur? Ich klopfte an so viele Türen und sprach mit so vielen Menschen im Laufe dieser zwanzig Jahre. Helft mir weiter!"

„Es war Sommer. Ihr wart müde... ein enges Gäßchen... Paläste... Mauern... ein Brunnen... ein Name..."

„Ein Name und ein Brunnen — Dal Pozzo Toscanelli."

Vespucci nickte.

„Ja, Paulo Dal Pozzo Toscanelli. Wie konnte ich diese Begegnung vergessen! Ah, jetzt steht alles klar vor mir; Ihr seid der junge Mann, der mich zu Messer Paulo führte. Auch Euren Namen weiß ich noch: Amerigo!"

Sie umarmten einander wie alte Freunde, die sich ein halbes Leben lang nicht gesehen hatten; dann nahmen sie schweigend ihre Plätze ein. Viele, viele Bilder zogen in diesem Schweigen an ihnen vorüber.

Vespucci entzog sich als erster diesen nicht immer freundlichen Erinnerungen.

„Ich erwartete Euch; ich wußte, daß Ihr früher oder später kommen würdet. Seitdem ich vor ungefähr einem Jahr meine Stellung hier antrat, fragte ich jeden Seemann, mit dem ich zu tun hatte, nach Euch. Manche kannten Euren Namen nicht; die meisten aber — verzeiht, daß ich es frei heraussage — meinten, Ihr wäret ein wenig verrückt. Es gab aber auch solche — meist intelligenter und gebildeter als die anderen —, die mit Anerkennung von Euch als einen Mann von Mut und Verstand sprachen."

Nach einer Weile fuhr er fort:

„Ihr habt viel kämpfen müssen?"

„Schaut meine Haare an: Ich bin ein alter Graukopf geworden. Es war nicht immer leicht gewesen. Ich habe viel erlebt, sogar Hunger gelitten. Das Ärgste war das Unverständnis, auf das ich stieß. Einmal wollten sie mich ins Irrenhaus sperren..."

„Aber Ihr habt erreicht, was Ihr wolltet. Die ersten Schritte sind getan. Wie ist Euch das gelungen?"

„Das ist eine lange Geschichte."

„Erzählt! Ich möchte sie gerne hören."

Und Kolumbus begann:

„Eines Tages stand ich müde und hungrig vor einem Kloster. Jaja, so weit war es mit mir gekommen, daß ich wie ein Landstreicher um Klostersuppe betteln mußte! Ich war nicht allein. Mein elfjähriger Sohn Diego begleitete mich auf meinen Bittgängen."

Er unterbrach sich:

„Seid Ihr verheiratet? Habt Ihr Kinder? Nein? Dann wißt Ihr nicht, was es heißt, wenn Euer Kind vor Hunger weint."

Nach einem Augenblick der Stille erzählte er weiter:

„Ich klopfte an die Klosterpforte, und mir wurde aufgetan. Während wir aßen, fragte ich den bedienenden Bruder, wer denn Abt dieses Klosters wäre. Ich möchte ihm für die verabreichte Mahlzeit persönlich danken."

Kolumbus richtete sich in seinem Stuhl auf:

„Das war der Wendepunkt in meinem Leben. Ich war ganz tief gesunken und nun begann der Aufstieg. Der Abt war Pater Perez, der Beichtvater der Königin Isabella."

Die Erinnerung war so mächtig, daß er die Augen schloß.

„Pater Perez ist ein heiliger Mann. Er empfing mich bereitwillig und hörte mit der Geduld eines Heiligen zu, der einen Narren nicht kränken will. Ich sprach und sprach und er nickte zustimmend mit dem Kopf zu allem, was ich sagte. Würde ich ihn je überzeugen können? Endlich drängte ich ihn, mir ehrlich seine Meinung über meine Pläne zu sagen. Milde sah er mich an; wozu wolle ich denn über den Ozean fahren? Nur um schneller nach Indien zu kommen? Ja, dadurch würden die kostspieligen Waren wohl billiger werden, aber wäre das Risiko nicht zu groß?"

Mit komischer Verzweiflung schaute Kolumbus auf Amerigo: „Und dieser heilige Mann sollte meine Interessen vertreten? Ich nahm meine ganze Überredungskraft zusammen und stellte ihm vor, daß ich die Heiden in den überseeischen Ländern bekehren wolle, denn das hielte ich für meine Christenpflicht. Es wäre doch ein stolzer Triumph unseres Glaubens, würden meine Schiffe das Kreuz in jene Gegenden tragen, wo es noch unbekannt war. Nicht zufällig führe ich den Namen Christoph, der Christusträger. Ja, mein Freund, diese Worte entschieden mein Schicksal. Der Abt entschloß sich, meine Sache vor die Königin zu bringen. In der Überzeugung, Gott und der Kirche einen großen Dienst zu erweisen, machte er meine Angelegenheit zu der seinen."

„Er erhielt die Zusicherung der Majestät, Euch Schiffe zur Verfügung zu stellen?"

„Ach, so schnell ging es nicht! Die Königin ließ meine Pläne durch die Gelehrten von Salamanca prüfen."

„Das Ergebnis?"

„Abgelehnt, weil undurchführbar."

„Und? Was tatet Ihr?"

„Warten. Sieben Jahre. Sieben lange Jahre. Gott war gnädig und bewahrte mich davor, tatsächlich verrückt zu werden. Alles begann von neuem: Gesuche, Bittschriften, Eingaben, Vorsprachen, Audienzen, das Herumlungern in Vorzimmern, das Klopfen an Hintertüren ... mich ekelt, wenn ich daran denke."

„Doch war es nicht vergeblich. Ihr seid ans Ziel gelangt."

„Wozu ich fünfundzwanzig Jahre brauchte."

„Heute seid Ihr Admiral des Ozeans."

Ein knabenhaftes Lächeln verjüngte das Gesicht des Genuesen:

„Ich bin noch mehr! Ich bin Statthalter der katholischen Könige in allen Ländern, die ich — vielleicht! — entdecke."

Vespucci erhob sich und machte eine feierliche Verbeugung:

„Ich gratuliere, Herr Statthalter."

Gleich darauf wurden beide ernst; es gab viel zu erledigen.

„Wann wollt Ihr die Fahrt antreten?"

„So bald wie möglich. Es ist Gottes Fügung, daß wir uns getroffen haben. Er hat mir in Euch einen wertvollen Helfer geschickt. Jetzt weiß ich, daß mein Vorhaben gelingen wird."

„Amen! Aber nun zeigt mir Eure Papiere. Was in meiner Macht steht, wird geschehen."

Kolumbus entrollte seine Pergamente und reichte sie Vespucci, der sie aufmerksam durchlas:

„Die Regierung gewährt Euch einen Kredit von..."

Er ließ das Pergament sinken und sprang erregt auf:

„Das ist doch nicht möglich!"

Der Genuese blickte ihn erschrocken an:

„Ein neues Hindernis?"

„Geld, Messere, Geld! Wie kann man mit dem Betrag von dreihundert Dublonen drei Schiffe und ihre Besatzung ausrüsten? Wenn Euch auch unsere Preise nicht geläufig sind — daß die genannte Summe nicht zur Deckung unserer Kosten reicht, müßt Ihr einsehen."

Kolumbus nahm das Dokument wieder an sich, um es seinerseits noch einmal zu lesen.

„Ihr habt recht. In meiner ersten Begeisterung begriff ich nur die erfreuliche Tatsache und ließ die begleitenden Umstände außer acht. Auch habe ich mich mit dieser Seite meines Unternehmens am wenigsten befaßt."

„Um dreihundert Dublonen statte ich Euch einen Küstenfrachter mit zwölf Mann Besatzung aus; ist Euch das klar? Was ist mit den Schiffen, die man Euch gibt? Hier steht es: Drei Karavellen von vierzig bis siebzig Registertonnen. Das sind Nußschalen. Mit ihnen wagt Ihr, den Ozean zu überqueren?"

„Ja! In Ermangelung von etwas Besserem. Schließlich kommt es nicht auf die Größe der Schiffe an, sondern auf die Kunst des Kapitäns."

„Könnt Ihr damit auch die Besatzung bezahlen und verköstigen?"

„Was ist zu tun?"

Kolumbus war aufgestanden und ans Fenster getreten. Viele Schiffe lagen im Hafen. Er starrte darauf.

„Da liegen sie vor mir. So nahe und doch unerreichbar für mich."

Er drehte sich heftig um:

„Amerigo, Freund, du mußt mich verstehen. Wegen einiger lumpiger Hunderter soll ich so nahe vor dem Ziel aufgeben? Hilf mir! Mein Traum ist auch der deine. Das wußten wir schon in Florenz – vor zwanzig Jahren."

„Ja, Messere, Euer Traum ist auch der meine; ich will Eure Sorgen zu den meinen machen. Ich ging Euren Leidensweg: Lächeln, Ablehnung, Überheblichkeit, Verständnislosigkeit. Seitdem ich hier bin, darf ich mich mit Rechnungen für Zwieback und Pökelfleisch herumschlagen. Doch ich weiß, daß meine Stunde kommen wird: Eure ist da."

„Kommt mit!"

Vespucci schüttelte den Kopf:

„Nein, nicht so! Versteht mich recht. Es ist nicht Stolz, wenn ich den Weg ohne Euch gehen will."

„Ich verstehe Euch. Auch Eure Stunde wird kommen. Ich weiß es."

Wortlos reichten sie einander die Hände.

Die kaufmännische Seite in Vespuccis Wesen meldete sich:

„Wir müssen nachdenken, wie wir zum fehlenden Geld gelangen können."

Nach längerem Überlegen schlug er vor:

„Hört, Messere! Ihr *müßt* fahren. Überlaßt es mir, das fehlende Geld zu beschaffen. In den Kassen von Florenz häuft sich das Gold, und das meiste ist im Besitz der Medici. Ich gebe Euch mein Wort, Eure Karavellen werden aufs beste ausgerüstet werden. Ihr werdet fahren!"

*

„Und ich sage Euch, er wird nicht fahren!"

Amerigo drehte sich nach dem Sprecher dieser Worte um. Er gewahrte einen hochgewachsenen Herrn, der sich sehr gerade hielt und mit seinem großen, federngeschmückten Hut einen imponierenden Eindruck machte.

Der 3. August 1492 war ein schöner Tag. Eine Menge Menschen hatte sich im Hafen von Palos eingefunden und wollte das Auslaufen von drei Karavellen miterleben, deren Bestimmung so außergewöhnlich war, daß sie allgemeines Interesse erweckte:

Ein neuer Weg zu Indiens Reichtümern sollte gefunden werden, und der sollte über den Ozean führen!

„Wahnsinn! Der Ozean ist nicht zu befahren", ließ sich der vornehme Herr wieder vernehmen.

„Sie sind doch schon startbereit, warf sein Begleiter ein.

„Die Schiffe sind bereit; das ist richtig", belehrte der Unbekannte seine Zuhörer, „aber für eine solche Reise benötigt man mehr als ein paar Karavellen. Dazu gehören Geld und außerdem noch vielerlei Vorräte. An beiden fehlt es diesem verrückten Genuesen; aus diesem Grunde kann er nicht fortfahren, sondern sitzt in Palos fest."

Amerigo fand es an der Zeit, auch ein Wörtchen mitzureden:

„Ihr irrt, Señor. Kolumbus kann und wird die große Fahrt antreten. Wenn ich dies nicht ganz genau wüßte, hätte ich die Reise von Sevilla hierher nicht unternommen. Die Abreise steht unmittelbar bevor, und ich werde dem Admiral zum Abschied die Hand drücken und ihn dem Segen Gottes empfehlen."

Der Hidalgo musterte ihn hochmütig, zog die Brauen in die Höhe und meinte spöttisch:

„Aha!... der Admiral. Da muß ich lachen! Euer Admiral ist nichts anderes als ein italienischer Abenteurer, der nichts Besseres versteht, als wie ein Bettler von Tür zu Tür zu gehen und anständige Leute mit seinen betrügerischen Plänen zu belästigen."

Vespucci begann sich zu ärgern und erwiderte schärfer, als er sonst sprach:

„Ich darf Euch erinnern, Señor, daß die katholischen Majestäten selbst diesen Titel an Christoph Kolumbus verliehen und daß Ihre Majestät die Königin ihn mit dieser Mission beauftragt hat."

Und dann holte er zum Schlage aus:

„Wer seid Ihr, daß Ihr Eure Königin zu tadeln wagt?"

Die Umstehenden fingen zu murren an und bedachten den Hidalgo mit unfreundlichen Blicken.

Das energische Auftreten Vespuccis verfehlte seine Wirkung nicht. Der stolze Spanier schien zusammenzuschrumpfen wie ein aufgeblasener Luftballon, dem die Luft ausgeht; er sagte in merklich höflicherem Ton:

„Man hört überall, daß die finanziellen Mittel, die der Expedition zur Verfügung gestellt wurden, bei weitem nicht ausreichen, um alle Bedürfnisse zu befriedigen. Dadurch mehren sich auch die Stimmen, daß unter diesen Umständen an Ausreise nicht zu denken sei. Ihr aber scheint anderer Meinung zu sein; wahrscheinlich habt Ihr Eure Gründe dafür", setzte er boshaft hinzu.

Trocken entgegnete Amerigo:

„*Die* habe ich! Diese Expedition ist außer durch die Gnade Ihrer Majestät auch durch die Gnade Gottes, dessen Wort den Heiden gepredigt werden soll, zustande gekommen. Ich gestatte mir, *muy señor mio*, Euch daran zu erinnern, daß es auch heute noch einen Gott gibt."

Wer weiß, welche wichtigen Einwände der Hidalgo noch ins Treffen geführt hätte, wäre die Menge der Wartenden nicht in Bewegung geraten und hätte sie dadurch nicht die Gesprächspartner getrennt — was keiner der beiden bedauerte.

Schon wurden die ersten Beifallsrufe laut:

„Der Admiral kommt!"

Sie pflanzten sich rasch fort, und bald schrien alle:

„Der Admiral! Hoch der Admiral!"

Christoph Kolumbus ging zu Fuß die kurze Strecke vom Palast der Seebehörde zum Anlegeplatz seiner Schiffe. Er befand sich in Begleitung der Notabeln der Stadt und seiner Kapitäne, des später durch seine Reisen berühmt gewordenen Vincenzo Pinzón und Martin Alonzos.

Kolumbus trug ein Gewand aus rotem Samt und seinen Degen an der Seite; auf dem Kopf mit den grauen Haaren, die ihm bis auf die Schultern herabfielen, saß ein Barett aus dem gleichen roten Samt, das mit einer Straußenfeder geziert war. Er bot das

Bild eines vornehmen Herrn und entschlossenen Mannes — eine Mischung, die dem Volk gefiel; es jubelte ihm laut und anhaltend zu.

„Es lebe der Admiral! Hoch Cristobal Colón!"

Die drei Karavellen hatten Flaggengala angelegt und erschienen größer und seetüchtiger, als sie tatsächlich waren. Die *Santa Maria* hatte einhundertzwanzig Registertonnen, die *Nina*, die kleinste Karavelle, nur siebzig. Im großen und ganzen waren die drei nicht viel mehr als Hochsee-Fischerboote.

Der Größe und Beschaffenheit der Fahrzeuge entsprach die Besatzung. Kaum je zuvor hatte ein Admiral der katholischen Majestäten eine solche Gesellschaft von Abenteurern befehligt.

Die tollsten Gerüchte schwirrten durch die Luft und drangen auch ins Mannschaftslogis.

„Der Admiral zahlt uns aus seiner eigenen Tasche, weil das ganze Geld — viel war es ohnehin nicht! — für die Ausrüstung ausgegeben wurde. Er kann die Heuer nur für eine Woche auszahlen."

„Habt ihr gehört? Wir haben Vorräte nur für zwei Monate an Bord, und die Reise kann ein Jahr und länger dauern."

„Man hat auf der Werft erzählt, daß unsere Schiffe alte Kasten sind und beim ersten Sturm absaufen werden."

„Das habe ich auch gehört; habt ihr schon eine Ratte gesehen? Ich nicht; das ist ein schlechtes Zeichen."

„Unser Herr Admiral ist gar kein richtiger Seeoffizier. Das ist nur ein dahergelaufener Italiener, der unsere Königin beschwatzt hat, hahahaha!"

„Das kann gut werden! Wenn er nichts von Navigation versteht, dann enden wir bald im Magen der Haifische."

„Warum habe ich mich nur anheuern lassen!" war die Meinung vieler, und sie erzählten sich, wie man sie betrunken machte, damit sie den Vertrag unterschrieben.

Jetzt standen die Matrosen an der Reling, schwangen ihre Mützen und erwiderten die Grüße vom Ufer. Viele hätten gern den Platz mit den Leuten, die ihnen zuwinkten, getauscht.

An der schlechten Stimmung, die auf den Schiffen herrschte,

waren auch jene Seemannskreise schuld, die einem Ausländer eine Ehre und einen Ruhm nicht gönnten, weil beides nur mit großen Gefahren zu erringen war. Von ihnen stammten auch die zahlreichen schlimmen Ausstreuungen, die den angeworbenen Seeleuten den Mut und die Freude an der großen Fahrt nehmen sollten.

Kolumbus bemerkte Vespucci unter den Wartenden und ging sofort auf ihn zu. Er begrüßte ihn so herzlich, daß sich die Umstehenden fragten, wer denn dieser Fremde sei, den sie nie zuvor in Palos gesehen hatten.

Der Admiral, dessen ganzes Wesen Freude und Stolz ausstrahlte, sagte zu Amerigo:

„Ein Wunder ist geschehen! Gestern sah ich die aufgestapelten Vorräte im Kielraum, das erstklassige Tauwerk, die Ersatzsegel, die vollen Fässer, die Waffen, die Tauschartikel... o Amerigo! Ich sah alle diese Herrlichkeit und wußte, wer der Wundertäter war."

Er drückte heftig Vespuccis Hand:

„Dank! Dank! Tausend Dank!"

„Ich *mußte* es tun! Verwirklicht Ihr doch meinen Traum; diese Verwirklichung gibt mir die Gewißheit, daß ich Euch auf dem Weg nach Westen folgen werde."

„Wenn es noch Gerechtigkeit auf Erden gibt, dann wird es auch so sein."

„Bevor wir uns trennen, habe ich noch eine Bitte an Euch, die Ihr mir in Eurem eigenen Interesse erfüllen solltet. Man verbreitet arge Lügen über Euch, die Eure Mannschaften gewiß auch gehört haben. Bevor Ihr in See stecht, sprecht zu ihnen und gebt ihnen neues Vertrauen und neue Zuversicht."

Kolumbus nickte:

„Auch ich habe davon gehört und mir vorgenommen, zu meinen Leuten zu reden. Sind wir erst auf See, habe ich sie fest in der Hand und weiß sie zu führen. Und nun lebt wohl, Amerigo! Ich gehe und bereite den Weg vor."

Von der Kommandobrücke der *Santa Maria* sprach der Admiral zu seinen Männern:

„Kapitäne, Steuermänner, Matrosen!

Wir treten heute eine Reise an, die ins Unbekannte führt, nach

Ländern, die noch kein Schiff erreichte, das aus unseren Häfen kam.

Ich bin voll Glauben und Zuversicht. Bei dieser Reise lenkt uns Gott selbst; wir führen sein Kreuz mit uns, das wir in den Ländern über dem Ozean aufpflanzen wollen. Es führt uns aber auch die Wissenschaft, der ich mich von Jugend auf gewidmet habe und die uns Sicherheit auf unserer Fahrt geben wird.

Der gleiche Glaube muß auch euch beseelen. Glaubt ihnen nicht, die euch von den Schrecken des Ozeans erzählen; von Ungeheuern und Riesen; von Wirbeln, die jedes Schiff zerschmettern, und heimtückischen Klippen, an denen alles scheitert. Das ist Aberglaube. Das ist lächerliches Geschwätz.

Glaubt aber auch nicht jenen, die euch Schauermärchen vom schlechten Zustand der Schiffe, von mangelhafter Ausrüstung, von ungenügenden Vorräten sprechen. Das ist Verleumdung. Schaut euch um, und ihr werdet sehen, daß es nicht wahr ist.

Und vor allem: Fürchtet euch nicht! Wir fahren ins Unbekannte, ja! Aber wir fahren nicht aufs Geratewohl; wir tappen nicht blind in eine Gefahr. Wir führen Instrumente mit uns, mit deren Hilfe ich jederzeit imstande bin, unsere geographische Lage zu bestimmen und den Kurs einzuschlagen, den ich berechnet habe, um ans Ziel zu gelangen.

Fürchtet nichts! Freut euch!

Es ist eine Auszeichnung für uns alle, daß wir von den Königen den Auftrag erhalten haben, den Ozean zu überqueren und damit einen neuen Weg nach Indien einzuschlagen. Wir stehen unter Gottes Schutz; er führe uns!

Es lebe der König!

Es lebe die Königin!

Es lebe Spanien!"

Kolumbus hatte mit großer Wärme gesprochen. Seine Persönlichkeit überzeugte. So fand seine Ansprache starken Widerhall, und jubelnd stimmten die Besatzungen seiner Schiffe in die Hochrufe ein.

Die Menge am Ufer winkte zur kleinen Flotte hinüber. Segenswünsche und Abschiedsgrüße mischten sich mit der Huldigung an Spanien und an seine Könige.

Die Schiffsjungen lösten die letzten Halteseile; auf den Rahen setzten die Matrosen die letzten Segel. Von einer leichten Brise getrieben, entfernten sich die drei Karavellen vom Ufer und glitten wie drei Schwäne langsam dem offenen Meere zu.

„*Ibis, redibis non*" (Du gehst und kommst nicht wieder), sagte dieselbe Stimme, die schon vorhin in so unangenehmer Weise die Aufmerksamkeit Vespuccis erregt hatte.

Der Hidalgo stand in seiner Nähe, stellte er mit einigem Unbehagen fest. Er ärgerte sich über die Worte ebenso wie über den Ton, in dem sie vorgebracht wurden. Er drehte sich mit einer heftigen Bewegung um:

„*Caballero*, dieser Ausspruch gereicht Euch nicht zur Ehre."

„Warum nicht? Ich sagte nur meine Meinung."

Achselzuckend sprach er weiter:

„Eine Expedition wie diese kehrt nicht zurück. Solche Verrücktheiten kosten nur Menschenleben — und eine Menge Geld obendrein. Das wißt Ihr so gut wie ich."

„Sicher habt Ihr aus diesem menschenfreundlichen Beweggrund alles getan, um dieses Unternehmen zu verhindern."

Kühl erwiderte der Spanier:

„Das war meine Christenpflicht; was ich tat, ist allgemein bekannt. Nie machte ich ein Hehl daraus, daß ich die Pläne von Kolumbus nicht billigte. Ihr kennt meinen Namen; ich heiße Bobadilla."[*]

Er zog seinen Hut, daß dessen Federn Amerigos Nase kitzelten, und ging mit würdevollen Schritten von der Szene ab. —

Vespucci ließ ihn ziehen; es mußte auch solche engstirnige Leute geben! Er wandte seinen Blick wieder den Karavellen zu, die in der breiten Mündung des Rio Tinto dem Ozean zustrebten.

„Viel Glück! Doch was gäbe ich drum, jetzt an seiner Stelle zu sein ... Gott sei mit ihm, schenke aber auch mir bald eine ähnliche Gelegenheit."

Seine Stirne furchte sich:

„Er möge sein Ziel erreichen ... aber warum muß *er* der erste sein?"

---

[*] Einer der bekanntesten Gegner des Entdeckers von Amerika, im übrigen ein ehrenhafter Mann.

Er seufzte. Bilder stiegen vor ihm auf: Florenz... Toscanelli... der alte Gelehrte und sein Globus, der nicht ihm gehörte... auf dem er selbst als Junge die wunderbarsten Reisen unternommen hatte... werde ich jemals verwenden können, was ich damals so eifrig lernte? Seliger Paulo Dal Pozzo Toscanelli, hilf mir!

2. Kapitel

AMERIGO VESPUCCIS GROSSE STUNDE

„Lorenzo, Sohn des Pierfrancesco de'Medici, grüßt Amerigo Vespucci.

Ich habe erfahren, daß man am Hofe eine Expedition plant, um noch unbekannte Inseln aufzufinden, die auf dem Wege nach Indien liegen.

Diese Expedition wird von Admiral Alonzo de Hojeda befehligt und von unserem Hause ausgerüstet. In wenigen Monaten wird sie von Cadix aus in See stechen.

Nachdem Du uns schon mehrere Male zu verstehen gegeben hast, Du wünschst eine Fahrt nach den Gewürzinseln zu unternehmen, haben wir Deinen Wunsch an unseren Botschafter in Barcelona weitergeleitet. Dieser hat uns kürzlich mitgeteilt, daß die katholischen Majestäten schon seit längerer Zeit Deinen Namen kennen und von Deinen Kenntnissen in allen seemännischen und navigatorischen Dingen wissen. Sie werden Dich demnächst zu sich berufen, um Dir das Kommando eines der Schiffe anzuvertrauen und Dir – wie er uns schrieb – den Titel und die Vollmachten eines *piloto mayor* (Generalsteuermann) verleihen.

Wenn, wie ich hoffe, diese Reise gute Ergebnisse bringt – wie die soeben beendete unseres Kolumbus –, so bitten wir Dich, einen genauen und wahrheitsgetreuen Bericht aller wichtigen Vorkommnisse, die Du wirst beobachten können, zu verfassen.

Sei unseres ständigen Wohlwollens versichert; wir empfehlen Dich aus ganzem Herzen unserem Herrn, wie auch Du in Deinen Gebeten unser gedenken mögest."

Unterzeichnet: Lorenzo de'Medici

„Endlich!"
Amerigo ließ den Brief fallen und schlug die Hände vors Gesicht.
„Endlich!"
Er biß die Zähne zusammen, um nicht zu schreien.
„Endlich!"
Vor vier Jahren war Kolumbus als Sieger nach der Überwindung des Ozeans heimgekehrt. Vor einigen Tagen war er von der zweiten Reise zurückgekommen. Aus Indien?

In den langen Unterredungen, die Kolumbus und Vespucci miteinander geführt hatten, waren sie sich nicht klar darüber geworden.

„Vieles ist mir unverständlich geblieben", gestand Kolumbus. „Nichts von dem, was wir durch die Berichte Marco Polos und anderer Ostasien-Reisender und die Berechnungen und Überlegungen Toscanellis wissen, stimmt. Überall, wohin wir kamen, richtete ich die gleichen Fragen an die Eingeborenen: ‚Wo ist Katai? Wo Zipangu? Wo befindet sich der Großkhan?' Dann sahen sie uns verständnislos an und schüttelten die Köpfe. Für sie waren es Worte ohne Sinn und Inhalt."

„Aber Ihr mußtet doch auf Städte und große Häfen stoßen. Ihr mußtet Schiffen begegnen, die den unseren an Größe und Ausstattung nichts nachgaben. Ihr mußtet eine hochkultivierte Bevölkerung vorfinden."

„Nichts dergleichen. Weder Städte noch Häfen, noch Schiffe — von Zivilisation keine Spur."

Vespucci konnte es nicht glauben.

„Hört, Amerigo! Wir hatten zwei Mönche an Bord, die schon in Katai waren und dort die Landessprache erlernten. Sie wurden nicht verstanden, und sie verstanden die Eingeborenen nicht; denn das waren Wilde, ohne Kleider, ohne Häuser, ohne eiserne Waffen und Werkzeuge, ohne Geld in irgendeiner Form... Wilde!"

„Eine andere Rasse Menschen?"

„Ja! Ich selbst sah einmal eine Gesandtschaft aus Katai: gelbhäutige, mandeläugige Menschen mit glatten Haupt- und Barthaaren in prächtigen Gewändern aus bestickter Seide. Die Wilden über dem Ozean sind Rothäute mit großen Augen, bartlos, schlank und gewandt."

Dies alles fiel Vespucci ein, als er, die Arme auf seinen Schreibtisch gestützt, mit geschlossenen Augen Worte und Bilder vorüberziehen ließ.

Nein, das Land, das Kolumbus erreicht hatte, war nicht Katai.

Auch nach der zweiten Reise gab es ein Wiedersehen mit Kolumbus, der nach Spanien gekommen war, um sich zu rechtfertigen. Die Geldgier und Grausamkeit der neuen Glücksritter, die Kolumbus in die neuen Länder gefolgt waren, hatten sein Missionswerk bedroht und seinen guten Ruf verletzt. Sein Mangel an Organisationstalent und Verwaltungsschwierigkeiten hatten dazu beigetragen, ihn in zweifelhaftem Licht erscheinen zu lassen. Kurz entschlossen war er nach Spanien gekommen, um seine Sache vor den Majestäten zu vertreten. Aus dieser Unterredung war er gerechtfertigt hervorgegangen. Seinen Freund Vespucci hatte er aufgesucht, um mit ihm über seine zweite Reise zu sprechen. Nach ihrem Ergebnis gefragt, mußte er einräumen:

„Auch diesmal ist mir nicht gelungen, in Katai zu landen."

„Habt Ihr nicht versucht, die Route zu ändern?"

„Ich wich nach Nordwest und später nach Südwest ab und traf auf immer neue Inseln mit einer primitiven Bevölkerung, bar jeder Zivilisation und ohne Berührung mit anderen Völkern."

Beide hatten im Nachdenken verharrt.

„Sonderbar! Die Völker Indiens und Katais sind als gute Seefahrer bekannt und stoßen bis in den Persischen Golf und ins Rote Meer vor. Warum kennt man sie auf diesen Inseln nicht, die doch in der Nähe ihrer Küsten eine Art Barriere zu bilden scheinen?"

„Ich weiß es nicht", hatte Kolumbus damals eingestanden. „Ich stehe vor einem Rätsel. Ist es möglich, daß sich all die großen Geographen von Ptolemäus bis Toscanelli so gröblich geirrt hätten? Ist es möglich, daß die Erde einen so bedeutend größeren Umfang hätte, als man bisher annahm? Ich habe eine Entfernung, die 120 Längengraden entspricht, zurückgelegt und bin auf eine Küste gestoßen, die allen Berechnungen nach Asien sein *müßte* – und unseren Beobachtungen nach nicht ist!"

„Es kann nur ein vorgelagerter Teil dieses Kontinents sein, wenn nicht..."
„Wenn nicht...?"
„Wenn wir uns nicht einer neuen Welt gegenübersehen."
Sie hatten beide diese Frage nicht weiter erörtert. Nun stand sie wieder riesengroß vor ihm. Bei den Entdeckungen seines Freundes Kolumbus schien es sich um ausgedehnte Gruppen größerer und kleinerer Inseln zu handeln, die eine Schranke vor dem Festland bildeten. Sie müßte durchbrochen oder umfahren werden. Im Geiste entwarf Amerigo neue Landkarten dieses Gebietes, das den Ozean in zwei ungleiche Teile zerlegte und ein Hindernis bildete, das unbedingt überwunden werden mußte.

Er träumte mit offenen Augen: eine Durchfahrt müßte gefunden werden, dann läge das Ziel in greifbarer Nähe. Dann würde er sich auch würdig neben Christoph Kolumbus behaupten können, und sein Name würde in die Geschichte eingehen.

Ja, Vespucci, der tüchtige Geschäftsmann und gute Organisator, träumte. Er träumte, wie er in seiner Jugend geträumt hatte... vom Reisen, vom Entdecken unbekannter Meere, vom Seefahren... wie Leonardo da Vinci vom Fliegen.

Amerigo lächelte; er erinnerte sich, daß Leonardo auch vom schöpferischen Traum, der wichtiger sei als das greifbare Erlebnis, phantasiert hatte.

Wo mochte Leonardo jetzt sein? War er noch am Hofe des Mohren, wie der Herzog Lodovico Sforza allgemein genannt wurde? Spielte er dort noch immer seine Rolle als Festungsbauer, Ingenieur, Erfinder, so daß ihm kaum noch Zeit für seine künstlerische Tätigkeit blieb? Glücklicher Leonardo! Du führst ein reiches Leben; dein Name wird nie vergessen werden.

Mein Leben dagegen? Es wird jetzt anders werden, besser, reicher, schöner. Dieser Brief aus Florenz! Jetzt konnte er ohne Bitterkeit an die Versprechungen Lorenzos, des Sohnes seines Gönners Pierfrancesco, denken, der ihm einst eine Flotte versprochen und sein Versprechen niemals eingehalten hatte. Er verhalf ihm doch zur heißersehnten Gelegenheit, seinen Traum Wirklichkeit werden zu lassen. Alles war vergessen: Enttäuschung, Zurücksetzung und das lange, lange Warten.

„Ein halbes Leben habe ich vertan; die zweite Hälfte bringt mir die Erfüllung. Ich werde nachholen, was ich versäumte. Die Erde ist groß und hat Raum für uns alle. Kolumbus hat als erster den Ozean überquert und ist auf ein Hindernis gestoßen, das er nicht überwinden kann. *Ich* werde es können und den Weg nach Osten über den Westen bis ans Ende gehen."

Tief aufatmend legte sich Amerigo in seinen Lehnstuhl zurück. Er war glücklich!

*

Acht Tage später traf ein Kurier aus dem spanischen Hoflager ein und überreichte ihm die schriftliche Aufforderung, in Toledo vor den katholischen Majestäten, Ferdinand und Isabella, zu erscheinen.

Damals war der spanische Hof ein eigenartiges Gemisch von Prunk und Einfachheit, von Strenge und Mangel an Disziplin, von Ordnung und Nachlässigkeit, was sich vor den Augen der Besucher nicht verbergen ließ. Das Zusammenlegen der beiden Hofhaltungen, das sich durch die Heirat Isabellas von Kastilien und Ferdinands von Aragon ergeben hatte, ging nicht ohne Schwierigkeiten vor sich, und das machte sich unangenehm bemerkbar. Dazu kam, daß das Paar seit seiner Vereinigung blutige Kriege führen mußte. Die Mauren, die jahrhundertelang große Teile des Landes beherrscht hatten, waren vertrieben worden. Die letzten Bollwerke, Cordoba und Granada, wurden eingenommen. Spanien jubelte und sah einer verheißungsvollen Zukunft entgegen.

Spanien war siegreich, Spanien war ruhmbedeckt, Spanien war — arm. Es stand an letzter Stelle der seefahrenden Völker. Nur ein Wunder konnte seine Finanzen, seinen Handel, seine Schifffahrt retten. Dieses Wunder war geschehen.

Christoph Kolumbus hatte den Ozean überquert und neues, paradiesisches Land entdeckt. Der direkte Weg nach Indien war zwar nicht gefunden, aber der Krone Spaniens waren entwicklungsfähige Ländereien unterstellt worden.

Jetzt hieß es noch die unbekannte Durchfahrt zu entdecken, um durch diesen Zugang zum großen Geschäft mit den Gewürzen zu gelangen und die nötigen finanziellen Mittel bereitzustellen.

Amerigo stand vor der Königin. Ein wenig geblendet von dem Prunk, der ihn umgab. Einen Augenblick dachte er an Florenz, an die Medici. Pracht und Reichtum herrschten gewiß auch dort, wurden aber von Geist und gutem Geschmack gelenkt. Einfachheit und Heiterkeit gab es auch in der Fülle; das fehlte hier.

Er stand vor der Königin und beugte das Knie; ironisch lächelnd im Gedanken an seine heimatliche Republik.

Die Königin begann zu sprechen:

„Der Botschafter Eurer Stadt hat Uns von Euch und Euren Kenntnissen berichtet. Er sagte, Ihr würdet sie gern praktisch verwerten und wäret jederzeit bereit, an einer maritimen Expedition teilzunehmen."

Vespuccis Antwort bestand in einer zustimmenden Verbeugung.

„Wir sind aus naheliegenden Gründen sehr daran interessiert, Indien und Ostasien auf kurzem Weg zu erreichen, und glauben, in Euch den Mann gefunden zu haben, dem dies gelingen wird. Die neuen Länder, die Ihr im Laufe dieser Fahrt entdeckt, sind für die spanische Krone in Besitz zu nehmen."

Diesmal begnügte sich Vespucci nicht mit einer stummen Verneigung; in wenigen Worten legte er der Königin seine Ansicht dar:

„Ich danke für das Vertrauen, das mir entgegengebracht wird, und werde mich bemühen, es zu rechtfertigen. Meine Studien bei dem weltbekannten Gelehrten Paulo Dal Pozzo Toscanelli befähigen mich, eine Flotte als Steuermann zu führen. Ich bin ein erfahrener Astronom, der mit Hilfe einschlägiger Instrumente jederzeit den Standpunkt seines Schiffes bestimmen kann. So hoffe ich, für meine Aufgabe bestens gerüstet zu sein."

Isabella lächelte:

„Ihr sprecht wie Kolumbus, dessen Name jetzt um die ganze Welt geht. Kennt Ihr ihn persönlich?"

„Ich habe die Ehre, ihn zu meinen Freunden zählen zu dürfen. Ich war es auch, der ihn Toscanelli vorstellte."

Das Interesse der Königin wuchs:

„Das ist der Florentiner Gelehrte, der die Ansicht vertrat, den Osten über den Westen zu erreichen, und Karten für die Fahrt über den Ozean zeichnete?"

„Ja, Majestät. Er war überzeugt, daß es der kürzeste Weg nach Indien sei."

Lebhaft erwiderte Isabella:

„Das hat er auch unserem Vetter, dem König von Portugal, dargelegt; dieser aber wollte von einem derartigen Unternehmen nichts wissen."

Mit offenkundiger Ironie fügte sie hinzu:

„Wahrscheinlich hat er es inzwischen bereut."

„Vielleicht, Majestät. Neue Ideen setzen sich immer schwer durch; daher ist Euer Verdienst, Kolumbus die Überquerung des Ozeans ermöglicht zu haben, besonders groß. Allein diese Tat genügte, Euren Ruhm für ewige Zeiten zu sichern."

Eine leise Röte stieg in die Wangen der Königin, als sie die Audienz fortsetzte, die ihr Klarheit über das Wesen des Mannes, der vor ihr stand und dessen Wunsch sie erfüllen wollte, bringen sollte.

„Ihr müßt mir erklären, warum Kolumbus in keiner seiner beiden Reisen nach Katai gelangte."

„Ich glaube, Majestät, daß er auf ein Hindernis stieß, von dem es sich erst jetzt herausstellt, daß es ein solches ist."

„Ihr sprecht in Rätseln."

„Kolumbus entdeckte eine Inselwelt, über deren Ursprung und Lage wir uns nicht im klaren sind. Vielleicht handelt es sich sogar um Überreste jenes Atlantis, von dem uns alte Sagen erzählen und uns schon Plato berichtet."

Neugierig beugte sich Isabella vor:

„Ihr haltet es für möglich? Gab es denn diese geheimnisvolle Insel überhaupt?"

„Ich weiß es nicht, Majestät. Es handelt sich um eine Annahme. Tatsache aber ist das Vorhandensein dieser Inselwelt, der sich Kolumbus gegenübersieht, und die ihn an der Weiterfahrt hindert."

„Was gedenkt Ihr zu tun?"

„Die Route zu ändern. Der Weg nach Westen ist verlegt. Ich werde versuchen, nach Südwesten auszuweichen."

„Damit wollt Ihr das Hindernis umgehen, nicht wahr? Nehmt Ihr an, daß es sich weit in die Länge erstreckt?"

„Das glaube ich allerdings. Es muß eine ganz gewaltige Schranke sein, die den Weg nach Westen versperrt."

„Woraus schließt Ihr das?"

„Durch eine einfache Überlegung, Majestät. Wäre sie nicht scheinbar unüberwindlich, so hätte ein so hochstehendes und technisch entwickeltes Land wie Katai, das seine Schiffe auf allen östlichen Meeren fahren läßt, schon längst den Weg nach Europa gefunden."

„Ihr haltet also die Erde für größer, als wir bisher geglaubt haben?"

„Eigentlich nicht; diese Berechnungen dürften stimmen. Nicht die Erde ist größer, sondern Asien kleiner, als wir alle dachten."

Die Königin erwärmte sich immer mehr für diesen Gegenstand: „Es gibt noch eine dritte Möglichkeit, wie mir scheint."

Sie unterbrach sich selbst und war fast verlegen, als sie Vespucci fragte:

„Wundert Ihr Euch nicht über meine Beschlagenheit in diesen Dingen? Ich wohnte häufig den Sitzungen der Universität von Salamanca bei, als Kolumbus seine Pläne vortrug und die Professoren darüber diskutierten. Dabei lernte ich eine ganze Menge", fügte sie lächelnd hinzu.

„Und die dritte Möglichkeit, die Majestät erwähnten?"

„Die keiner von euch in Betracht gezogen hat und die mir als die natürlichste erscheint."

„Welche, Majestät?"

„Daß die Erde keine Kugel, sondern eine Scheibe ist — wie es bisher allgemein geglaubt wurde."

Amerigo wollte seinen Ohren nicht trauen und starrte die Königin entgeistert an. War das die Weisheit, die sie von den alten Perücken in Salamanca bezog? Die Königin, die ihr Land neu aufbaute, ihm eine neue Gestalt gab, dem Fortschritt neue Impulse schenkte, und nun? Das war doch nicht möglich! Innerlich entsetzt, konnte Amerigo doch Haltung bewahren.

Als eifrige Vertreterin der Ansichten ihrer Professoren setzte Isabella ihre Ausführungen fort:

„Welchen Beweis für die Kugelgestalt der Erde hat uns die Wissenschaft geliefert? Nur die geniale Hypothese des Ptolemäus — sonst nichts! Es gäbe nur *eine* Gewißheit: Ein Schiff, das aus einem unserer Häfen ausliefe und nach Westen führe, dieselbe Richtung stets beibehielte, müßte wieder — und zwar von der entgegengesetzten Seite — zu uns zurückkehren. Dasselbe gilt selbstverständlich auch für eine Fahrt nach Osten."

„Das ist klar!"

Die Königin triumphierte:

„In all den Tausenden von Jahren, seit die Welt besteht, ist es nicht vorgekommen!"

Herausfordernd sah sie ihren Gesprächspartner an.

Dieser dachte krampfhaft nach, wie er sich aus der Schlinge ziehen könne. Keine vernünftige Erklärung wäre imstande gewesen, diese Überzeugung zu erschüttern. Während er noch nach einer passenden Ausrede suchte, spann die Königin ihren Faden schon wieder weiter:

„Wenn also die Erde eine Scheibe ist, so hat sie ihre Grenzen. Leider wissen wir nicht, wie sie beschaffen sind."

Sie gestand freimütig, sie könne sich diese Grenzen nicht vorstellen.

„Ist es ein Abgrund? Ein unübersteigbares Gebirge? Ein Meer der Finsternis? Ein Sumpfgürtel, der die Erde umgibt?"

Sie brachte damit die Vermutungen vor, die damals noch der allgemeinen Meinung entsprachen.

„Welche davon mag die richtige sein?"

„Keine, Majestät, keine!"

Amerigo konnte sich nicht länger zurückhalten:

„Ich bin von der Kugelgestalt überzeugt. Es gibt auch Beweise für sie. Auf dem Meere bei freiem Horizont erscheinen zuerst die Mastspitzen eines Schiffes, dann erst der Schiffsrumpf. Wir sehen zuerst die Gipfel der Berge, später ihren Fuß. Das sind Folgen der Erdkrümmung."

Isabella schüttelte energisch den Kopf:

„Das ist kein Beweis; diese Erscheinung kann auch auf einer

optischen Täuschung beruhen, die durch große Entfernungen hervorgerufen wird."

Innerlich seufzend, suchte Vespucci nach einer passenden Antwort.

Unerwartet stand die Königin auf:

„Sei es, wie es sei! Von Eurer Reise erwarte ich, daß sie auch in diesem Punkte Klarheit schafft. Ihr wolltet nach Südwesten segeln, um das Hindernis, das die von Kolumbus entdeckte Inselwelt bildet, zu umgehen. Gelingt Euch das, so müßt Ihr — Eurer Ansicht nach — nach Asien gelangen. Meinung steht gegen Meinung. An Euch liegt es zu beweisen, wer recht hat."

Sie machte eine Pause und blickte Vespucci prüfend in die Augen:

„Ihr werdet in den ersten Tagen des Mai mit dem Admiral Alonzo de Hojeda die Fahrt, von der Wir Uns so viel versprechen, antreten. Ich kann Euch nicht, wie ich es bei Kolumbus tat, den Titel Admiral verleihen. Eure Stellung ist die eines *piloto mayor*, eines Generalsteuermannes. Nicht den Befehl über die Flotte, sondern ihre fachmännische Führung sollt Ihr übernehmen. Nicht zu befehlen, sondern zu führen verlangen Wir von Euch. Gott sei mit Euch!"

Wieder beugte Amerigo das Knie und verließ rückwärtsschreitend den Saal, wie es das Hofzeremoniell vorschrieb.

Auf dem Gang vor der Tür erwartete ihn bereits einer der Herren aus dem Gefolge des Königs und bat, ihm zu folgen.

„Seine Majestät der König wünscht, einiges mit Euch zu besprechen."

Amerigo bedauerte, diesem Wunsche entsprechen zu müssen. Was er über Ferdinand von Aragon erfahren hatte, war nicht dazu angetan, seine Bekanntschaft erstrebenswert erscheinen zu lassen. Er galt allgemein als unaufrichtig, habgierig und kleinlich, wie Isabella als offen, verläßlich und großzügig. Jedermann wußte, daß die Schwierigkeiten, gegen die Kolumbus anzukämpfen hatte, nicht selten durch den König verursacht oder mindestens von ihm gebilligt worden waren.

Diese Gedanken konnte er freilich nicht laut werden lassen; so erwiderte er höflich:

„Das ehrt mich; der Wille des Königs ist mir Gesetz."

Wenige Minuten später befand er sich im Gemach des Königs, dessen undurchdringliche Züge keinen Schluß auf seine Laune zuließen. Der ein wenig stechende Blick seiner dunklen Augen musterte kurz den sich verbeugenden Mann und glitt dann rasch ins Unbestimmte weiter. Das Lächeln, das zur Begrüßung auf seinen Lippen lag, verschwand, kaum daß es aufgetaucht war.

„Wie ich weiß, kommt Ihr geradewegs von einer Audienz bei der Königin; sie fördert alle tüchtigen Leute hier im Land. Ja, ja, so ist Ihre Majestät die Königin!"

Dabei nickte er mit dem Kopf und trommelte mit den Fingern den Takt. Plötzlich sah er Amerigo voll in die Augen:

„Ihr verdankt Eure Berufung nicht der Königin, sondern mir. *Ich* habe Euch erwählt und hoffe, eine gute Wahl getroffen zu haben."

Was will er nur? dachte Amerigo. Die Sache hat gewiß einen Pferdefuß.

„Ich wünsche, daß Ihr Erfolg habt, mehr Erfolg als dieser andere Italiener. In gewisser Hinsicht hat er mich enttäuscht."

Bescheiden, aber bestimmt sagte Vespucci:

„Kolumbus hat Großes vollbracht; sein Ruhm erfüllt die Welt."

Ferdinand machte eine verächtliche Handbewegung und meinte spöttisch:

„Sein Ruhm! Wir selbst haben alles getan, ihn zu vergrößern: Admiral des Ozeans, Statthalter der neuen Inseln, Grande von Spanien. Was will er mehr?"

Sein Gesicht verzog sich zu einem bösen Grinsen:

„Was habe ich von dem allen?"

„Sein Ruhm ist der Ruhm Spaniens."

Achselzucken.

„Spanien hat es nicht nötig, durch einen Ausländer seinen Ruhm mehren zu lassen; es hat selbst genug davon. Es braucht nicht mehr Ruhm, es braucht Geld! Versteht Ihr: Wir brauchen Geld! Womöglich Gold, aus dem Wir Dublonen prägen können. *Das* ist es, was Wir benötigen; merkt Euch das, Don Guespuches oder wie Ihr sonst heißen möget."

„Ich heiße Vespucci."

„Klingt sehr ähnlich. Also mein lieber Don Guespuches, glaubt Ihr wirklich, daß ich Eurem Kolumbus die Schiffe nur gegeben habe, damit er auf dem Ozean umhersegle und ein paar Inseln entdeckte? O nein, ich erwarte auch realen Nutzen von dieser Fahrt; ich sandte ihn aus, daß er mit Greifbarem heimkomme. Jawohl, mein Herr aus Florenz, Gold will ich sehen oder etwas, was sich in Gold umsetzen läßt, wie Perlen, Gewürze, Seiden..."

Seine Augen funkelten:

„Hat der Genuese unsere Schiffe mit der gewünschten Ladung heimgebracht? Nichts davon! Ein paar Merkwürdigkeiten, auf die Wir gern verzichtet hätten. Er brachte einige Unzen Gold, wo Wir Hunderte von Pfunden gebraucht hätten."

Der König lächelte bitter:

„Ihr wißt es. Was hat er heimgebracht von dieser Fahrt, die ihm persönlich beispiellosen Ruhm einbrachte? Ein paar Handvoll fehlerhafte Perlen und einige Dutzend Sklaven, die denen aus Arabien oder Afrika bei weitem nachstehen. Es sind rote Menschen, die nicht zu arbeiten verstehen und hinsterben wie die Fliegen, daß die armen Teufel Uns leid tun können."

„Majestät, Ihr vergeßt die neuen Inseln!"

Der König ließ ihn nicht weitersprechen:

„Ich weiß! Ich weiß! Ein Paradies! Es verursacht nur Kosten, wo Wir Einnahmen erwarteten. Es müßte kultiviert werden, damit Wir daraus Nutzen ziehen könnten. Als ob Wir hier in Spanien nach dem langen Krieg nicht genug Land besäßen, das bebaut werden sollte!"

Allzu gern wäre Amerigo mit seiner Meinung herausgerückt; doch: Mit großen Herren ist nicht gut Kirschen essen und auch nicht gut zu debattieren; so schwieg er lieber.

„Unser Admiral des Ozeans gab Uns die feierliche Versicherung, den kürzesten Weg nach Indien aufzufinden; zweimal brachte er Uns nun schon die Briefe zurück, die Wir ihm mitgaben, damit er sie dem Großkhan von Katai überreiche."

Ferdinand hatte sich in eine Erregung hineingesteigert, daß er nicht weitersprechen konnte. Amerigo benützte die Pause, um seinen Freund zu verteidigen:

„Kolumbus hat sein möglichstes getan, und das war mehr als je ein Seefahrer vor ihm geleistet hat. Wenn er Katai nicht erreicht hat, dann besteht eben ein natürliches Hindernis."

„Das ich voraussah! Diese Art von Hindernissen ergibt sich immer, wenn man den bewährten Weg verläßt und einen unbekannten einschlägt — unter welchem Vorwand immer!"

Er holte tief Atem:

„Mein lieber Nachbar und Vetter, der König von Portugal, hat dies vermieden; seine Kapitäne fahren die Küsten Afrikas entlang und dringen auf diese Weise immer weiter vor. Vor einigen Wochen hat ein gewisser Vasco da Gama eine lange Reise mit dem Vorsatz angetreten, diesen Erdteil zu umschiffen; er will auf dieser Fahrt bis nach Indien gelangen. Ich bin überzeugt, daß er seinen Plan durchführen und mit reichbeladenen Karavellen heimkehren wird. Damit hat er nicht nur den Sieg im Wettlauf nach Indien gewonnen, sondern auch eine Quelle unerschöpflichen Reichtums erschlossen. Durch den unbehinderten Zugang zu den Erzeugungsländern ist er unabhängig von den arabischen, persischen und indischen Händlern geworden und wird dort nötigenfalls wertvolle Ländereien in Besitz nehmen — und Wir haben das Nachsehen."

„Wissenschaftliche Entdeckungen machen sich oft erst nach längerer Zeit bezahlt", gab Amerigo zu bedenken.

„Wer warten kann, mag sich damit abfinden; *Wir* können es nicht. Spanien kann nicht länger warten. Entweder man entdeckt Länder voll natürlicher Reichtümer oder man erreicht Katai und die Gewürzinseln oder aber — man verzichtet darauf, Expeditionen auszurüsten."

Der König machte eine verabschiedende Handbewegung:

„Geht, Don Guespuches, und Gott sei mit Euch! Und vor allem: Bringt Gold, den Ruhm schenk ich Euch!"

Amerigo ging die breite Treppe hinab. Langsam und nachdenklich. Vieles von dem, was er eben gehört hatte, wollte überdacht werden, um zu einem gerechten Urteil über diesen König zu kommen, der nur Gold sehen wollte... als ob es nicht viel Wichtigeres gäbe...

3. Kapitel

MENSCHEN OHNE SCHATTEN

Auf die erste Seite seines Schiffstagebuches schrieb Amerigo: *"Anno Domini* 1497* verließen wir am 15. Mai mit vier Schiffen den Hafen von Cadix und traten unsere Fahrt nach den *Insulae Fortunatae*** an, die man heute Groß-Kanarien nennt. Sie liegen im Ozean am Ende des bewohnten Abendlandes..."
Vespucci stieg zur Kommandobrücke der *Estrella del Mar* (Stern des Meeres) hinauf. Er suchte seinen Neffen Giovanni.

Zu dieser Zeit war Giovanni fünfzehn Jahre alt. Er war ein aufgeweckter Bursch und hatte von seinem Onkel viel Nützliches gelernt, das er gut zu verwerten verstand — auch zum Zweck seiner persönlichen Unterhaltung. Manchmal sah dies einem harmlosen Lausbubenstreich recht ähnlich.

Giovanni war der Sohn von Girolamo Vespucci, dem ältesten Bruder Amerigos.

Es war kein glückliches Leben gewesen, das des Girolamo Vespucci! Dreißig Jahre lang hatte er auf Kosten seines Vaters in dessen Hause gelebt. Kein Beruf reizte ihn, keine Beschäftigung war ihm gut und einträglich genug. Er war ein unruhiger Geist und lebte in den Tag hinein. Messer Anastasio machte sich schwere Sorgen darüber. Sie wurden nicht kleiner, als sich Girolamo plötzlich entschloß, in Palästina eine Bank zu eröffnen. Sofort sprang der gute Vater ein. Er verschaffte ihm Gönner und Kredit, damit der Plan verwirklicht werden konnte. Bald kamen

---

* oder 1499; das Datum ist umstritten.
** Glückliche Inseln.

gute Nachrichten aus Jerusalem. Girolamo berichtete von vielen erfolgreichen Geschäftsabschlüssen. Das bedrückte Vaterherz schlug leichter. Neue Zuwendungen flossen von Florenz nach dem Heiligen Land. Eine Schilderung des angeblich so blühenden Unternehmens war die Antwort. Darauf folgte ein langes Schweigen. —

Im Jahre 1489 erhielt Amerigo einen Brief:

„Lieber Bruder,
ich schreibe an Dich, weil ich nicht den Mut habe, unseren Vater durch meine bösen Nachrichten zu beunruhigen. Meine Sache steht schlecht. Diebe benützten meine Abwesenheit, um in meinen Laden einzubrechen und das Geld aus der Kasse zu stehlen. Außerdem plünderten sie das Lager, in dem sich eine Menge Waren befand, die ich nur zum Verkauf übernommen hatte und die nicht mein Eigentum waren.

Gott helfe mir und stehe meiner armen Frau und meinem kleinen Giovanni bei. Ich weiß nicht, wie ich den erlittenen Schaden gutmachen und mich wieder in die Höhe arbeiten werde.

Bete für mich!

Dein unglücklicher Bruder
Girolamo Vespucci"

Amerigo war bereits nach Sevilla übersiedelt, als ihn die Nachricht vom Tode seines Bruders erreichte. Er konnte nie Näheres über dieses Ende erfahren. Hatten Girolamo die Unglücksfälle, die ihn betroffen hatten, allen Lebensmut geraubt und ihn ins Grab gebracht? War er an einer Krankheit gestorben? Oder hatte er sich in einem Anfall von Verzweiflung selbst das Leben genommen? Das waren Fragen, die unbeantwortet blieben.

Girolamos Witwe ließ nichts von sich hören.

Eines Tages klopfte es an die Tür des alten Palazzo der Vespucci. Ein Florentiner Kaufmann, der eben aus Palästina kam, brachte dem schon sehr betagten Messer Anastasio seinen zehnjährigen Enkel ins Haus. Der kleine Giovanni war eine Doppelwaise; auch seine Mutter war gestorben. Einige Monate später legte sich auch der alte Notar nieder und stand nimmer auf. Giovanni blieb bei der Großmutter zurück. Mona Elisa fühlte sich alt und schwach und war noch mürrischer und launenhafter geworden. Schon bei der Ankunft des Enkels hatte sie wenig Freude gezeigt, jetzt aber wurde er ihr zur untragbaren Last.

So kam es, daß Amerigo seinen kleinen Neffen zu sich nach Sevilla kommen ließ. Das war vor fünf Jahren gewesen. Die beiden hatten sich vom ersten Augenblick an vorzüglich verstanden. Sein Onkel war für Giovanni gleichzeitig Vater, Lehrer und bewundertes Vorbild.

Amerigo Vespucci wurde vom König zum *piloto mayor* ernannt; das bedeutete Trennung für Onkel und Neffen. Eifrig wurde beraten, wie sie zu vermeiden wäre. Das Ergebnis dieser Beratung war, daß Amerigo dem Admiral Hojeda mitteilte:

„Ich benötige für meine Arbeit an Bord einen Schreiber und Sekretär; als solchen beabsichtige ich meinen Neffen Giovanni Vespucci mitzunehmen."

Der Admiral willigte ein. Giovanni durfte an der großen Fahrt seines Onkels teilnehmen. Er befand sich mit ihm auf der *Estrella del Mar*.

Auf der Kommandobrücke traf Vespucci seinen Neffen an, der an Bord geblieben war, als der Großteil der Besatzung nach vierzehn Reisetagen ausschwärmte, um sich an Land die Beine zu vertreten und die Vergnügungen zu genießen, die Gran Canaria zu bieten hatte. Die Fahrt zu den Kanarischen Inseln war nichts Außerordentliches mehr; siebzig Jahre früher gehörten die *Insulae Fortunatae* noch ins Reich der Fabel; jetzt waren sie zum Sprungbrett für die Überquerung des Ozeans geworden. So hatte auch die kleine Flotte Hojedas hier angelegt.

Der Admiral hatte den Mannschaften Landurlaub erteilt. Er hatte erfahren, daß die Leute durch verschiedene Gerüchte beunruhigt wurden, und gestattete gern diese kleine Ablenkung von ihren Sorgen.

Es wurde an Bord viel unnützes Zeug gesprochen, viel Seemannsgarn gesponnen.

„Wißt ihr schon? Wir nehmen nicht die Route von Kolumbus, sondern eine neue, unbekannte?"

Die Matrosen murrten:

„Warum sollen wir nach Südwesten segeln? Kolumbus hat im Westen Land angetroffen."

„Der Florentiner ist ehrgeizig und will den Kolumbus überflügeln. Er will auch ein neues Land entdecken und führt uns dabei ins Verderben."

Die spanischen Kapitäne taten nichts, um die Leute eines Besseren zu belehren. Sie sahen die feindselige Stimmung gegen den *Ausländer* nicht ungern. Er war ihnen von Anbeginn ein Dorn im Auge.

„Woher will er wissen, wohin er uns führt, wenn er noch nie ein Schiff gesteuert hat? Außerdem kennt er weder den Ozean noch das Land, das er erreichen will."

„Diese Italiener sind doch alle gleich: Alle bilden sich ein, Künstler und Gelehrte zu sein und die Welt beglücken zu müssen."

„Dieser Guespuches hält sich für etwas Besseres, als wir es sind. Er behauptet, Schüler eines Astrologen gewesen zu sein, der alles über den Himmel und seine Sterne wußte. Wir werden erst sehen, was er kann, wenn wir mitten im Ozean sind, und er den Weg festlegen soll. Hoffentlich verläßt uns dann unser Herrgott nicht!"

Zufällig war Giovanni unfreiwilliger Zeuge dieses Gespräches gewesen. Zitternd vor Wut lief er zu seinem Onkel und erzählte ihm, was er eben gehört hatte. Amerigo lächelte nur:

„Sie werden mit der Zeit schon sehen, was ich weiß und was ich kann. Es wird gewiß nicht an Gelegenheiten fehlen, mich auf die Probe zu stellen. Was aber die Abweichung von der Route unseres Freundes Kolumbus betrifft, so werden sie eine Erklärung erhalten, die ihnen allen den Mund stopfen wird..."

Planmäßig sollte das Geschwader am nächsten Tag die Kanarischen Inseln verlassen. Für den Abend vor der Abreise lud Vespucci den Admiral und alle Offiziere und Unteroffiziere zu einer Versammlung an Bord der *Estrella del Mar* ein. Sehr erstaunt und neugierig fanden sie sich vollzählig ein.

Mit einem versiegelten Schreiben in der Hand trat er vor sie hin. Mit seiner vielen Italienern eigenen Beredsamkeit, die ihm schon oft die Zustimmung seiner Zuhörer eingetragen hatte, begann er:

„Herr Admiral, meine Herren Kapitäne, Steuermänner und Maate!

Seine Majestät König Ferdinand von Aragon berief mich an seinen Hof und beauftragte mich, als *piloto mayor* an dieser Expedition teilzunehmen. Er gab mir geheime und sehr genaue Anweisungen, die in diesem versiegelten Schreiben niedergelegt sind. Ich erhielt von ihm den Befehl, es am Tage vor unserer Abreise von diesen Inseln zu öffnen und seinen Inhalt bekanntzumachen. Ich weiß, daß die Matrosen murren; ich weiß auch, daß es mir bisher leider nicht gelungen ist, euren Beifall zu erringen, und daß meine Pläne von euch scharf kritisiert werden."

Statt einer Antwort gab es ein undeutliches Murmeln, das die ablehnende Haltung der Anwesenden ausdrückte.

Ungerührt fuhr er fort:

„Meine Herren Kapitäne, man sagte mir, ihr fändet es nicht richtig, daß ich plane, statt nach Westen zu segeln, einen südwestlichen Kurs einzuschlagen. Ihr meint, es wäre falsch, eine längere, noch dazu unbekannte Route zu nehmen. Es geht das Gerücht, ich würde die Flotte aufs Spiel setzen, um aus falschem Ehrgeiz und einer verrückten Laune den von Kolumbus erprobten Weg zu vermeiden."

Der Admiral hielt den Augenblick, seine Meinung zu sagen, für gekommen:

„Don Guespuches! Die Matrosen murren. Das geschieht oft. Auch die Matrosen auf den Schiffen des großen Kolumbus murrten, ja sie taten noch mehr, sie meuterten. Ich war anwesend, als sie es taten, denn ich habe an dieser glorreichen Expedition teilgenommen. Lassen wir die Matrosen murren; in der Regel hat es nicht viel zu bedeuten. Doch auch wir, die Offiziere des Geschwaders, sind unzufrieden. Wir sind dazu berufen, die Verantwortung zu tragen, weil wir für diesen Beruf ausgebildet wurden. Wir murren nicht; wir tadeln!"

Hojeda hielt inne und überzeugte sich durch einen raschen

Blick, daß er die Billigung der anderen, in deren Namen er sprach, besaß. So setzte er entschlossen fort:

„Welches ist der kürzeste Weg? Der gerade, selbstverständlich. Kolumbus hat ihn uns vorgezeichnet. Ihr aber wollt einer schrägen Linie folgen, die quer über den Ozean verläuft. Deshalb fragen wir: Warum? Unser Admiral des Ozeans ist über Hispaniola (Haiti) und Jamaika hinausgefahren, ohne Katai zu finden, warum sollen wir seinen Kurs nicht weiter verfolgen, bis wir es finden?"

„Weil es der König nicht wünscht!"

Hojeda sah ihn ungläubig an. Er überlegte blitzschnell. War es möglich, daß Ferdinand dem *piloto mayor* einen Befehl erteilt hätte, von dem er, der verantwortliche Admiral, nichts wußte? Er wurde merklich blässer; das wäre doch eine Demütigung, die kaum zu ertragen wäre. Er straffte sich und seine Stimme klang schärfer als beabsichtigt:

„Für diese Behauptung verlange ich den Beweis."

„Ich bin im Begriff, ihn zu erbringen."

Vespucci wies auf den Brief in seiner Hand und ersuchte den Admiral, die Unverletztheit des königlichen Siegels festzustellen. Vor den Augen der Anwesenden erbrach er es. Höchste Spannung lag über der kleinen Versammlung.

Mit lauter Stimme begann Amerigo zu lesen:

„Wir, Ferdinand von Aragon, geben hiemit dem ausgezeichneten Don Amerigo Vespucci aus Florenz Unseren königlichen Willen kund. Wir ernennen ihn zu Unserem *piloto mayor*, dem Wir die Aufgabe zuweisen, durch seine navigatorischen Kenntnisse den Admiral Alonzo de Hojeda, unter dessen Leitung die Indienflotte steht, zu unterstützen.

Wir wollen und ordnen an, daß die Route, die der genannte Don Vespucci vorzeichnet, zur Gänze von der bisher von Unserem Admiral des Ozeans, Don Christoph Kolumbus aus Genua, eingeschlagenen abweiche. Dadurch soll vermieden werden, daß dessen Aufgabe behindert wird und die mit ihm abgeschlossenen Verträge und die ihm zugestandenen Privilegien verletzt werden, die Wir mit Unserer Unterschrift bekräftigt haben.

Kraft dieser Vollmacht kann Don Vespucci die Route wählen, die ihm am günstigsten erscheint, um Asien zu erreichen, *nur die geradewegs nach Westen führende ist ihm verwehrt.*

Wir erteilen dem Admiral Alonzo de Hojeda, den Kapitänen, den Steuermännern, Maaten und den Matrosen den Befehl, diese Unsere Weisungen zu befolgen und Unserem *piloto mayor*, Don Amerigo Vespucci aus Florenz, mit allen Kräften zu helfen.

Unterschrift:
FERDINAND REY"

Die Lesung war beendet. Betroffenes Schweigen herrschte. Gesenkte Köpfe, gerunzelte Stirnen, zusammengepreßte Lippen, niedergeschlagene Mienen — Feindseligkeit.

Amerigo schien davon nichts zu bemerken. Mit gespielter Unbefangenheit zeigte er auf die königliche Unterschrift und das Staatssiegel.

„Überzeugt euch, meine Herren, von der Echtheit dieses Briefes."

Nach einem kurzen Blick darauf entschied Hojeda:

„Der Brief ist echt. Der Wille des Königs ist Gesetz."

In leichterem Ton fuhr Vespucci fort:

„Ich glaube, eine Erklärung abgeben zu sollen. Ich bin ein Freund unseres großen Entdeckers und fühle mich nicht als sein Rivale, sondern als sein Jünger und Nachfolger. Ihr habt die Gründe gehört, die Seine Majestät bewogen haben, den vorliegenden Befehl zu erlassen. Ich möchte nun auch aufzeigen, warum ich persönlich eine andere Route wählte. Nach Norden oder Süden zu segeln, kommt nicht in Betracht; das wißt ihr so gut wie ich. Würden wir einen nordwestlichen Kurs einhalten, so könnten wir mit ziemlicher Sicherheit annehmen, nach Asien zu gelangen; aber: was wissen wir über die nördlichen Gegenden dieses riesenhaften Kontinents? Soviel wie nichts. Wir wollen doch die Molukken oder Gewürzinseln erreichen und müssen zu diesem Zweck das Kap von Cattagara umschiffen.* Kolumbus ist es nicht gelungen, weil er in eine äußerst ausgedehnte Insel-

---

* Wahrscheinlich ist damit die Südspitze von Malakka gemeint.

welt geriet, aus der er nicht herausfand. Wir wollen sie umschiffen. Ich habe alle mir zur Verfügung stehenden Land- und Seekarten studiert. Auf Grund dieses Studiums habe ich selbst eine Karte gezeichnet und auf dieser unsere voraussichtliche Route eingetragen. Ihr könnt jederzeit darin Einsicht nehmen."

Er forschte in den ihm zugewandten Gesichtern und war zufrieden, daß er in ihnen gespannte Aufmerksamkeit lesen konnte. Er kam zum wichtigsten Punkte seiner Darlegung:

„Ein Blick auf meine Karte genügt, um zu erkennen, daß wir einen südwestlichen Kurs mit einem Strich Süd nehmen müssen. Nach Umgehen dieser Inselwelt haben wir aller Voraussicht nach einen kleineren oder größeren Meeresteil zu überwinden, bevor wir an der Küste Asiens anlegen können."

Die Feindseligkeit war einem aufrichtigen Interesse gewichen. Beruhigt schloß Amerigo mit den Worten:

„Ich habe gesagt, was zu sagen war; nun ist es an euch, meine Herren, mir eure Meinung mitzuteilen."

Einige Hände griffen gleichzeitig nach der Karte Vespuccis. Man steckte die Köpfe zusammen und flüsterte eifrig. Endlich sprach Alonzo de Hojeda, und er sprach im Namen aller.

„Wir erheben keine Einwände, Don Guespuches. Wenn es der Wille des Königs ist, daß wir nicht den Spuren des Kolumbus folgen, sondern einen anderen Weg einschlagen, dann halte ich den von Euch vorgeschlagenen für richtig und geeignet."

„Ich danke Euch, Admiral. Wir wollen Gott bitten, unser Vorhaben zu segnen, damit wir unser Ziel erreichen."

Am nächsten Tag — es war der 5. Juni — stachen die drei Karavellen in See. Richtung Südwest, ein Strich Süd. Man hielt auf den Äquator zu. Auf die geheimnisvolle *Linie*, von der man nicht wußte, wie sie beschaffen war. Wie sah die Welt aus, die hinter ihr lag? Was erwartete die kühnen Seefahrer? Eine Mauer von Finsternis, die zu durchdringen war? Mächtige Wasserwirbel, die jedes Schiff in den Abgrund zogen? Ein Wall von Riffen und Klippen? Man schlug heimlich ein Kreuz und hoffte, heil aus dem tollen Abenteuer herauszukommen.

Vespucci wußte über diese Angst; er selbst war frei davon.

Toscanelli wie Kolumbus hatten auch in Verbindung mit den Seefahrern des Ostens gestanden. Sie wußten von Arabern und Persern, die die *Linie* passiert hatten, daß es weder Abgründe, Finsternis noch todbringende Wirbel dort gab. Leider hatte Amerigo erfahren, daß Leute, die gern an Schauermärchen glaubten, und zu ihnen zählten auch die Matrosen, nicht von der Wahrheit zu überzeugen waren. Die Tatsachen selbst mußten sprechen.

Eines Morgens stieg ein bleicher Admiral die Stufen zur Kommandobrücke hinauf. Dort traf er auf Amerigo, der eben das Besteck aufnahm. Leise begann Hojeda auf ihn einzureden, um ihm die ganze Größe seiner Besorgnis vor Augen zu führen:
„Don Guespuches! Ich habe in der vergangenen Nacht kein Auge geschlossen. Mich beschäftigt eine sehr wichtige Sache, die ich gern von Euch geklärt sähe."
Amerigo machte zwar große Augen über die Vertraulichkeit des stolzen Spaniers, zeigte sich aber gern bereit, dessen Anliegen zu erfüllen.
„Was in meiner Macht steht, werde ich tun."
Dankbar blickte ihn Hojeda an.
„Es handelt sich um folgendes: Die Route, die wir auf Euren Rat eingeschlagen haben, führt uns immer näher an den Äquator heran."
„Ganz richtig. Und...?"
„Habt Ihr nicht bedacht, daß noch kein Mensch die *Linie* überschritten hat?"
„Ihr irrt, Don Alonzo! Es gibt genug Leute, die es taten."
„Mir ist keiner bekannt. Ich hörte auch nie von einem, der den Äquator gekreuzt hätte."
„Schon die alten Ägypter und Phöniker haben ihn überschritten. Habt Ihr noch nie von den Vivaldi gehört, die längs der afrikanischen Küste weit nach Süden vorgestoßen sind?"
„Ach Gott! Das sind doch alte Geschichten. Die Wahrheit ist niemals bewiesen worden."
„Habt Ihr jemals die Levante besucht? Nein? Das ist schade. Die Händler dort hätten Euch von persischen und arabischen

Schiffern erzählt, die Waren von Katai und anderen ostasiatischen Ländern führten und die schon oft die *Linie* passiert hatten."
„Wenn man vom Persischen Golf nach Katai segelt, braucht man nicht den Äquator zu überschreiten."
„Nicht unbedingt; wohl aber um die Molukken zu erreichen, die ja auf der Breite des Äquators liegen."
Der spanische Hochmut kam trotz aller Angst und Sorge zum Durchbruch, als Hojeda mit verächtlicher Überlegenheit feststellte:
„Das ist Seemannsgarn. Kein Mensch war noch dort gewesen. Dagegen hört man allgemein, daß sich die Erde gegen den Äquator stark krümmt; auf der einen Seite steigt sie an, auf der anderen geht es dann wieder abwärts."
Innerlich seufzte Amerigo; äußerlich blieb er ruhig. Was sollte er auch sagen, wenn selbst ein Admiral, der außerdem noch ein bekannter Seefahrer war, solche Ansichten vertrat? Er flehte um Geduld... Geduld...
„Ihr seid weit in der Welt herumgekommen, Don Hojeda?"
„Gewiß, das ist Euch bekannt."
„Wo seid Ihr gewesen? Welchen Teil der Erde kennt Ihr?"
Mit Genugtuung zählte Hojeda auf:
„Ich kenne das Mittelmeer und den Ozean. Bis nach England, Flandern und Dänemark bin ich gekommen, und mit Kolumbus habe ich die neuen Inseln entdeckt."
Vespucci drehte spielend den Globus, der vor ihnen stand. Während der Admiral von seinen Reisen sprach, zeichnete er sie mit dem Finger darauf nach.
„Da seid Ihr auf der nördlichen Halbkugel hinauf- und hinuntergeklettert."
„Gewiß, gewiß! Was wollt Ihr damit sagen?"
„Habt Ihr bemerkt, daß Ihr gestiegen seid?"
„Eigentlich nicht", mußte Hojeda widerwillig zugeben.
„Und auf der Rückfahrt von Dänemark, ging es da bergab?"
„Nein!"
Der Admiral fühlte sich unbehaglich.
Amerigo lächelte ihm zu.
„Warum macht Ihr Euch dann wegen des Äquators Sorgen?

Auch dort werdet Ihr weder ein Ansteigen noch ein Abgleiten bemerken."

Etwas verwirrt sah ihn Hojeda an:

„Meint Ihr? Aber ... die Verhältnisse sind dort verschieden ... glaubt Ihr wirklich ...?"

„Nicht nur ich. Alle Kosmographen von Ptolemäus bis Toscanelli sind der gleichen Meinung darüber."

Nach einem Augenblick des Nachdenkens sagte der Admiral: „Vielleicht habt Ihr recht. Hoffen wir es."

Mit einem Kopfnicken verabschiedete er sich und stieg die Treppe wieder hinunter. Er war sichtlich beeindruckt von den Namen der Autoritäten, die Amerigo angeführt hatte, wenn er auch nur recht unbestimmte Vorstellungen damit verband.

Auch unter den Matrosen war eine größere Unruhe zu bemerken; sie witterten das nahe Ereignis und suchten Näheres darüber zu erfahren. Überall sah man sie in kleineren Gruppen herumstehen und die Lage erörtern. Beim Herannahen des *piloto mayor* verstummten die Gespräche. Scheue Blicke folgten ihm. Jeder trachtete, möglichst rasch aus der Nähe dieses gefährlichen Mannes zu gelangen, in dessen Händen ihrer aller Schicksal lag.

Eines Abends sagte ein Steuermann zu einigen Matrosen, die Auskunft über den Kurs, der für die nächsten Tage festgelegt war, haben wollten:

„Wir steuern geradewegs auf die *Linie* zu. Was uns dort erwartet, kann ich euch nicht sagen. Ich weiß auch nicht, ob es uns gelingen wird, sie zu überschreiten."

„Dann sagt uns wenigstens, was die sogenannte *Linie* ist."

Mit einem Unterton von Wichtigkeit und Angst zugleich in seiner Stimme meinte ein alter Maat:

„Die *Linie* ist eine Reihe von Klippen und Riffen, die wie ein Gürtel die Erde umschließt. Wenn wir die Richtung, in der wir jetzt segeln, beibehalten, zerschellen wir daran."

„Lächerlich, was du da sagst. Laßt mich euch erklären, wie es ist", machte sich ein anderer bemerkbar. „Die *Linie* ist der größte Breitenkreis. Was das ist, kann ich euch nicht sagen, weil ich es selbst nicht weiß; ich weiß aber, daß sie das Ende der Welt ist. Jetzt könnt ihr euch ausmalen, was uns bevorsteht."

„Lieber nicht!" brummte einer, der mit wachsendem Unmut dem Gerede zuhörte.

„Ihr seid alle Idioten", mischte sich ein Alter ein. „Der Äquator ist ein Abgrund, dem man sich nur unter Gefahr nähern, den man aber nie überwinden kann."

Da sprang ein junger Matrose auf, riß seine Mütze vom Kopf und warf sie voll Wut auf die Schiffsplanken:

„Hört auf zu unken! Ich mag das nicht länger hören. Ob wir zerschellen, in den Abgrund stürzen oder auf andere Weise zugrunde gehen könnten, ist mir gleich: Ich will überhaupt nicht zugrunde gehen. Ich will leben ... leben ..."

Sie waren recht kleinlaut geworden und hätten am liebsten in das Schreien des Jungen miteingestimmt:

„Wir wollen leben, leben!"

Oben auf der Kommandobrücke stand Amerigo und handhabte das Astrolabium, um mit dessen Hilfe die Sonnenhöhe zu bestimmen. Viele Blicke folgten dieser Hantierung. Mit Bewunderung. Mit schreckhaftem Staunen. Mit Haß.

Was wollte dieser Ausländer da oben? Die glänzende Scheibe in seiner Hand trug geheimnisvolle Zeichen. Diente sie einem Zauber, den er gegen die Sonne richtete? Warum zeichnete er so sonderbare Figuren in sein großes Buch, über dem er dann noch stundenlang saß und schrieb und rechnete? Das war doch sicher das Buch ihres Schicksals, das er kannte, sie aber nicht.

Die kleine Flotte wagte sich immer weiter in den großen Ozean hinaus. Die Temperatur stieg. Es wurde übermäßig heiß. Dabei herrschte Windstille. Sie rührten sich kaum vom Fleck. Es gab Tage, an denen sie weniger als eine Meile in der Stunde zurücklegten. Die Luft — und die Zeit — schienen still zu stehen. Die Sonne brannte. In den Mittagsstunden konnte sich niemand auf Deck aufhalten. Das Pech in den Fugen der Beplankung wurde flüssig. Es war nicht möglich, barfuß übers Deck zu gehen. Die Matrosen flüchteten ins Logis und litten dort nicht weniger unter der stets wachsenden Hitze. Alle sehnten den Abend herbei.

Des Nachts retteten sie sich ins Freie und schliefen dort unter einem prächtigen Sternenhimmel. Sie verschliefen die Qualen des

Tages, bis die Sonne kam, mit ihr die Hitze und mit dieser neue Qualen begannen.

„Die Sonne wird unsere Schiffe in Brand setzen. Ketten, Eisenbänder und Nägel sind glühend heiß. Wir werden verbrennen — mitten im Meer."

„Und wenn wir nicht verbrennen, so werden wir verdursten."

„Und verdursten wir nicht, so macht uns diese fürchterliche Ungewißheit verrückt."

Wie an jedem Morgen arbeitete Amerigo auch an diesem auf der Brücke. Da drangen Schreie und Stimmengewirr zu ihm herauf. Was war los?

Es klang, als befänden sich Menschen in höchster Gefahr.

Er ließ alles stehen und liegen und eilte mit ein paar Sprüngen die Treppe hinunter, um zu sehen, was auf Deck vorging.

Einige Matrosen, die sich herausgewagt hatten, weil sie die stickige Luft im Logis nicht länger ertrugen, standen wie eine Schar erschrockener Hühner beisammen. Sie gestikulierten heftig und stießen von Zeit zu Zeit grelle Rufe des Entsetzens aus.

„Was ist geschehen?"

Wirres Geschrei antwortete ihm. Endlich verstand er, worum es sich handelte.

„Zauberei! Teufelsspuk!"

„Wir haben keinen Schatten mehr!"

„Wir wollen unseren Schatten wieder haben!"

Jetzt meldete sich auch der Maat am Steuerrad; mit weit aufgerissenen Augen blickte er auf den Boden nieder:

„Mein Schatten! Wo ist mein Schatten?"

Tatsächlich! Obwohl die Sonne in strahlender Helle vom Himmel schien, warfen die Dinge keinen Schatten. Nur bei Schwankungen des Schiffes zeigte sich rechts oder links neben den Füßen ein schmaler, dunkler Streifen.

Andere Matrosen krochen aus ihrer Unterwelt hervor. Auch sie bemerkten die sonderbare Erscheinung und wurden von der gleichen Angst ergriffen.

Auch sie begannen über Hexerei und Teufelskünste zu jammern und zu schreien.

Der Lärm und die Aufregung wuchsen.

„Der Florentiner ist schuld. Er hat uns verzaubert."

„Er hält es mit dem Teufel."

„Er bringt uns ins Unglück."

In ihrer sinnlosen Angst steigerten sich die Leute in immer größere Wut. Die Lage für Amerigo wurde ernst.

„Hängt den Florentiner! Er soll baumeln!"

„Nein, werft ihn ins Wasser!"

„Ins Meer mit dem *piloto mayor!*"

Alonzo de Hojeda hörte den Lärm, vergaß seine spanische Grandezza und kam herbeigestürzt.

„Wer wagt hier, jemanden zu bedrohen? Streitigkeiten schlichte *ich*; habt ihr verstanden?"

Ein Maat trat vor, der besonnener als die anderen schien:

„Es gehen sonderbare Dinge hier vor, Herr Admiral. Wir geben keinen Schatten. Das kann nicht mit rechten Dingen zugehen; das ist Teufelswerk."

Hojeda blickte um sich und erbleichte: Auch er war ohne Schatten!

„Zum Teufel! Was soll das heißen? Sind wir verhext?"

Er wandte sich an seine Leute:

„Wann habt ihr es bemerkt?"

„Erst vor wenigen Minuten. Oben auf der Brücke hat der Florentiner an seinen Instrumenten manipuliert. Mit der großen Scheibe hat er uns alle verzaubert."

Ein Aufheulen der Wut und der Angst bestätigte seine Worte. Mit Abscheu blickte Don Alonzo auf das Astrolabium, das solche Naturwidrigkeiten bewirkte. Er hatte nie viel von dem gelehrten, modernen Zeug gehalten, sondern lieber den überlieferten Lehren vertraut; so wußte er nur dunkel über Zweck und Gebrauch der Instrumente Bescheid. Sich darüber unterrichten zu lassen, vertrug sich schlecht mit seinem Stolz.

Er musterte mit einem raschen Blick die aufgeregte Versammlung und wappnete sich mit seiner ganzen Autorität. Trotzdem mangelte seiner Stimme der ihr sonst eigene Befehlston, als er sagte:

„Geht auseinander und seid ruhig! Ich werde mit Don Guespuches reden. Wir werden als erfahrene und gelehrte Seefahrer über diese Erscheinung beraten."

Er stieg zur Kommandobrücke hinauf, wo ihn Amerigo bereits erwartete.

Überheblich, wie es seine Art war, fragte er ihn:

„Was geht hier vor, Don Guespuches? Ich konnte die Leute kaum bändigen und bin um Euer Leben besorgt."

Vespucci lächelte:

„Aber, Don Alonzo! Keine Sorge. Es ist Euch gelungen, durch Eure Erklärungen die aufgeregten Gemüter zu beruhigen."

„Selbstverständlich; obwohl alles stark nach Zauberei aussieht."

„Zauberei?" Amerigo zog die Augenbrauen vor gespieltem Erstaunen in die Höhe.

„Ihr seid der Ansicht, daß alles mit natürlichen Dingen zugeht? Hm, vielleicht habt Ihr recht. Ja, wenn ich es mir überlege, so..."

„... ist alles in bester Ordnung."

Don Alonzo fühlte sich nicht wohl in seiner Haut, sagte aber mit der verständnisvollsten Miene der Welt:

„Wir sind unterrichtete Menschen und wissen, daß alles läuft, wie es soll; aber das ungebildete Schiffsvolk spricht von Hexerei."

„Jaja, das ungebildete Volk! Es wäre am besten, Don Alonzo, Ihr würdet der Mannschaft eine ausführliche Erklärung geben. Sie würden dann sehen, wie einfach das zu deuten ist, was sie in Angst und Schrecken versetzt."

„Da habt Ihr recht. Das werde ich später auch tun; jetzt sprechen zuerst wir beide über die Sache. Ihr meint also... Ihr glaubt also..." stotterte er verlegen.

„Vielleicht, Herr Admiral, wollt Ihr selbst die nötigen Beobachtungen machen und die Berechnungen durchführen?" sagte Vespucci mit schlecht verhehlter Ironie und wies auf das Astrolabium.

Ängstlich wich Hojeda zurück:

„O nein, Don Amerigo. Das käme einer Beleidigung Eurer werten Person gleich. Ich zweifle nicht daran, daß Eure Kenntnisse hervorragend sind. Ich würde nichts anderes feststellen können wie Ihr."

Die Mannschaft hatte den ersten Schrecken überwunden. Die

Matrosen standen umher und starrten zur Brücke hinauf, wo angeblich ihr Schicksal entschieden wurde. Sie warteten gespannt auf den Ausgang der Unterredung der beiden Kommandanten.

„Wie Ihr seht", sagte Amerigo eben und zeigte wieder auf das gefürchtete Astrolabium und seine Eintragungen, „befinden wir uns augenblicklich auf dreißig Grad westlicher Länge und null Grad, fünf Minuten und siebenundzwanzig Sekunden...", er machte eine bedeutungsvolle Pause, „*südlicher* Breite."

„Jaja, gewiß! Es steht alles zum besten..."

Er wand sich unter den belustigten Blicken Amerigos.

„Jawohl, Herr Admiral, alles steht zum besten. Alles Gerede über die *Linie* sind Ammenmärchen."

„Jaja, Ammenmärchen..." wiederholte Hojeda gedankenlos.

Der Zeitpunkt, das grausame Spiel zu beenden, war da.

„Da wir den Äquator überschritten haben, können wir das mit Recht behaupten."

„Da... wir... den... Äquator... überschritten..." stammelte Hojeda ungläubig; bis ihm die Tatsache in ihrem vollen Umfang bewußt wurde.

„Don Guespuches! Ist es denn wirklich wahr? Wir haben die *Linie* passiert? Warum habt Ihr mich nicht verständigt?"

„Weil es nichts zu sehen gab. Nur meine Instrumente zeigten sie mir an. Ihr als Fachmann wißt, daß es sich um eine *gedachte Linie* handelt."

„Selbstverständlich weiß ich das!"

Er wollte jedoch seiner Sache ganz sicher sein und begann neuerdings:

„Wir haben tatsächlich den Äquator überschritten? Das ist nicht zu fassen! Ganz ohne Schwierigkeiten und ohne besondere Erscheinungen in der Natur. Wir haben eine erstaunliche Leistung vollbracht. Don Amerigo, wie wunderbar das ist!"

Der Admiral strahlte über das ganze Gesicht. Wenn es seine spanische Förmlichkeit gestattet hätte, wäre er seinem *piloto mayor* um den Hals gefallen; so begnügte er sich mit einem Händedruck. Plötzlich sagte er nachdenklich:

„Und jetzt beginnt der Abstieg", verbesserte sich aber sofort, „der scheinbare Abstieg, wie er uns auf dem Globus vor Augen tritt. In Wirklichkeit werden wir ebensowenig davon bemerken, wie wir etwas vom Aufstieg beobachten konnten."

Nur mit größter Anstrengung vermochte Amerigo ernst zu bleiben. Er lenkte ab:

„Wollt Ihr nicht die Leute von unseren Beobachtungen in Kenntnis setzen und ihnen die erfreuliche Nachricht mitteilen?"

Don Alonzo de Hojeda, Admiral der kleinen Flotte, trat auf die Treppe der Kommandobrücke und sagte feierlich:

„Hört, Leute! Gott hat sich uns gnädig erwiesen. Ihr braucht keine Angst zu haben. Alles steht zum besten. Seht, wie ruhig *ich* bin, auch *ihr* sollt es sein."

„Es lebe unser Admiral!"

„Bringt auch ein Hoch auf Don Guespuches aus; er hat es verdient."

Schweigen.

Vereinzelte Rufe:

„Wo bleibt der Schatten?"

Don Alonzo blickte sich fragend nach Vespucci um, der ihm zuflüsterte:

„Sagt ihnen, sie würden bald wieder ihre Schatten haben."

Hierauf beschwichtigte Hojeda die aufgeregten Frager:

„Seid ruhig! Bald gibt es wieder Schatten. Was wir eben erleben, ist nur ein Scherz, den sich die Natur mit uns erlaubt."

Er wandte sich an Amerigo:

„Jetzt ist die Reihe an Euch! Erklärt ihnen, was noch zu erklären ist."

Vespucci zeigte sich den Versammelten, die ihn mit schwachem Beifall begrüßten.

„Matrosen! Gelobt sei Gott und Ehre seinem Namen! Vor einer Stunde haben wir den Äquator überschritten. Ihr könnt stolz sein, als erste Europäer dieses Wagnis unternommen zu haben. Wir befinden uns schon auf der südlichen Erdhälfte. Alles steht zum besten. Dankt dem Herrn, der uns bisher beschützt hat, und bittet ihn, uns auch weiterhin beizustehen!"

Anfänglich hatten seine Zuhörer die Worte Amerigos nicht recht begriffen, doch bald wurden Hochrufe laut, und der letzte Satz seiner Ansprache ging in einem frenetischen Jubel unter.

Mit Mühe gelang es ihm, sich nochmals Gehör zu verschaffen, um ihnen in aller Kürze zu sagen, daß sie bald wieder ihren nunmehr wachsenden Schatten sehen werden.

Der Lärm und die Bewegung auf der *Estrella del Mar* war auf den anderen Karavellen nicht unbemerkt geblieben. Sie näherten sich dem Flaggschiff.

Die große, erfreuliche Nachricht verbreitete sich mit Windeseile.

Viele wollten sie nicht glauben. Sie hatten die gefürchtete *Linie* hinter sich gebracht, ohne auch nur das geringste zu bemerken? Der Kummer schlafloser Nächte sollte einem Nichts gegolten haben; sie schüttelten die Köpfe, und es brauchte längere Zeit, bis sie in die Freude ihrer Kameraden einstimmten.

Sie befanden sich nun auf der südlichen Erdhälfte, und der Himmel zeigte sich nach wie vor in strahlendem Blau; die Sonne hatte nichts von ihrem Glanz, leider auch nichts von ihrer Glut eingebüßt.

Die gute Stimmung wuchs. Unbeschreibliche Szenen spielten sich ab. Umarmungen, Küsse, Gelächter und — Tränen. Sie schrien und tanzten und balgten sich vor Vergnügen und vergaßen für eine kurze Weile alle Sorgen und Beschwerden.

„Es lebe der König!"

„Es lebe der Admiral!"

„Hoch der *piloto mayor*, der uns führt!"

Alonzo de Hojeda strahlte Wohlwollen aus:

„Hombre! Amigo! (Mensch! Freund!) Ich sagte es immer... alles nur Ammenmärchen... Kinderschreck... Der Äquator als gedachte Linie kann gar nicht gesehen werden."

Er hätte es am liebsten seinen Matrosen gleichgetan und in seiner großen Freude und Erleichterung den neben ihm stehenden Vespucci umarmt und geküßt.

Der Admiral war schon im Begriff, die Kommandobrücke zu verlassen, als er plötzlich unentschlossen stehenblieb und sich dann nochmals Amerigo näherte:

„Ich möchte... aus Neugier... aus Interesse... gerne... wissen... Ihr versteht!... Warum, zum Teufel, hatten wir eine Weile keinen Schatten?"

4. Kapitel

„NOVUS MUNDUS"

„Land! Land!"
Vom Auslug auf dem Hauptmast ertönte der erste Ruf, wurde aufgenommen von den Wachtposten und weitergegeben an die Posten der anderen Karavellen.

„Land! Land!"
Im Nu waren Masten und Rahen besetzt; wie die Katzen kletterten einige Matrosen bis zum Mastkorb, andere bis zur höchsten Spitze hinauf.

„Land! Land!"
Eine bläuliche Küste zeichnete sich am westlichen Himmel ab und verlor sich gegen Süden und gegen Norden am Horizont.

„Das sieht nicht nach einer Insel aus."
Fast wie aus einem Munde hatten es der Admiral und sein *piloto mayor* gesagt, die nebeneinander auf der Brücke standen.

„Festland", meinte Hojeda.
„Das wäre fast ein Wunder zu nennen – nach einer Überfahrt von nur 37 Tagen."

„Kolumbus brauchte siebzig Tage, um den Ozean zu überqueren."

„Wenn wir ehrlich sind, müssen wir gestehen, daß wir, abgesehen von einer großen Flaute, meist günstigen Wind hatten, während er unter starkem Gegenwind und auch unter Windstille zu leiden hatte. Ihr habt immer einen guten Kurs zu finden gewußt, Don Amerigo. Unsere rasche Überfahrt ist zum guten Teil Euer Verdienst", lobte der Steuermann, der neben den beiden stand.

Hojeda hatte dieses Lob zwar gehört, gab aber vor, es nicht begriffen zu haben und fragte:

„Vor uns liegt also Katai? Somit sind wir mehr als Kolumbus vom Schicksal begünstigt? Wenige Grade Richtungsunterschied haben uns geholfen, die gefürchtete Inselschranke zu umgehen."

Mit gerunzelter Stirn blickte Amerigo zu dem breiter werdenden Streifen Landes hinüber. Dann entschloß er sich zu einer Antwort:

„Die wenigen Grade, von denen Ihr sprecht, sind gar nicht so wenige. Kolumbus hielt einen Winkel von ungefähr dreizehn Grad, wir einen von 56 Grad und etwas darüber; das gibt einen Unterschied von mehr als vierzig Grad."

Sehr kritisch betrachtete er das Bild, das immer näherrückte.

„Ich bin nicht der Meinung, daß wir Katai schon erreicht haben."

Etwas gereizt fragte der Admiral:

„Und warum nicht?"

„Die Entfernung erscheint mir zu gering. Außerdem stimmt die ganze Umgebung nicht mit dem überein, was mir über Ostasien bekannt ist."

„Und was ist Euch bekannt?"

Der Ton grenzte an Beleidigung. Amerigo blieb ruhig, als er antwortete:

„Das Übliche. Lebhafter Schiffsverkehr. Große Hafenstädte. Dicht bevölkert. Intensiv bebautes Land. Reichtum, Gewerbefleiß, Hochkultur..."

Übellaunig stellte Hojeda fest, daß weit und breit kein Segel zu sehen war.

Nach mehrstündiger Fahrt war die Beschaffenheit der Küste gut auszunehmen: Wald... Wald... Wald...

Wo waren die erwarteten sicheren Häfen? Wo die Riesenstädte mit ihren goldenen Dächern?

Je mehr sich das Geschwader dem Lande näherte, je besser man es sah, desto begründeter schien die Meinung zu sein, daß man nicht Katai, sondern eine *costa brava*, eine „wilde" Küste vor sich hatte. Hier war der Mensch noch nicht am Werk gewesen. Einsamkeit lag über ihr. Die Menschen auf den Schiffen wurden still.

Die drei Karavellen zogen ihre Spur durch das seichte Wasser. Bald hatten sie einen Ankerplatz gefunden. Die Schaluppen wurden herabgelassen und steuerten dem Ufer zu, einer neuen Welt entgegen.

„Novus mundus", flüsterte Amerigo vor sich hin.

„Das irdische Paradies", nannten es die staunenden Spanier.

Es schien eine gesegnete Gegend zu sein: Blumenduft und Vogelsang, Waldesschatten und Quellenrauschen — ein romantischer Dichter könnte sie geschaffen haben. Wie im Traum gingen die Seeleute, die durch Wochen nur die quälende Eintönigkeit eines unbegrenzten Horizontes gekannt haben, durch diese Herrlichkeit. —

„Menschen!"

„Dort! Und dort drüben!"

Aufgeregt schrien alle durcheinander und zeigten bald in diese, bald in jene Richtung.

Menschen!... ein Zittern der Büsche... eine Bewegung... Schatten... Menschen der neuen Welt...

Hojeda, die Kapitäne und ein paar Matrosen gingen mit kühnen Schritten auf das Gebüsch zu, hinter dem sie ihre Beobachter vermuteten.

„Kommt hervor! Ihr braucht keine Angst zu haben. Wir sind Freunde. Kommt!" forderte sie Don Alonzo auf.

„Freunde! Freunde!" wiederholten alle und winkten aufmunternd.

Zurufe und Gesten erreichten ihren Zweck nicht. Im Gegenteil. Die nackten Gestalten hinter den Büschen verließen wohl ihre Verstecke, nicht aber um den Fremden entgegenzugehen, sondern um in überstürzter Eile ins Innere des Waldes zu flüchten.

Mit Bedauern sahen ihnen die Spanier nach.

„Diese Leute haben noch mehr Furcht vor uns als wir vor ihnen; und unsere ist schon recht groß", meinte Hojeda, der Erfahrung im Umgang mit Eingeborenen hatte — die nicht immer freundlicher Natur war.

Vespucci war der gleichen Ansicht und meinte:
„Wir müssen versuchen, mit Geduld und kleinen Geschenken ihr Zutrauen zu erwerben."
„Ja, das werden wir tun, Don Guespuches. Ich habe etwas von unseren Tauschartikeln mitnehmen lassen; das wollen wir hier zurücklassen."
Hojeda befahl, in der Nähe des Ufers, gut sichtbar, ein rotes Tuch aufzubreiten und kleine Spiegel, Messingglöckchen und Glasperlenschnüre daraufzulegen.
Der Köder glänzte und glitzerte in der Sonne; seiner Lockung würde die Neugierde dieser einfachen Menschen nicht widerstehen können.
Die Schaluppen stießen vom Ufer ab und kehrten zu ihren Schiffen zurück.

Die Eingeborenen hatten voll ehrfürchtigem Schrecken die Ankunft der Vogelungetüme mit den großen weißen Flügeln beobachtet und gesehen, daß sie Wesen, denen sie höhere Herkunft zuschrieben, zu ihnen geführt hatten. Als sich diese höheren Wesen dann näherten, hatte sie die Angst überwältigt, und sie waren geflohen, doch nicht allzu weit, um ihre unerwarteten Besucher im Auge behalten zu können. Voll Erstaunen bemerkten sie, daß diese sie nicht bedrohten, sondern ihnen freundlich gesinnt zu sein schienen. So verließen sie langsam das schützende Dunkel der Wälder und schlichen sich vorsichtig an das rote Tuch mit den glitzernden Dingen heran.
Zuerst griff eine rotbraune Hand behutsam nach einer der ausgebreiteten Herrlichkeiten; dann folgt zögernd eine zweite, eine dritte, bis es schließlich zu einer regelrechten, wenn auch harmlosen Balgerei um die Schätze der weißen Götter kam. Endlich hatte jeder, was er wollte, und war mit dem Errungenen zufrieden. Der Jubel schallte bis zu den Karavellen hinüber.
Dort beobachtete man eifrig die Vorgänge an Land. Als das Entzücken der Eingeborenen so lautstark herüberdrang, begannen die Matrosen zu winken und stimmten wieder den Ruf „Freunde!", „Freunde!" an.

Amerigo versuchte, diese Kundgebungen einer gutgemeinten Annäherung zu beenden.

„Die Eingeborenen könnten euch mißverstehen und euer Gebrüll nicht als Ausdruck eurer freundschaftlichen Gesinnung bewerten, sondern es für Kriegsgeschrei halten."

Das wollten die Matrosen nicht einsehen. Er schlug ihnen vor, das Rufen zu unterlassen und sich durch Gesten verständlich zu machen. Nun begann ein Spiel, an dem sich alle ergötzten. Mit weit ausholenden Gebärden und ausdrucksvollen Grimassen gaben die Seefahrer den Eingeborenen ihre guten Absichten zu verstehen. Dabei kam es zum tollsten Gesichterschneiden und zu den sonderbarsten Körperverrenkungen.

Allem Anschein nach waren die Zuschauer am Ufer von den gebotenen Darstellungen nicht nur stark gefesselt, sondern errieten auch bald ihren Sinn und Zweck. Heftig winkten sie zurück und forderten die Spanier durch unmißverständliche Gesten zum Kommen auf.

Diesem Wunsche wurde mit Begeisterung entsprochen. Rasch sprangen alle, die konnten und durften, in die Boote und ruderten an Land.

Erwartungsvoll, aber mit ehrfürchtiger Scheu blickten ihnen die Bewohner der neuen und unbekannten Welt entgegen. Wie teure Kostbarkeiten hielten sie die kleinen Geschenke der Weißen in Händen. So standen sie und schauten den Abgesandten der anderen, ihnen unbekannten Welt entgegen.

Der Admiral schritt an der Spitze des kleinen Zuges. Rasch und ungeduldig – wie es seine Art war – trat er auf sie zu und sagte zu Vespucci, der sich an seiner Seite befand:

„Fragt sie aus, Don Guespuches! Wir müssen unbedingt erfahren, ob wir uns hier in Katai befinden."

„In welcher Sprache soll ich meine Frage stellen?" meinte Amerigo mit scheinbarem Ernst.

Hojeda sah ihn verwirrt an, doch beantwortete sich der Fragende seine Frage selbst. Er schlug sich auf die Stirn:

„Daß mir das nicht gleich einfiel!"

Er wandte sich an den Admiral:

„Wir haben doch Pater Agostino Gomez an Bord. Er wurde

zu unserem Begleiter bestimmt, weil er jahrelang in Ostasien war und dort die Sprache Katais erlernte. Er hätte mit uns ans Ufer kommen müssen."

Hojeda machte eine unbestimmte Geste:

„Ich dachte daran, ihn mitzunehmen, und kam davon ab. Der Arme liegt mit der Seekrankheit im Bett; da wollte ich ihn nicht gefährden."

„Seekrank ist er? Dann heraus mit ihm! Die frische Luft wird ihn gesund machen!"

Man schickte sofort nach ihm.

Armer Pater Gomez! Für ihn war die siebenunddreißigtägige Überfahrt eine einzige Qual gewesen. Mit dieser unangenehmen Krankheit in einer kleinen Kabine eingeschlossen, hatte er die Zeit mehr tot als lebendig verbracht.

Jetzt teilten sie ihm mit, daß Asien erreicht sei. Diese Freudenbotschaft war die beste Medizin. Er raffte sich auf, kletterte an Deck und ließ sich willig an Land führen. Dort kniete er nieder, küßte die Erde und betete ein heißes Dankgebet.

Pater Gomez erhob sich.

Der Admiral, der schon ungeduldig an seinem Degengriff herumgefingert hatte, näherte sich ihm mit raschen Schritten:

„Ihr kennt die Sprache Katais. Sprecht mit den Leuten!"

Bereitwillig ging der Pater auf die Gruppe Eingeborener zu, blieb aber dann stehen und starrte sie an.

„Großer Gott!"

Er faltete die Hände und schloß die Augen, als könnte er das Geschaute nicht fassen.

Als er sie wieder öffnete, sagte er zu Hojeda – und noch immer lag das große Staunen in seiner Stimme:

„Wo sind wir? Das ist nicht Asien. Das sind keine Asiaten."

„Aber, ehrwürdiger Vater, es *sind* Asiaten. Was sollen sie anders sein?"

Er zählte ihm an den Fingern vor:

„Erstens sind es keine Europäer; darüber besteht kein Zweifel. Zweitens sind es auch keine Afrikaner; das weiß jeder, der einmal einen Neger gesehen hat. Daher müssen sie – drittens – Asiaten sein, denn mehr als drei Erdteile gibt es nicht."

„Und ich, Herr Admiral, ich kann schwören, daß es keine Menschen aus Katai, Malakka oder Indien sind; die würde ich mit Sicherheit erkennen. Was wir hier vor uns haben, das sind keine Asiaten. Das behaupte ich mit voller Überzeugung."

Der gute Pater suchte seine Erregung zu meistern und fuhr in belehrendem Tone fort:

„Asiaten aus dem Osten haben eine gelbliche Gesichtsfarbe, mandelförmige Schlitzaugen, straffes, glattes Haupt- und Barthaar und einen Wuchs mittlerer Größe. Nun seht Euch diese Menschen an! Das sind Rothäute mit runden Augen; sie sind bartlos, nackt und bloß, unkultiviert und unzivilisiert. Nein, Don Alonzo, das sind keine Bewohner Katais oder Indiens."

„Ich bitte Euch, versucht trotzdem, sie zu befragen. Es ist wichtig."

Die weiche einsilbige Sprache Katais rief keinen wie immer gearteten Widerhall hervor. Mit ihren dunklen Augen, deren Glanz an Lack denken ließ, sahen sie den auf sie einredenden Pater an und hörten ihm geduldig zu. Aus ihren verständnislosen Blicken war zu lesen, daß sie auch nicht ein Wort der ganzen Ansprache begriffen hatten.

Der Admiral drängte:

„Fragt sie doch, ob wir hier in Zipangu oder in Mangi sind; ob sie schon von Quinsai oder von Malakka sprechen hörten."

„Zipangu ... Mangi ... Quinsai ... Malakka ..."

Pater Gomez trat mit dem Fuß den Erdboden, wies mit dem Finger auf Berge, Wälder, breitete die Arme aus, als wolle er das Land umarmen und wiederholte viele Male die Namen:

„Zipangu ... Mangi ... Quinsai ... Malakka ..."

Die Eingeborenen blickten aus blanken Augen zu ihm hin und schüttelten die Köpfe; schließlich stießen sie einander an und begannen zu kichern. Trotz seiner Bemühungen erhielt der arme Pater keine andere Antwort.

Hojeda verlor die Geduld. Auch er fing zu gestikulieren an und unterstrich seine Gebärden durch lautes Reden, als nehme er an: je lauter, desto leichter würde er verstanden.

„Dieses Land ... hier ... dieses Land ... wie heißt es ... seinen Namen ..."

Er schrie bereits; so sehr hatte ihn der Eifer gepackt, sich verständlich zu machen.

War es die schöne Kleidung, war es die sonore Stimme — der Admiral hatte Erfolg. Die Erleuchtung kam.

„Parias! Parias!"*

Ein Eingeborener rief es; auch er fuchtelte mit den Armen in der Luft, stampfte mit den Füßen, verrenkte seinen Körper — kurz: er bemühte sich, das alles nachzumachen, was ihm die weißen Götter vorgemacht hatten. Bald war die ganze Gruppe in Bewegung geraten und vollführte die gewagtesten Sprünge, um damit auszudrücken, daß dieses Stück Erde Parias heiße.

Parias! Ein nie gehörter Name, doch ein Name! Vielleicht das Ende eines Fadens, der zum Ziel geleitete.

Der Admiral war auf seinen Erfolg unsagbar stolz. Dem armen Pater, auf dessen Stirn der Schweiß in hellen Tropfen stand, was teils der Hitze, zum Teil aber auch der Anstrengung des Befragens zuzuschreiben war, diesem Ärmsten befahl er:

„So fragt doch, ob sie dem Großkhan unterstehen!"

Ohne an den Erfolg seiner Bemühungen zu glauben, erkundigte er sich in langsamer und deutlicher Sprache nach Kublai Khan, von dem er wußte, daß er zwar schon seit zweihundert Jahren tot, aber noch immer eine der bekanntesten Herrscherpersönlichkeiten Katais war.

Als Antwort erhielt er wieder leere Blicke, Kopfschütteln, Kichern.

Unverdrossen wiederholte er:

„Kublai-Khan. Katai. Malakka...", und unterstützte jeden Ausspruch mit so schwungvollen Gesten, daß er endlich vor Müdigkeit kaum mehr stehen konnte.

Mitleidig schauten sie auf den geplagten Mann, von dem sie nicht wußten, was er von ihnen erwartete. Endlich glaubten sie, ihn verstanden zu haben. Mit gutmütig lächelnden Gesichtern wiederholten sie die eindrucksvollen Bewegungen des Paters und sangen im Chor:

„Kublai-Khan... Katai... Malakka..."

---

* Wahrscheinlich das heutige Cayenne.

Sie fingen an, in die Hände zu klatschen, die wilde Gestikulation wurde zum rhythmischen Tanz.

„Kublai-Khan ... Katai ... Malakka ..."

So lustig die Sache schien, den obersten weißen Göttern machte sie keinen Spaß.

Vespucci war sehr ernst, als er sagte:

„Ich bin überzeugt, daß Pater Gomez recht hat. Wir befinden uns hier nicht in Ostasien."

Hojeda schwieg. Ärger und Enttäuschung standen ihm ins Gesicht geschrieben. Das Schicksal hatte ihn persönlich beleidigt, da es ihn hierher brachte, statt ihn die reichen Küsten Katais finden zu lassen.

Amerigo sprach ihm gut zu:

„Ich kann nur wiederholen, daß wir hier ein unbekanntes Land, keinesfalls aber Ostasien angelaufen haben. Doch auch Kolumbus hat all das nicht gefunden, was es in Asien geben sollte: Häfen, Städte, Schiffsverkehr, eine hochentwickelte Kultur ... aber das wißt Ihr ja."

Er ärgerte sich über das halsstarrige Schweigen Hojedas und fragte ihn geradeheraus:

„Was gedenkt Ihr jetzt zu tun?"

„Wir werden die Küste entlang fahren, bis wir auf die Gegend stoßen, wo es das gibt, was wir suchen."

Mit unwilligem Achselzucken erkundigte sich Amerigo:

„Ihr glaubt, eine solche Gegend zu finden? Die Aussichten dafür sind nicht günstig. Wir befinden uns in jenen Breiten, in denen die Molukken und die Sundainseln liegen. Nichts deutet auf sie hin. Eine gewaltige Landmasse dürfte uns von ihnen trennen. Wir kennen wohl unsere geographische Lage nach Länge und Breite, nicht aber im Verhältnis zu Asien. Wir müssen uns also fragen: *Wo sind wir?*"

Keiner vermochte Antwort auf diese Frage zu geben, die alle verwirrte.

„Sollen wir nach Süden segeln, Don Alonzo? Seid Ihr noch immer der Meinung, in Asien zu sein?"

„Wo denn?"

„Das ist die Frage, die ich vorhin stellte. Es gibt nur eine

Antwort dafür: Wir wissen es nicht; ich glaube aber annehmen zu können, Neuland entdeckt zu haben."

Der Admiral lächelte ironisch:

„Ein neues Land! Das Land des Amerigo! Gebt ihm doch Euren Namen, Don Guespuches."

Es fehlte nicht viel, wäre der höfliche Italiener grob geworden.

„Benennt es, wie Ihr wollt; aber mich laßt aus dem Spiel. Hat doch nicht einmal Kolumbus den Inseln, die er entdeckte, seinen Namen gegeben."

Hojedas hatte eine scharfe Erwiderung auf der Zunge. Ein Streit lag in der Luft.

Amerigo wollte ihn vermeiden und sprach hastig weiter:

„Wir werden die Vorbereitungen zur Weiterfahrt treffen. Im übrigen sind wir nicht hergekommen, um unsere Tauschartikel an Wilde zu verteilen, sondern um den nächsten Weg nach Indien aufzufinden. Das wollen wir auch tun."

Das Mißtrauen Hojedas wurde wach:

„Warum so eilig, Don Guespuches?"

„Ich glaubte, Euren Wünschen entgegenzukommen."

„Danke, Ihr vergeßt, daß wir nicht nur neue Wege und neue Länder entdecken sollen, sondern daß wir nach dem Wunsche des Königs Gold, Perlen und Edelsteine heimzubringen haben. Es ist daher sehr wichtig, zuerst festzustellen, ob es diese wertvollen Dinge hier gibt und wenn ja, in welcher Menge sie vorhanden sind."

Während dieser Unterredung hatte eine Verbrüderung zwischen den Eingeborenen und den Spaniern stattgefunden, die zu den Anfängen eines Tauschhandels geführt hatte. Da erscholl das Kommando zum Einschiffen.

Die Karavellen blieben vor Anker liegen. Wer konnte, begab sich an Land, um nach Schätzen Ausschau zu halten.

Den Eingeborenen, die viel natürlichen Verstand und Scharfsinn zeigten, wurden Gold und Edelsteine vorgelegt. Durch bezeichnete Gesten wurden sie nach dem Vorkommen dieser Dinge befragt.

Gold? Jawohl, das kannten sie; das gab es in der Umgebung;

doch warum sich darum bemühen? Es taugte zu nichts. Verächtlich schoben sie es beiseite.

Als sie die Perlen sahen, leuchteten ihre Augen auf. Von denen gab es viele. Sie waren auf dem seichten Meeresgrunde reichlich vorhanden und als Schmuck gut verwendbar.

Später stellte es sich heraus, daß sich die Rothäute im Wasser wie die Fische bewegten. Sie vermochten zu tauchen und sich minutenlang unter der Oberfläche zu halten. Kamen sie dann wieder herauf, so brachten sie eine Menge ausgewählter Muscheln mit, die sie mit freundlichem Lächeln den Fremdlingen anboten.

Die Perlen waren nicht groß und auch nicht vollkommen in Farbe und Form, aber es waren immerhin Perlen. Hojeda und Vespucci freuten sich über ihren Erwerb, wenn sie sich auch sagten, daß sie damit König Ferdinand keineswegs zufriedenstellen könnten.

Wie weit waren ein paar Handvoll unvollkommener Perlen von den fabelhaften Reichtümern des Fernen Ostens entfernt!

Amerigo drängte zum Aufbruch.

„Es muß uns gelingen, diese Barriere, die Asien vorgelagert ist, zu umschiffen!"

Das hochmütige Gesicht des Spaniers lief rot an.

„Ich weiß von keiner Barriere..."

„Glaubt mir doch, Don Alonzo! Ich kann nur wiederholen: Wir befinden uns hier nicht auf asiatischem Gebiet."

Sie segelten weiter. Sie folgten der niedrigen Küste, die üppigen Pflanzenwuchs aufwies.

Es war an einem schönen Sommerabend.

Plötzlich kam Unruhe unter der Mannschaft auf. Es bildeten sich Gruppen, es kam zu erregten Gesprächen. Einige Matrosen erschienen auf der Kommandobrücke, was ihnen untersagt war. Sie meldeten aufgeregt:

„Die Schiffe machen keine Fahrt mehr."

„Wir kommen nicht vom Fleck."

„Es geht nicht vorwärts."

Es verhielt sich so, wie sie sagten. Die Segel blähten sich im

Winde, trotzdem rührten sich die Karavellen nicht von der Stelle.

Auf Deck herrschte ein großes Durcheinander. Jeder brachte lautstark seine Meinung vor und beachtete nicht, was die anderen sagten.

„Wir sind in einen Algenwald geraten, aus dem wir nicht herausfinden."

„Sprich nicht so dumm! Wir sitzen auf einer Sandbank auf."

Ein Schiffsjunge kam keuchend dahergelaufen:

„Ein Riesenkrake hält uns in seinen Fangarmen; ich sah einen dieser Arme."

Amerigo bewahrte seinen kühlen Kopf und befahl mit klarer Stimme:

„Laßt das Senkblei hinab!"

Das Senkblei sank ... zehn Ellen ... zwanzig Ellen ... dreißig, vierzig ... hundert Ellen und mehr; noch immer war der Meeresboden nicht erreicht.

Keine Algen, keine Sandbank, und zur Erleichterung des Schiffsjungen auch kein Krake.

„Werft das Log aus!" ließ sich Vespucci wieder vernehmen. Durch seine Ruhe und die Sicherheit seiner Befehle verhinderte er die Panik, die auszubrechen drohte.

Der Geschwindigkeitsmesser zeigte keine meßbare Fahrt an. Die Wellen schäumten am Bug, als befände sich das Schiff in voller Fahrt.

Da wurde auch dem *piloto mayor* nicht wohl zumute.

„Wir sind in eine starke Meeresströmung geraten."*

Die Erregung wuchs:

„Wir sind am Rande der Welt angelangt!"

„Es wird uns in den Abgrund ziehen!"

Da war Heulen und Zähneknirschen.

„Ruhe!" brüllte Vespucci, dessen Nerven zum äußersten gespannt waren.

„Ruhe! Hört auf mit dem Unsinn! Wir befinden uns in einer starken Gegenströmung des Meeres, die uns vom Abgrund zu-

---

* Es war der sogenannte Strom von Guayana.

rückhielte, wenn es einen gäbe. Eure Angst ist sinnlos. Geht wieder an eure Arbeit!"

Hojeda bebte vor Wut:

„Wegen einer Meeresströmung umzukehren und alle günstigen Aussichten aufzugeben — nein! Da spiele ich nicht mit. Wir müssen die Weiterfahrt erzwingen."

Er gab seine Anordnungen.

Die Takelung wurde verstärkt; auch das letzte Ersatzsegel wurde gesetzt.

Ohne Erfolg.

Nach sechs Stunden vergeblichen Bemühens gab der Admiral die Weisung, das Steuer herumzulegen.

„Kurs nach Norden!"

Amerigo biß die Zähne zusammen und schwieg.

Jetzt, da sein Wunsch endlich in Erfüllung zu gehen schien, mußte er verzichten. Er, der das Ziel so klar vor sich sah, konnte es nicht erreichen. War er wie Kolumbus an dieser Schranke, die Europa von Asien trennte, gescheitert?

Er sprang auf und begann auf der Kommandobrücke wie ein gefangenes Tier hin und her zu laufen. Er wollte weinen und wollte fluchen, er wollte schreien, alles kurz und klein schlagen, er wollte zerstören . . . wie sein Lebenstraum zerstört wurde.

Vor den König mußte er mit leeren Händen treten und eingestehen, daß seiner Mission der Erfolg versagt war. Wie Kolumbus konnte er nur ein Paar Unzen Gold, ein Paar Handvoll Perlen und ein Dutzend rothäutiger, „minderwertiger" Sklaven vorweisen. Auch er mußte die eigenhändigen Briefe an den Groß-Khan dem König zurückgeben und bekennen:

„Ich habe den Hauptzweck meiner großen Fahrt verfehlt, Majestät.

Ich habe neue Länder entdeckt, vielleicht sogar eine neue Welt; doch ist es eine Wildnis ohne goldene Dächer, ohne Schätze und Reichtümer; es ist ein Paradies — und trägt keine Zinsen."

Der König wird mich spöttisch ansehen und mir seine Gunst entziehen. Meine Verdienste wird er nicht anerkennen.

Wie Kolumbus habe ich den Ozean überquert, doch vor einer Meeresströmung mußte ich zurückweichen. Die Schuld lag nicht an mir. Soll es mir nicht vergönnt sein, nach Indien zu gelangen, wie ich es schon bei Toscanelli träumte?

Das Geschwader segelte nach Norden. Amerigo zeigte sich möglichst wenig auf der Brücke. Alle Fasern seines Herzens zogen ihn zurück gegen Süden, wo er die Durchfahrt nach Asien zu finden gehofft hatte. Wo war sie? Wer wird sie als erster durchschiffen?

5. Kapitel

EINE SCHLACHT WIRD GESCHLAGEN

Geräuschlos näherte sich Hojeda dem in so unangenehme Gedanken versunkenen Amerigo. Auch der Admiral fühlte sich bedrückt, obwohl er es nicht wahrhaben wollte. Sein Stolz hinderte ihn daran, sich das Scheitern seiner Mission einzugestehen.

„Warum so nachdenklich, Don Guespuches? Glaubt Ihr nicht, daß wir auch weiter nördlich eine Durchfahrt nach Indien auffinden können?"

„Nein, Don Alonzo, das halte ich nicht für möglich", erwiderte niedergeschlagen der Florentiner. „Die Route, die wir eingeschlagen haben, führt uns unglücklicherweise in Gegenden, die vor uns schon befahren wurden. Wie Ihr wißt, gelangen wir zu den Inseln, die durch Kolumbus bekannt wurden."

Dann aber brach es aus ihm heraus:

„Glaubt mir doch, Admiral! Nur im Süden haben wir Aussicht, ans Ziel zu gelangen."

„Wir haben es doch eben erlebt, daß uns dieser Weg versperrt ist."

„Wir können diesem Hindernis ausweichen, indem wir einen Kurs wählen, der uns zuerst gegen Osten, später aber nach Südwesten führt. Ich habe bereits mit den nötigen Berechnungen und Messungen begonnen."

Stirnrunzelnd hörte ihm Hojeda zu. Amerigo ließ sich nicht beirren:

„Ich bin der Meinung, daß wir die Strömung, die uns zur Umkehr zwang, hätten umschiffen können, weil sie sich wahrscheinlich nur in der Nähe der Küste in voller Stärke auswirkt."

Die Beharrlichkeit seines *piloto mayor* ärgerte den Admiral. Er machte seine Autorität geltend und sagte abschließend:

„Es bleibt dabei: Wir halten einen nördlichen Kurs ein, Don Guespuches! Auf Wunsch des Königs habe ich Euch bisher zugebilligt, nach Euren Plänen vorzugehen. Sie ließen sich nicht verwirklichen; der Erfolg blieb aus. Von nun an werde ich nach meiner eigenen Ansicht handeln und hoffe, daß mir mehr Glück als Euch beschieden ist."

Im Morgengrauen des dritten Tages nach der Kursänderung entdeckten die Seefahrer eine große Insel*; sie lag ungefähr dreißig Meilen von der Küste entfernt. Beim Näherkommen gewahrten sie äußerst hohe und mächtige Bäume und zu ihrem Erstaunen auch menschliche Ansiedlungen, deren Hütten auf Pfählen errichtet waren.

Bei diesem Anblick riefen die Matrosen einander scherzend zu: „Das ist ja ein kleines Venedig!" und nannten es Klein-Venedig (spanisch *Venezuela;* nicht zu verwechseln mit dem heutigen Staat gleichen Namens).

Sie bemerkten auch, daß sich eine Gruppe von Rothäuten auf dem Strand versammelt hatte, die ständig zunahm. Schweigend sahen sie zu den herankommenden Karavellen hinüber.

Zum Unterschied von den Eingeborenen, die sie bisher kennengelernt hatten, zeigten diese weder Furcht noch Freude über die Ankunft der Schiffe.

Sie standen und schauten und — schwiegen. Dieses ungewohnte Schweigen verriet weder Schüchternheit noch Herausforderung; doch wirkte es bedrückend.

Hojeda betrachtete von der Brücke aus die Lage und sagte nach kurzem Überlegen:

„Bereitet die Bombarden vor und legt einige Büchsen in die Schaluppen. Die Leute gefallen mir nicht."

Die Landungsboote näherten sich langsam dem Ufer. Die Menge wuchs stetig an und war kaum mehr zu überblicken.

Eine Mauer von Feindseligkeit erwartete die Seefahrer. Das anhaltende Schweigen war ungewohnt und verhieß nichts Gutes.

---

* In der Gegend des heutigen Veracruz.

Amerigo hatte den Befehl über eine der drei Schaluppen übernommen. Er machte sich Sorgen:

„Heute wird es kein Vergnügen sein, die Bekanntschaft der Eingeborenen zu machen", murmelte er vor sich hin.

Er wandte sich seinen Leuten zu:

„Verhaltet euch ruhig und reizt die Rothäute nicht. Ihr dürft auf keinen Fall ohne meinen ausdrücklichen Befehl schießen."

Er hatte kaum den Satz vollendet, als eine Wolke von leichten Wurfspießen gegen die Boote flog. Viele davon fielen ins Wasser, manche fuhren sausend über die Köpfe der Bootsinsassen, einige blieben im Holz der Schiffsplanken stecken, aber ein paar trafen ihr Ziel. Zwei, drei Schmerzensrufe und etliche saftige Flüche zeigten an, daß es Verletzte gab. Die Betroffenen zogen die scharfen Spitzen sofort aus den leichten Wunden, was recht weh tat und die allgemeine Stimmung nicht gerade besserte. Man dürstete nach Rache.

„Nicht schießen! Nicht schießen!" schrie Vespucci. „Wir sind in der Minderzahl. Wir wollen friedlich verhandeln!"

Zum Zeichen ihrer friedlichen Absichten schwenkten die Spanier weiße Tücher. Einige Matrosen erhoben sich von ihren Plätzen, breiteten die Arme aus und riefen:

„Freunde! Freunde!"

Als Antwort kam eine zweite Wolke von Wurfspießen und Bambuspfeilen. Bei diesem Angriff erwischte es drei Männer.

Die Geduld Hojedas war zu Ende.

„Feuer!"

Ein Matrose in der Admiralsschaluppe hielt schon die brennende Lunte bereit. Jetzt führte er sie ans Zündloch. Mit Schrecken verbreitendem Lärm fuhr die Kugel aus der Büchse und stieß in die dichte Menge am Ufer.

Ein entsetztes Aufheulen folgte.

Im nächsten Augenblick war der Strand leer. Die Rothäute waren verschwunden und hatten ihre Verwundeten mit sich geschleppt.

Während der nächsten Stunden warteten die Spanier in ihren Booten, daß etwas geschah. Mit der Zeit begannen sie zu rufen, um die Eingeborenen näher heran zu locken. Einige verließen die

Boote, breiteten Tücher aus, auf die sie als Köder die mitgebrachten Spiegel und Glöckchen legten. Doch die Rothäute blieben in sicherer Entfernung und beobachteten aus der Ferne das Tun der Fremdlinge. Von Zeit zu Zeit stießen sie kleine Schreie aus, die dem Krähen der Hähne nicht unähnlich waren, doch blieb es beim Schreien; Taten folgten ihnen nicht.

Die Spanier fühlten sich gefoppt und wurden ungeduldig:

„Wenn sie nicht zu uns kommen, so werden wir zu ihnen gehen."

Einige, die sich durch den unfreundlichen Empfang noch immer in ihrer Ehre gekränkt fühlten, schlugen kurzerhand vor:

„Zünden wir das Dorf an und plündern wir die Hütten. Dann werden sie sehen, mit wem sie es zu tun haben."

Amerigo wollte davon nichts wissen und mahnte zur Einsicht:

„Wir dürfen unsere Stärke nicht mißbrauchen! Bedenkt, daß wir in den Augen der Eingeborenen Eindringlinge sind. Sie sollen begreifen, daß wir ihnen gut gesinnt sind; versuchen wir es auf friedlichem Weg!"

Voll Zweifel sahen ihn seine Zuhörer an; einige lachten höhnisch auf. Er ließ nicht locker und fuhr beschwichtigend fort:

„Habt Geduld und reizt sie nicht! Wenn es aber doch zum Kampf kommen sollte, dann werden wir unsere überlegenen Waffen in einer Weise einsetzen, daß unnötiges Blutvergießen vermieden wird."

Sie warteten und ließen die Hütten nicht aus den Augen.

Auf den ersten Blick schien das Pfahldorf verlassen. Lange Zeit war keine Menschenseele zu sehen. Später lugte bald aus der einen, bald aus einer anderen Hütte der Kopf einer alten Frau oder eines Kindes hervor, der aber sofort wieder verschwand.

Das gegenseitige Bespitzeln dauerte nun schon ein paar Stunden. Die Sonne stand tief. Endlich gab der Admiral den Befehl zum Aufbruch:

„Sonnenuntergang — Zeit, auf unsere Schiffe zurückzukehren. Morgen kommen wir wieder. Wir brauchen frisches Fleisch und Trinkwasser. Geben sie es uns freiwillig, ist's gut, sonst müßten wir es uns mit Gewalt holen, was ich vermeiden will."

Beifälliges Gemurmel von allen Seiten.

„Merkt euch: Wenn diese Menschen zu einem friedlichen Handel bereit sind, werden wir ihnen freundlich entgegenkommen. Greifen sie uns an, werden wir zu kämpfen wissen"; er schlug mit der Hand auf seinen Degengriff und sah entschlossen drein.

Am nächsten Morgen schien sich die Lage ganz verändert zu haben.

An Stelle einer feindselig schweigenden Menschenmauer gab es eine lachende und tanzende Menge, die zu den Karavellen hinüberwinkte.

Was hatte diesen Umschwung bewirkt?

Mit Blumen, Palmwedeln und ausdrucksvollen Gesten wurden die Spanier aufgefordert, an Land zu kommen.

Der Admiral berief seine Kapitäne zu einer kurzen Beratung auf die *Estrella del Mar*. Man kam zu dem Entschluß, der Aufforderung Folge zu leisten.

„Wir werden gehen, aber wir werden äußerste Vorsicht walten lassen und uns auf kein Wagnis einlassen. Hinter dem fröhlichen Gehaben der Eingeborenen steckt vielleicht eine Hinterlist."

Alle pflichteten dem Admiral bei:

„Wir kommen als Freunde – bewaffnen uns aber!"

Unerwartet meldete sich Giovanni, der Neffe Amerigos:

„Wäre es nicht gut, die Rüstungen anzulegen?"

„Ein guter Einfall! Hätten wir sie gestern getragen, wäre niemand verletzt worden."

Auf Befehl Hojedas wurden Panzerhemden und Helme an die Mannschaften ausgegeben, während die Offiziere ihre Rüstungen anlegten.

Die jungen Matrosen brannten vor Kampfeseifer:

„Wir werden es ihnen zeigen, diesen Wilden! Sie sollen nur kommen; dann werden sie mit blutigen Köpfen abziehen."

Bei den älteren Matrosen gab es bedenkliches Kopfschütteln.

„Hoffentlich kommt es zu keinem Kampf. Sie sind uns zahlenmäßig zu stark überlegen. Wir sind kaum fünfzig Mann und stehen einer zehnfachen Übermacht gegenüber", meinte ein Maat.

Er wurde überschrien.

„Die Überlegenheit unserer Waffen, die zählt nichts? Sollten wirklich fünfzig Schwerbewaffnete einer Horde Wilder nicht Herr werden?"

Diese Meinung teilten die meisten. Man traf die letzten Vorbereitungen. Vom Ufer ertönte es jetzt:

„Freunde! Freunde!"

Der gestern so oft gehörte Ruf wurde heute von den Eingeborenen mit wahrem Eifer angestimmt und unzählige Male wiederholt.

„Sie scheinen sich ja sehr geändert zu haben", meinte Hojeda; „sollten das unsere Büchsen bewirkt haben?"

„Allem Anschein nach, ja!" erwiderte Vespucci. „Das wäre sehr begrüßenswert; doch ist bekanntlich die Vorsicht die Mutter der Weisheit. Bleiben wir daher auch weiterhin auf der Hut."

Unter derben Späßen besetzten die Matrosen die Boote. Auch Amerigo stand im Begriff, in seine Schaluppe zu steigen, besann sich aber im letzten Augenblick, um dem Admiral den Vortritt zu lassen. Dieser wehrte ab:

„Ich bleibe an Bord."

„Ihr kommt nicht mit?" fragte Vespucci erstaunt.

„Nein."

„Ihr bleibt zurück?" Diesmal hatte die Frage einen unverkennbar ironischen Beigeschmack.

Gereizt erwiderte der Hidalgo:

„Selbstverständlich! Sollte es zu einem Zusammenstoß mit den Eingeborenen kommen, darf ich als Kommandant die Übersicht über die Vorgänge nicht verlieren. Dazu ist mein Platz auf der Brücke am besten geeignet. Vielleicht auch wird es sich als notwendig erweisen, Verstärkungen zu entsenden oder die Bordgeschütze einzusetzen. Wir müssen alle Möglichkeiten in Betracht ziehen. Dieses Gefecht müßte sich dann unter meiner Führung entwickeln. Oder", meinte er mit einem hochmütigen Lächeln, „kennt Ihr uns Spanier so wenig, daß Ihr annehmen könntet, ich handelte aus — Feigheit?"

Mit übertriebenem Eifer beteuerte Amerigo, daß ihm das niemals in den Sinn gekommen wäre.

„Also geht mit Gott! Es braucht sich niemand zu fürchten; ich wache über euch!"

Es kam alles ganz anders, als vorauszusehen war.
Das Rufen und Winken vom Ufer her nahm immer komischere Formen an.
Eine Schar von blumenbekränzten jungen Mädchen lief den Schaluppen entgegen und empfing die Matrosen des ersten Bootes, das unter der Führung Vespuccis stand, mit kleinen, schrillen Freudenschreien.
Beim Aussteigen überreichten sie ihnen Früchte und schmückten sie mit berauschend duftenden Blüten. Die Männer vergaßen bei der Annäherung dieser roten Sirenen alle erhaltenen Anweisungen und ließen sich willig von ihnen an Land ziehen.
Sonderbare Geschichte! Die Männer beteiligten sich nicht an diesem Empfang, sondern hielten sich abseits und vollführten ganz eigentümliche, tanzartige Bewegungen. Der Ankunft der Fremdlinge schienen sie keine Beachtung zu schenken.
Kopfschüttelnd betrachtete Amerigo das ungewöhnliche Schauspiel. Er war als letzter ausgestiegen und sagte zu seinem Steuermann, der neben ihm stand und nicht wußte, was er von all dem halten sollte:
„Dieser Hokuspokus kann mich nicht überzeugen. Da steckt etwas dahinter. Warum haben sie uns die Frauen entgegengeschickt?"
Drei andere Schaluppen näherten sich langsam dem Strand, als sich das Bild mit einem Schlage veränderte:
Wie von Furien gehetzt, kletterten plötzlich aus einigen Hütten ein paar alte Weiber heraus. Ihre Gesichter waren gräßlich verzerrt. Sie rauften sich die Haare, kreischten laut und schienen von wildester Verzweiflung gepackt zu sein. Es waren die Mütter der Gefallenen des vergangenen Tages.
Das war das Signal für den Angriff.
Den Weibern antwortete das Aufheulen des ganzen Stammes.
Mit großen Sprüngen eilten die Männer zu den Kanus. Sie stießen vom Ufer ab und ruderten mit ungeahnter Schnelligkeit auf die Schaluppen zu.
Andere Rothäute warfen sich ins Wasser und trachteten schwimmend ihr Ziel zu erreichen. Bald waren die Schaluppen von den Rothäuten umzingelt.

Verzweifelte Stimmen wurden laut:
„Verrat! Verrat! Sie führen Waffen."
Tatsächlich! Jeder der Schwimmer bewegte nur einen Arm, während der andere, durch den eigenen Körper gedeckt, eine kurze Lanze hielt.
„Ins Boot! Ins Boot!" befahl Amerigo, als er die Lage erfaßt hatte.
Die Matrosen am Ufer suchten sich von den Armen der Mädchen zu befreien. Das war nicht ganz leicht, weil sich die jungen Weiber fest an sie schmiegten. Kurz entschlossen schleppten vier der Spanier ihre „anhänglichen" Begleiterinnen mit sich ins Boot. Sie waren willkommene Geiseln.
Die Schaluppe glitt ins Wasser und sah sich sofort von einer Unzahl bewaffneter Schwimmer umringt. In der allgemeinen Verwirrung gelang es den Mädchen, sich zu befreien. Sie schnellten sich ins Wasser und brachten sich mit einigen kräftigen Schwimmstößen in Sicherheit.
Der Kampf begann.
Ein Pfeilhagel vom Ufer her leitete ihn ein.
Rote Körper tauchten aus den Wellen auf und schleuderten ihre Lanzen auf die Spanier; doch diesmal trafen sie keine ungeschützten Leiber. Die Bambuswaffen glitten an den Rüstungen ab, zersplitterten daran oder blieben in den Kettenhemden stecken, ohne Schaden anzurichten. Es gab keine Verletzten bei diesem ersten Angriff.
„Rudert, was ihr könnt! Fahrt mit aller Kraft auf sie los!"
Durchdringend schallte der Befehl Vespuccis über die Köpfe von Angreifern und Verteidigern.
Die Schaluppen waren im Vergleich zu den Kanus der Eingeborenen wahre Schlachtschiffe. Sie hielten auf das Geschwader zu und fuhren nieder, was sich ihnen in den Weg stellte. Die Schwimmer versuchten, sich an Bord zu schwingen und erfuhren dabei, wie böse Waffen aus Stahl und Eisen verwunden können.
Der Angriff zu Wasser war abgewehrt; der Regen der Geschosse vom Ufer her dauerte an. Steine, Erdbrocken und Holzknüppel flogen durch die Luft und trafen die ungeschützten Gesichter und Hände der Ruderer.

Jetzt hielt der Admiral den Zeitpunkt für gekommen, seine Leute zu unterstützen. Er hatte von Bord der *Estrella del Mar* die Vorgänge aufmerksam verfolgt und gab nun der Artillerie den Schießbefehl.

Wie am Vortag wurde der Schauplatz in Blitzesschnelle geräumt.

Im Nu lagen das Meer und der Strand verlassen da. Nach dem lauten Kampfgetümmel herrschte unheimliche Ruhe; unheimlich, weil jeder wußte, daß in den Hütten und im Wald versteckt, der Feind lauerte.

An Bord wurde beraten.

Die Matrosen schäumten vor Wut, daß sie den roten Sirenen ins Garn gegangen waren, und schwuren blutige Rache.

„Wir müssen dieser heimtückischen Bande den Herrn zeigen. Für jede Beule, die wir davongetragen haben, müssen sie gezüchtigt werden. Sie sollen erfahren, daß wir uns nichts bieten lassen."

Während die Matrosen darauf brannten, ihren Rachedurst zu befriedigen, berieten die Offiziere unter dem Vorsitz Hojedas, ob man eine Strafexpedition unternehmen solle. Endlich wurde beschlossen, an Land zu gehen.

Die Mannschaft jeder Schaluppe sollte einen Zug bilden; man wollte geschlossen vorgehen.

Das tückische Verhalten der Eingeborenen müsse bestraft und ihnen eine tüchtige Lektion erteilt werden, damit künftige Seefahrer nicht die gleichen trüben Erfahrungen mit ihnen machten.

Wieder verließen vier vollbesetzte Schaluppen die Karavellen. Sie gelangten unbehindert ans Ufer. Unbehelligt blieben sie auch, als sie sich formierten und kampfbereit am Strand Aufstellung nahmen.

Vespucci hätte gern den Kampf vermieden und versuchte es mit den gleichen Mitteln, die schon häufig Erfolg brachten. Tücher wurden ausgebreitet und kleine Geschenke darauf gelegt. Trotzdem blieben die Spanier in Verteidigungsstellung.

Die Matrosen murrten, als Vepucci vortrat und „Freunde! Freunde!" zu den Hütten hinaufrief. Sie wollten kämpfen und von friedlichen Verhandlungen nichts wissen.

Ein wüstes Geheul, das in den Kriegsruf des Stammes überging, war die Antwort auf den Annäherungsruf Amerigos.

Mit schwerem Herzen gab er den Befehl zum Angriff.

In vier Zügen gingen die Spanier gegen die Hütten und den Wald vor.

Mit Erstaunen nahmen die Rothäute wahr, daß die Fremdlinge ihre Waffen nicht gebrauchten. Die Eingeborenen waren sich ihrer Gewandtheit und ihrer Schnelligkeit bewußt und zählten auf ihre Übermacht. Sie meinten, leichtes Spiel mit dieser Handvoll Leute zu haben, und bereiteten sich auf den Nahkampf vor.

Mit lautem Gebrüll stürzten sie sich auf die Spanier, die rasch wieder ihre Verteidigungsstellung einnahmen und den Ansturm auffingen.

Es begann ein Kampf, wie ihn die homerischen Helden austrugen. Zehn, zwanzig und mehr Feinde mußten von jedem einzelnen Verteidiger abgewehrt werden.

Vespucci, der das Kommando führte, hatte seinen Leuten den Befehl erteilt, vorerst nicht zu schießen:

„Sie sollen auch im Nahkampf unsere Überlegenheit erfahren."

Ein Schlachten war's, nicht eine Schlacht zu nennen.

Unter den Schwerthieben zersplitterten wie Glas die Spieße und Lanzen aus Bambus.

Die ungeschützten Leiber der Rothäute boten den scharfen Schneiden keinerlei Widerstand; sie trugen unheilbare Wunden davon oder fielen leblos zu Boden.

Die vier Züge der Spanier schlossen sich in Keilform zusammen, drangen in die ungeordnete Masse der „Wilden" ein und machten nieder, was sie antrafen. Breite Gassen wurden geschlagen, an deren Rändern sich die blutigen Leichen häuften. Doch immer neue Rothäute drangen vor, ersetzten die Gefallenen und — teilten bald ihr Schicksal.

Mit erbittertem Starrsinn beharrten sie in diesem unsinnigen Tun. Endlich wurden sie sich der Vergeblichkeit ihres Kampfes bewußt.

Plötzlich erfaßte sie panisches Entsetzen. Wie gelähmt standen sie und ließen sich niedermetzeln.

Bis die Lähmung wich...

Kopflos flüchteten sie in die Hütten und in die Wälder, woher sie gekommen waren.

Sie hatten gegen ein Häuflein Menschen kämpfen wollen und sich weißen Göttern gegenüber gesehen, die mit scheinbar überirdischen Mitteln gegen sie vorgingen.

Zwei Stunden hatte der ungleiche Kampf gedauert; ungleich in den Augen der Spanier, die sich einer vielfachen Übermacht gegenüber gesehen hatten; ungleich aber auch für die Rothäute, die den überlegenen Waffen der Weißen nur ihren Kampfesmut und ihre körperliche Gewandtheit entgegenzustellen hatten.

Dazu kam, daß in diesem Ringen nicht die Wilden der gefährlichste Feind der Weißen gewesen waren, sondern die tropische Hitze, die im Verein mit den schweren Rüstungen eine lähmende Müdigkeit verursachte. Hätten nicht alle gewußt, daß ihr Leben von ihrer Widerstandskraft abhing, daß jedes Nachgeben den Tod bedeutete, sie hätten ihre Waffen weggeworfen und wären geflohen.

Wehe, wenn sie es getan hätten! Wenn der abwehrende Arm erschlafft, der schmerzende Kopf sich gesenkt hätte — sie wären überwältigt und in Stücke gerissen worden. Sie mußten durchhalten und haben durchgehalten.

Von den Spaniern waren zwölf an den Beinen verwundet worden und einem hatte ein Pfeil die Kehle durchbohrt; doch hoffte man, ihn am Leben erhalten zu können.

Hunderte von Eingeborenen hatten ihre Unkenntnis moderner Waffen und Kampfesweisen mit dem Leben bezahlt.

Der Kampf war beendet.

Vespucci wollte zu den Schiffen zurückkehren. Seine durch den langen und heftigen Widerstand aufs äußerste erbitterten Leute widersetzten sich seinen Anordnungen.

Sie wollten ihre Rache haben.

Die Hütten sollten zerstört, das Dorf sollte verbrannt, die Rothäute sollten ihrer Zuflucht beraubt werden.

Vergeblich versuchte Amerigo, die gereizten und übermüdeten Matrosen zur Einsicht zu bringen.

„Das Dorf muß brennen!"

Im Wald verborgen sahen die Eingeborenen zu, wie ihre Heimstätten in Flammen aufgingen und brachen in ein nicht endenwollendes Wut- und Schmerzensgeheul aus. Das brachte die Rächer zur Besinnung; sie hatten Vergeltung geübt und zogen befriedigt ab. Dabei stießen sie auf eine Gruppe Rothäute, die, leicht verwundet, sich nicht tief genug in den Wald zurückgezogen hatte, und nahmen sie gefangen. Mit kindischer Freude führten sie die Unglücklichen im Triumph zu den Schaluppen.

Vespucci sah dem Treiben machtlos zu. Nach Kriegsrecht konnten gefangene Ungläubige als Sklaven in Besitz genommen und vom Sieger verschleppt werden.

Obwohl auch der Admiral Mitleid mit den armen Teufeln hatte, legte er doch Wert darauf, Sklaven nach Spanien zu bringen. Er konnte bisher nur wenig von den geforderten Schätzen aufweisen. Was würde der König sagen, käme er mit leeren Händen?

6. Kapitel

DIE INSEL DER RIESEN

Aufrecht stand Amerigo am Bug seines Schiffes und starrte zur fernen Küste hinüber. Endlos dehnte sie sich zu seiner Linken aus und verlor sich schließlich am Horizont. Er dachte laut:

„Nein, das kann keine Insel sein! Das ist Land, Festland; ist es aber tatsächlich ein Teil Asiens, wie es alle wahrhaben wollen?"

Das Land, dessen Flanke sie schon tagelang entlang fuhren, konnte keine Insel sein. Breite Ströme, die ihre Wassermengen nur in weiten Gebieten sammeln konnten, ergossen sich ins Meer. Flüsse, deren starkes Gefälle auf ihren Ursprung in hohen Bergen hinwies, wurden beobachtet. Auch diese fernen hohen Gebirgsketten wurden gesichtet.

Asien? Vespucci sträubte sich mit aller Kraft gegen diese Annahme. Nichts stimmte mit den Beschreibungen der älteren und neueren Asienreisenden überein; weder die Beschaffenheit des Landes noch dessen Pflanzen- und Tierwelt; weder die Menschen noch ihre Sprache und ihre Beschäftigungen.

Gab er diesen und ähnlichen Gedanken Ausdruck, erhielt er regelmäßig die ironische Antwort:

„Wenn Ihr sagt, es wäre nicht Asien, dann sagt uns doch auch, was es wirklich ist."

So befand sich Amerigo in einer recht schwierigen Lage; er stand mit seiner Ansicht allein — er, der unbekannte Steuermann, gegen die Gelehrten und Entdecker aller Zeiten. Er war bereit, sich ihrer Autorität zu unterwerfen, so lange ihre Aussagen nicht den Tatsachen widersprachen — und das taten sie.

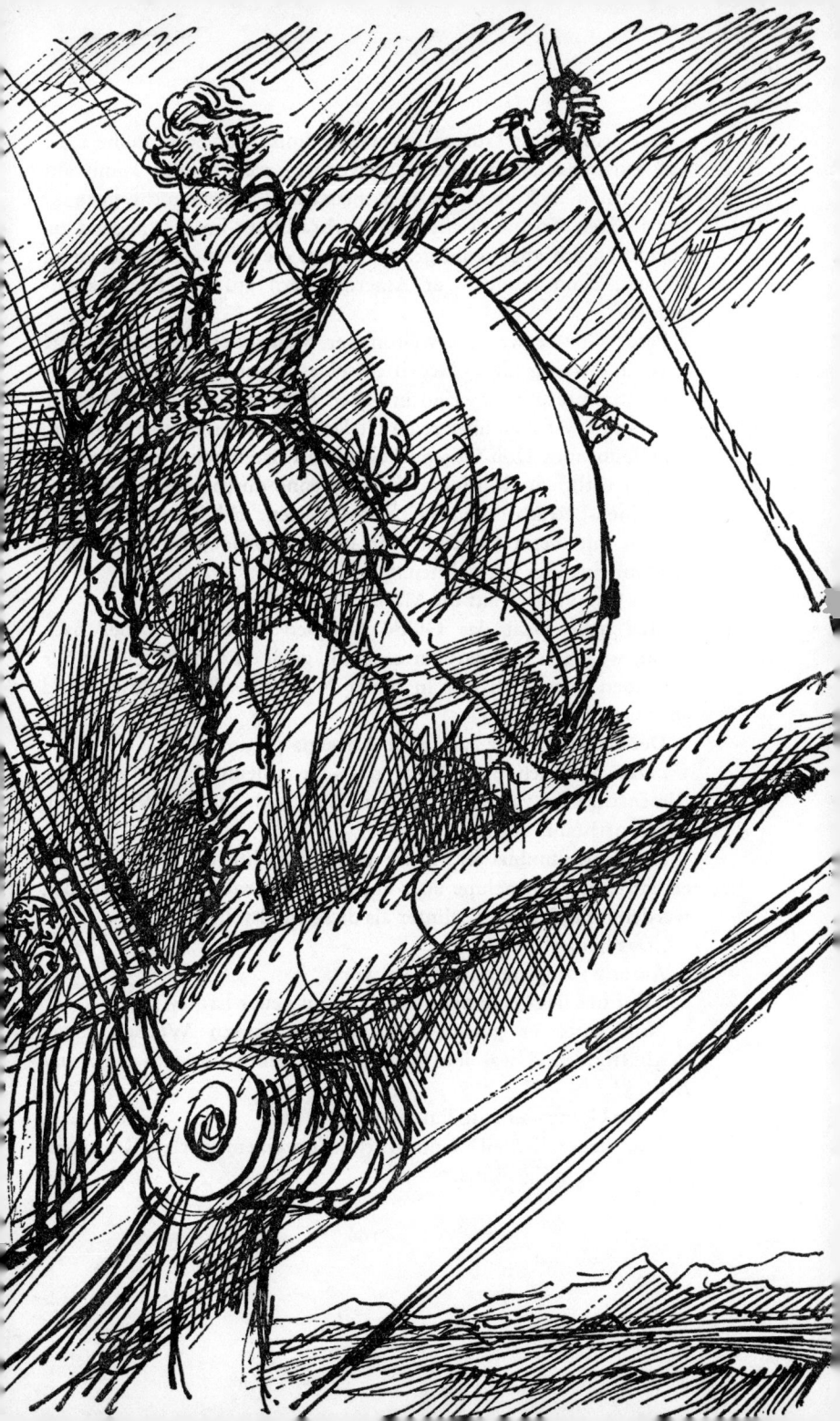

Der arme Pater Gomez litt wieder unter der Seekrankheit. Er war zur sagenhaften Gestalt geworden, weil er sich kaum auf Deck sehen ließ und von den meisten Matrosen nicht gekannt wurde. Den Großteil seiner Zeit verbrachte er im Bett liegend zu. Befand er sich aber wohl genug, um an die frische Luft gehen zu können, dann besuchte er Amerigo gern auf der Kommandobrücke.

Pater Gomez war ein weltoffener Mann, der viel wußte, viel reiste und streng die Vorschriften seines Glaubens einhielt.

Er stimmte mit Amerigo in vielen Dingen überein und konnte mit ihm ohne Scheu über seine Gedanken und Erlebnisse sprechen.

„Glaubt mir, Don Guespuches, diese Küsten gehören nicht dem großen östlichen Kontinent an. Ich kenne durch eigene Anschauung einen beträchtlichen Teil von Ostasien; er besitzt keine Ähnlichkeit mit dieser Gegend. Man kann die beiden in keiner Hinsicht miteinander vergleichen."

Das war Wasser auf die Mühle Vespuccis:

„Ich habe nicht das Glück, Ostasien zu kennen; aber nach allem, was man mir darüber erzählte, glaube ich nicht, es vor mir zu haben oder auch nur in seiner Nähe zu sein. Welches Land aber liegt vor uns?"

Der fromme Pater zuckte die Achseln:

„Das weiß ich nicht! Nur das eine scheint mir gewiß: eine Riesenschranke versperrt uns den Weg nach Indien. Wir müssen eine Durchfahrt suchen."

„Auch Kolumbus suchte sie und erforschte die Inselwelt, die er entdeckte. Ich nehme aber an, das Hindernis, das überwunden werden muß, ist ausgedehnter als diese Inselwelt."

„Das heißt?"

Amerigo zögerte mit der Antwort.

„Vor uns liegt eine neue Welt... ein neuer Erdteil..."

Nun hatte er gesagt, was ihn die ganzen Wochen schon beschäftigte und was ihm ganz ungeheuerlich vorkam: ein *neuer Erdteil!*

Pater Gomez schaute ihn fassungslos an:

„Ein neuer Erdteil? Unmöglich! Von einem vierten Kontinent steht nichts in der Bibel."

„Richtig; aber es steht auch nicht geschrieben, daß es nicht einen solchen geben kann."

Widerwillig gab der Pater zu:

„Da habt Ihr recht."

„Wenn es wirklich nur eine Inselkette oder ein schmaler, wenn auch sehr langer Landstreifen vor der Küste Asiens wäre, hätten die seetüchtigen Ostasiaten längst davon Besitz ergriffen."

„Kann es nicht doch ein unbekannter, daher auch kaum besiedelter Teil dieses riesigen Erdteils sein?"

„Das ist nicht wahrscheinlich ... oder: meine Kenntnisse versagten vollständig, und ich wäre nicht mehr imstande, unseren geographischen Standpunkt zu bestimmen. Nach meinen Berechnungen befinden wir uns nämlich auf der Höhe der Molukken."

„Ihr werdet recht haben", bestätigte seufzend Pater Gomez.

Das Geheimnis schien unlösbar.

In Amerigo wuchs die Überzeugung, daß das neue Land, der *mundus novus*, der vierte Erdteil sei.

Einige Tage später.

Wieder lag eine unbekannte Insel vor ihnen. Ihre Schönheit hätte sie noch vor wenigen Wochen mit staunendem Entzücken erfüllt. Inzwischen war ihnen der Anblick von Palmen und Kletterpflanzen mit wunderbar bunten und köstlich duftenden Blüten, von Papageien und Kolibris vertraut geworden.

Die Anker wurden ausgeworfen. Viele gingen an Land.

Sonderbar! Niemand kam ihnen entgegen. Keine Spur menschlicher Ansiedlungen. Keine menschliche Stimme war zu hören. Irgendwas war nicht geheuer.

„Ich will ins Innere der Insel vordringen und mir die Sache ein wenig ansehen. Wer geht mit?"

Niemand zeigt Lust dazu. Alle standen noch unter dem Eindruck der bösen Erfahrungen, die sie bei ihrer letzten Landung gemacht hatten. Außerdem hatten sie sich bisher niemals weit von der Küste entfernt und fürchteten sich vor schrecklichen Abenteuern mit Geistern, Dämonen und Ungeheuern. Es war nur ein Gebot der Vorsicht, in sicherer Nähe der Karavellen zu bleiben.

Amerigos Überredungskünsten gelang es dann doch, zehn Männer zu bewegen, ihn zu begleiten und das Wagnis dieser Wanderung auf sich zu nehmen.

Die kühnen Abenteurer unter Führung Amerigos setzten sich in Bewegung. Ging es vorerst recht langsam voran, wurde doch bald ein flotteres Tempo eingeschlagen. Über die Herrlichkeiten der sie umgebenden Natur vergaßen sie bald ihr Unbehagen vor verborgenen Gefahren und genossen mit offenen Sinnen die Schönheiten, die sich ihnen in so reichlichem Maße und so mannigfaltiger Form darboten.

Plötzlich wurden sie aus ihrer gehobenen Stimmung gerissen.

Aus einem nahen Gebüsch kroch langsam eine Schlange heraus, wie sie noch keine gesehen hatten. Sie schien kein Ende zu nehmen, wie sie sich in zahlreichen Windungen herausschlängelte. Einen Augenblick hielt sie still. Die Männer wagten nicht sich zu rühren. Welchen Weg wird sie nehmen? Wollte sie nicht auf sie zukommen? Wie steinerne Standbilder standen sie und schauten gebannt auf das Ungetüm.

Ein vielstimmiger Seufzer der Erleichterung: lautlos, wie sie gekommen war, verschwand sie wieder. Die Menschen wußten am Ende nicht, ob das Tier sie bemerkt hatte.

Das Abenteuer war gut vorübergegangen. Der Schrecken wich.

Als erster ermannte sich der Maat Inigo, der bei den Matrosen in hohem Ansehen stand, und sagte mit einer noch immer schweren Zunge:

„Wir haben Glück gehabt. Wenn uns die Bestie angefallen hätte...!"

Ein Aufgeregter rief dazwischen:

„Meine Beine tragen mich nicht mehr. Ich gehe keinen Schritt weiter. Wir kehren um. Wir kehren um."

Er erhielt Unterstützung:

„Kehren wir um! Ich kann auch nicht mehr. Ein solches Ungeheuer!"

„Zu den Schiffen! Gehen wir zurück!"

Die Matrosen umringten Amerigo.

„Was sagt Ihr zu diesem Monstrum? Mindestens zwanzig Ellen war es lang und sah so furchtbar aus."

„Du verstehst dich nicht auf Maße. Das waren nicht zwanzig Ellen, das waren vierzig!"

„Ihr habt keiner recht; die Wahrheit liegt in der Mitte: es waren dreißig Ellen."

Vespucci schnitt die Debatte ab:

„Ihr wißt so gut wie ich, daß es kein Ungeheuer, sondern eine Riesenschlange war, was uns begegnete, und daß kein Grund zur Angst vorlag. Von solchen Schlangen habt ihr von Reisenden, die aus Afrika kamen, gewiß schon gehört."

„Jaja! ... aber *so dick* wie unsere sind die sicherlich nicht."

„Warum nicht? Diese Schlangen haben so bewegliche Kiefer, daß sie damit auch größere Tiere erfassen und dann lebend hinunterschlingen können. Hätten wir ihr den Bauch aufgeschlitzt, vielleicht hätten wir ein ganzes Wildschwein oder ein anderes Waldtier darin gefunden."

Durch dieses Gespräch waren die Teilnehmer der abenteuerlichen Expedition von ihrer Furcht abgelenkt und beruhigt worden. Nach langem Hin und Her gelang es Amerigo, seine Männer wieder auf die Beine zu bringen und den Weg ins Innere der Insel fortzusetzen. Mit großer Vorsicht und Behutsamkeit ging es weiter. Man konnte nicht wissen, ob nicht hinter dem nächsten Gebüsch ein anderes Ungeheuer lauerte.

So kamen sie nur langsam vorwärts, wobei sie Augen und Ohren weit offen hielten.

Um sie war es still geworden. Es war eine Stille, die ihnen nicht angenehm war, die sie als Vorläufer eines kommenden Unheils empfanden.

Schlagartig wurde sie unterbrochen.

Sonderbare Schreie, die den Matrosen Schauer über den Rücken jagten, wurden laut. Mit einem Ruck blieb alles stehen.

Bleich bis in die Lippen sagte einer:

„Geister! Böse Geister!"

„Unsinn! Das sind wahrscheinlich Affen."

„Nein, nein! Don Guespuches, hört doch!"

Von ferne, doch deutlich vernehmbar, klang der Ruf in spanischer Sprache:

„Kommt her! Kommt her!"

Es schien wirklich eine menschliche Stimme zu sein.
Zitternd vor Angst stammelte ein Schiffsjunge:
„Die Geister rufen uns!"
Vespucci horchte angestrengt. Die Rufe wiederholten sich. Es waren immer die gleichen Worte im gleichen Tonfall. Sonderbar!
„Kehren wir um, *piloto mayor!*"
„Kehren wir um! Kehren wir um!"
„Wir fürchten uns nicht, gegen die Wilden zu kämpfen; aber wir haben Angst vor Geistern."
„Wir kämpfen nicht gegen Geister. Kehren wir um."
Die aufgeregten Leute waren nicht zu beruhigen.
Amerigo begann ungeduldig zu werden:
„Geister! Wo gibt es hier Geister? Alles wird sich auf die natürlichste Weise aufklären. Wahrscheinlich ist es ein Vogel, der unsere Stimmen nachäfft."
„Ein Vogel?!"
Es lag soviel komisches Erstaunen in der Frage, daß Vespucci in Lachen ausbrach.
Beleidigt wehrte der Matrose ab:
„Das ist eine Menschenstimme — oder die eines Geistes."
In diesem Augenblick hörten sie starkes Flügelrauschen, und ein großer bunter Vogel flog über ihre Köpfe hinweg. In ihrer Nähe ließ er sich auf einem Baum nieder und krächzte wieder sein: „Kommt her! Kommt her!" — wie er es vor kurzem von Amerigo, als er einige Male seine Männer rief, gehört hatte.
Da mußten alle lachen. Die angstvolle Spannung der letzten Minute ließ nach; die Männer wurden ausgelassen, schlugen sich auf die Schenkel, klopften einander auf die Schulter und lachten und lachten.
In heiterster Stimmung wurde der Weg fortgesetzt. Vom „Vogelgeist" wurde noch lange erzählt.
Amerigo schritt voran. Plötzlich hielt er an:
„Rauch!"
Er deutete auf eine schwache Rauchsäule, die zwischen den Bäumen sichtbar wurde.
Fast lautlos schoben sie sich noch einige Ellen vor.
Eine weite Lichtung lag vor ihnen. Am entgegengesetzten

Ende stand eine große, runde Hütte mit einem spitzen, kegelförmigen Dach aus Palmblättern. Ein kleiner Bach floß nahe an ihr vorbei und verlor sich im Wald. Von weitem sah diese menschliche Behausung einem riesenhaften Vogelnest nicht unähnlich. Es schien weder Fenster noch Türöffnungen zu besitzen. Beim Näherkommen bemerkten sie einen offenen Vorbau, der auf Pfählen ruhte.

Das Häuflein wagte sich auf Rufweite vor. Als sie endlich zu sprechen anfingen, versuchten sie, viel Milde und Sanftmut in ihre Stimme zu legen.

Eine junge Frau zeigte sich auf der Schwelle.

Eine Frau? Eine Riesin!

Die Matrosen standen und schauten.

Eine Riesin. Fast vier Armlängen hoch (ungefähr zweieinhalb Meter). Langsam erholten sich die Männer von ihrem Erstaunen und sahen sie näher an. Trotz ihrer Größe hatte sie eine gute Gestalt. Ihr langes Haar fiel bis über die Hüften herab. Ihr Aussehen war wohl ungewohnt, doch keineswegs furchterregend.

Auch ihre Augen drückten Erstaunen aus, doch lag keine Furcht darin. Still, aber aufmerksam musterte sie die Fremdlinge.

Mit ein paar tiefen Kehllauten rief sie drei andere Frauen aus der Hütte herbei. Auch sie waren groß, doch erreichten sie nicht ganz das Maß der ersten.

Eine Weile standen die Riesenweiber und die Seefahrer einander gegenüber und betrachteten einander mit kritischen Mienen.

Dann aber machte Vespucci dieser stummen Szene ein Ende und schritt auf den Vorbau zu. Er machte seinen Leuten ein Zeichen, ihm zu folgen.

„Wir dürfen uns diesen Frauen gegenüber nicht als Feiglinge zeigen."

„Gott steh uns bei! Das sollen Frauen sein? Dann sind ihre Männer Teufel", meinte der Maat Inigo.

Die Frauen traten beiseite und gaben den Eingang in die Hütte frei. Amerigo trat mit seinen Leuten ein.

Der große Raum war fast leer. In einer Ecke war aus rohen Steinen eine Feuerstätte errichtet. An der einen Wand hingen

Hängematten aus Pflanzenfasern, in denen die Eingeborenen in der Nacht schliefen. Ausgehöhlte Kürbisse dienten als Trinkgefäße und zum Aufbewahren von Beeren und Körnern. Getrocknete Früchte lagen aufgehäuft in einem Winkel. Einige Bogen und einfache Köcher mit Pfeilen schmückten eine andere Wand.

So sah es in der Hütte aus, in der sich die unerwarteten Besucher neugierig umsahen.

Inzwischen waren auch die Riesinnen hereingekommen und gingen daran, einen kleinen Imbiß herzurichten. Als sie mit diesen Vorbereitungen fertig waren, trat die junge Frau auf ihre Gäste zu und bot ihnen saure Milch in einem hübschen Kürbisgefäß an. Eine andere zog aus der warmen Asche eine Rübe hervor, und eine dritte nahm ein gebratenes Tier vom Herd und legte es ihnen vor.

Entsetzt sahen sie den Braten an:

„Schlangen in der Haut! Pfui!" Von Ekel geschüttelt, wandten sie sich ab. Es war in der Tat kein schöner Anblick.

Wie eine Rieseneidechse mit langem Schwanz lag es da und hatte den ganzen Rücken entlang eine Reihe unappetitlicher Auswüchse.

„Was für ein Tier! Wie heißt es?"

Amerigo wies darauf hin, und die Frauen verstanden zwar nicht die Worte, aber die Geste. Die Herstellerin dieser Götterspeise antwortete:

„Iguana!"

Dabei lächelte sie, führte die Hand mehrmals zum Munde und strich sich befriedigt über den Bauch, wobei sie ein paar Kehllaute ausstieß, mit denen sie die Güte des angebotenen Festbratens anpreisen wollte.

Die Matrosen begriffen zwar, was sie mit dem anschaulichen Gebärdenspiel ausdrücken wollte, konnten sich aber nicht entschließen, der liebenswürdigen Aufforderung Folge zu leisten. Es blieb bei mißtrauischen Blicken, mit denen sie den fragwürdigen Leckerbissen betrachteten.

Viel Beifall fanden hingegen die erfrischende saure Milch, die Früchte und die gerösteten Wurzeln, die mit Genuß und in großen Mengen verzehrt wurden.

Die fremden Gäste wurden aufmerksam betreut und fühlten sich bald sehr wohl in der Gesellschaft ihrer stattlichen Wirtinnen.

Eine Ausnahme machte nur der Maat Inigo. Unruhig drehte er öfters den Kopf in der Richtung des Hütteneingangs und machte ein besorgtes Gesicht.

Endlich konnte er seine Sorge nicht länger verbergen und brummte halblaut:

„Wo stecken die Männer? Wissen sie, daß wir hier sind?"

Die Antwort erhielt er umgehend. Die Eingangsöffnung verdunkelte sich. Ungefähr zehn Männer standen davor.

Dem Maat rutschte der Bissen, an dem er gerade kaute, in die unrechte Kehle, und er fing zu husten an.

„Heilige Madonna, hilf!"

„San Jago de Compostela, steh uns bei!"

Das half. Die Riesen blieben an der Schwelle stehen und rührten sich nicht vom Fleck.

Es waren schöne Gestalten; alle in der Größe der Frau, die sie als erste begrüßt hatte. Der größte der Spanier reichte ihnen kaum bis zur Schulter. Jeder von ihnen war mit einer Holzkeule bewaffnet.

Langsam kam Leben in sie. Sie steckten die Köpfe zusammen und unterhielten sich leise. Von Zeit zu Zeit warfen sie schiefe Blicke auf die Eindringlinge; dann stießen sie mit ihren mächtigen Knüppeln auf den Boden.

Es machte fast den Eindruck, als hielte sie die Furcht ab, den Raum zu betreten.

Die gegenseitige Musterung dauerte eine ganze Weile.

Die gut bewaffneten Spanier wagten nicht, die Hütte zu verlassen, weil sie an den keulenbewaffneten Riesen vorübergehen mußten.

Die kraftstrotzenden Riesen fürchteten die zehn erbärmlichen Zwerge, die aufgesprungen waren und in ihrer Fremdheit bedrohlich schienen.

Auch Vespucci betrachtete seine Gefährten; ihm erschienen sie gar nicht gefährlich. Er sah bleiche Gesichter, glanzlose Augen, zitternde Hände und schlotternde Knie. Er konnte wirklich keinen Staat mit ihnen machen.

„Wenn ihr auch weiterhin in dieser Weise eure Angst zur Schau tragt, werden wir bald verloren sein. Faßt doch Mut und denkt daran, daß wir diesen Wilden weit überlegen sind."

Inigo brachte zum Ausdruck, was die anderen dachten: „Überlegen! Mit einem Schlag ihrer Knüppel befördern sie uns ins bessere Jenseits. Dazu habe ich keine Lust."

„Schweig!" zischte ihm Amerigo zu. „Denk daran, daß ein Schwerthieb leicht jeden, ob Riese oder Zwerg, tötet."

„Schließt euch zusammen. Wir gehen jetzt", wandte er sich an alle.

Als höfliche Kavaliere verbeugten sie sich vor den Riesendamen und setzten sich zum Ausgang hin in Bewegung.

Und jetzt geschah etwas ganz Sonderbares.

Mit jedem Schritt, den die Spanier vorwärts machten, gingen die schüchternen Riesen einen zurück.

So gelangten Amerigo und seine Schar ungehindert ins Freie, wo sich ihre unfreiwilligen Wirte rechts und links des Eingangs aufgestellt hatten. Bei diesem Anblick befahl Vespucci:

„Paarweise antreten! Kopf hoch! Vorwärts!"

Geschlossen marschierten die Matrosen an den Riesen vorbei, wobei sie forschende Blicke auf ihre stummen Gegner warfen. Was ging hinter diesen Stirnen vor?

Da löste sich der Größte und Stärkste aus der Reihe. Eine Geierfeder schmückte sein Haar und bezeichnete ihn als Häuptling. Er machte einige Schritte; dann pflanzte er sich vor dem Maat, der mit Amerigo an der Spitze des kleinen Zuges ging, auf und sagte ein paar Worte in seiner kehligen Sprache. Um ihnen größeren Nachdruck zu verleihen, stampfte er mit dem Fuß und mit der Keule auf die Erde, die erbebte.

Inigo war von der Ehre der Ansprache sehr betroffen, nahm aber allen Mut und alle Kraft zusammen. Sein spanischer Stolz half ihm, in guter Manier: „Freunde! Freunde!" zu erwidern. Das befriedigte ihn, anscheinend auch den Häuptling, der sich zu den Seinen zurückzog.

Dann kam es zu einem ähnlichen Spiel wie beim Auszug aus der Hütte. Amerigo machte einen Schritt auf den Anführer zu, worauf dieser einen zurückwich. Je weiter Vespucci vorwärts ging, desto weiter ging der andere zurück.

Die Komik dieser Szene überwältigte Amerigo, so daß er lachen mußte. Nur zögernd stimmten seine Leute ein; die Angst saß ihnen noch immer in den Knochen.

Endlich sagte er:

„Wir ziehen uns auf die Schiffe zurück. Habt keine Angst! Schaut euch die Riesen an! Sie fürchten uns mehr als wir sie. Ich bin überzeugt, daß sie uns nicht anfallen werden."

Es wurde der lustigste Rückzug, der sich denken läßt.

Mit hocherhobenen Köpfen und neugefaßtem Mut marschierten die Spanier los.

In einem Abstand von ungefähr zwanzig Schritten folgten ihnen die Riesen.

Beschleunigten die Seeleute ihre Schritte, trabten die Riesen schneller; hielten sie an, blieben auch die Wilden stehen.

Das ungewohnte Klirren der Waffen steigerte die Furcht der Riesen; sie versuchten, es durch „Gesang" zu übertönen, und ihre Donnerstimmen schallten mächtig durch die Wälder.

Häufig stießen sie auch ihre Knüppel auf; das schien ihren Unternehmungsgeist zu heben; sie blieben den Weißen brav auf den Fersen.

Das Meer und die Schiffe kamen in Sicht. Ein beglückender Anblick! Die Teilnehmer der Expedition fühlten sich in Sicherheit und wurden übermütig. Sie genossen das Spiel und blieben stehen, damit ihre Verfolger dasselbe taten, und fingen zu laufen an, um sie in Trab zu setzen. Das wiederholten sie, bis Amerigo Einhalt gebot.

Bald hatten sie die Schaluppen erreicht und kletterten hinein.

In achtungsvollem Abstand standen die Riesen bewegungslos am Ufer — wie schöne, aus rötlichem Stein gemeißelte Standbilder.

Die Spanier stießen ab. Da kam Leben in die starre Gruppe. Die Riesen brachen in ein Geheul aus, wie es europäische Ohren noch nie gehört hatten. Sie sprangen und stampften, daß der Boden unter ihren Füßen erzitterte. Dann ließen sie ihre Knüppel, die nichts anderes als feste, junge Baumstämme waren, in der

Luft kreisen. Mit großem Schwung schleuderten sie sie dann gegen die Boote.

Ein einziger entsetzter Aufschrei.

Die Matrosen auf den Schiffen waren Zeugen des unvermuteten Angriffs und fürchteten das Ärgste für ihre Kameraden in der Schaluppe.

Für einen Augenblick schien es, als würde das kleine, lustige Abenteuer traurig enden. Die Sache verlief glimpflich. Die Knüppel erreichten die Schaluppe nicht. Ein einziger kam in gefährliche Nähe und flog knapp über die geduckten Köpfe hinweg. Man war mit dem Schrecken davongekommen.

Um die Angriffslust der Riesen zu dämpfen, ließ der Admiral eine Bombarde abfeuern.

Das hatte die gewohnte Wirkung.

In überstürzter Flucht verschwanden die Wilden auf Nimmerwiedersehen.

*

„Die Schiffe sind undicht!"

Diesen besorgniserregenden Ruf mußten die Kapitäne, die sich damals auf die hohe See hinauswagten, immer wieder hören.

Um bei den Entdeckungsfahrten nicht zuviel Geld zu verlieren, stellte man nur alte Schiffe bereit, denen man keine kostbaren Handelsgüter mehr anvertrauen wollte. Diese Veteranen hatten oft morsche, von der Feuchtigkeit oder vom Holzwurm zerfressene Planken, die nur notdürftig erneuert wurden. Höher als die Menschenleben schätzte man das Geld. Schon Kolumbus mußte diese Erfahrung machen. Seine Nachfolger desgleichen.

Der Admiral wußte, was er zu tun hatte.

„Wir gehen an Land, erneuern die unbrauchbaren Planken und kalfatern."*

„Ohne Hafen und Hafenanlagen?" erkundigte sich Vespucci.

„Eine ruhige Bucht mit Sandstrand und einigen geeigneten Bäumen in der Nähe muß es auch tun."

Sie fanden den passenden Platz an der Mündung eines kleinen

---

* Mit Pech abdichten.

Flusses; mit Freude benutzten sie die Gelegenheit, einige Zeit auf festem Boden zu verbringen.

Zwei der Karavellen wurden zur Gänze entladen, vom Takelwerk befreit und aufs Trockene gesetzt.

Ein kleines Lager wurde angelegt und alles für einen längeren Aufenthalt eingerichtet.

Die Stimmung der Mannschaft war ausgezeichnet.

Bald schon erschienen Eingeborene und sahen den weißen Göttern bei ihren oft unbegreiflichen Handlungen zu — aus sicherer Entfernung!

Weiße Götter — auf Riesenvögeln übers Meer gekommen, was bringen sie dem kindlichen Volk? Ängstlich verfolgten sie das Schauspiel am Strand — immer auf der Hut vor einer unbekannten Gefahr.

Die Spanier benötigten Hilfskräfte.

Sie lockten: „Freunde! Freunde!"

Schüchtern kamen die Rothäute näher.

Mit drastischen Gesten wurde ihnen klargemacht, daß sie helfen sollten. Bereitwillig schoben sie sich heran und taten, was von ihnen verlangt wurde.

Nach einigen Tagen konnte man sich bereits durch ein paar Worte verständigen. Das Merkwürdige daran war, daß sich die „Wilden" rascher einige Brocken der fremden Sprache aneigneten als die Weißen.

Als man soweit war, setzte selbstverständlich auch das Fragen nach Katai und den Molukken wieder ein. Befriedigende Antworten gab es allerdings nicht.

„Katai?" Mit großen runden Augen erwiderten sie: „Von diesem Land haben wir nie gehört."

„Zipangu?"

Kopfschütteln. Bis ein Junge aufgeregt rief:

„Cibao, Cibao!" und heftig beteuerte, daß er davon wisse.

Neue Hoffnung! Vielleicht war dieses Cibao, das alle Eingeborenen der Gegend zu kennen schienen, wirklich Zipangu (Japan). Vielleicht war nur die Verschiedenheit der Aussprache an der Ungleichheit des Namens schuld.

Man hörte mit den Fragen nicht auf.

„Zipangu ... Paläste mit goldenen Dächern ..."

Verständnislos blickten die dunklen Augen auf die Fragenden. Was waren Paläste?

„Große, große Hütten aus Stein."

Ratlos zuckten die nackten Eingeborenen die Achseln. Was wußten sie von Pracht und Reichtum.

Man brachte goldene Ketten und Münzen herbei und breitete sie vor ihnen aus:

„Das ist Gold."

„Gold..." Die Rothäute betasteten neugierig die schönen Dinge.

„Gold..."

Endlich meldete sich ein alter Kazike.*

„Ein Land. Viel Gold. Hütten hoch wie Berge. Ein Mann über alle."

„Wo ist dieses Land?"

„Weit, weit weg."

Ein Spanier zeigte gegen Norden. Der Alte verneinte durch Zeichen.

„Gegen Sonnenuntergang?"

„Ja"; er deutete wiederholt nach Westen.

„Meint er Asien?"

Sie führten ihn vor die Goldsachen:

„Wo ist Gold?"

Der Alte nickte begeistert, weil er etwas zu sagen hatte.

„Mann mit viel, viel Gold."

„Er meint vielleicht den König von Zipangu", mischte sich Inigo ins Gespräch.

„König? Was ist ein König?"

„Der Mann, der über allen anderen steht. Der ihnen befiehlt, was sie zu tun haben."

Verwundert sah der Kazike den Sprecher an:

„Er befiehlt; uns befiehlt niemand."

„Gewiß sagt auch euch jemand, was ihr tun müßt, und weist euch die Arbeit zu, die ihr zu verrichten habt."

---

* Stammesältester oder Dorfhäuptling.

Vespucci erkannte, daß diese Fragen den Alten verwirrten, und glaubte, es besser machen zu können. Er begann:
„Wer ist euer Führer? Wer ist der Größte? Der Mächtigste?"
Da kam ein Lächeln in die Miene des Alten:
„Der Kazik bittet die Geister um ihren Schutz. Er befiehlt den Dämonen – aber nicht den Menschen."
Hojeda wollte mit dem Versuch, etwas Geeignetes von den „Wilden" zu erfahren, aufhören; Vespucci aber wollte noch nicht aufgeben.
„Wo wohnt der König dieses fernen Landes? Wie heißt seine Stadt?"
Müde und verwirrt zuckte der alte Kazike die Achseln; er wußte nichts mehr zu sagen. Er vollführte eine kraftlose Handbewegung und zeigte nach Westen:
„Dort... dort... wo die Sonne stirbt..."
Amerigo klopfte dem Alten freundlich auf die Schulter und entfernte sich. Die Matrosen aber hofften, doch noch etwas Näheres über das sagenhafte Gold zu erfahren. Sie quälten ihn weiter mit ihren Fragen:
„Kennst du das Land? Wie weit ist es? Gibt es dort wirklich goldene Dächer? Wie heißt es?"
Ihre Mühe war vergeblich. Der Alte war verstummt; er erhob sich schwerfällig und schlich zu seiner Hütte.
„Laßt ihn! Wir werden es suchen, und wir werden es finden, dieses Goldland!"[*]

Die Karavellen waren wieder instand gesetzt. Die Seefahrer dachten an Abreise. Frische Lebensmittel wie Fleisch, wilde Hühner und Früchte wurden an Bord gebracht; die Wasserbehälter gefüllt. Der Tag der Abreise wurde festgelegt.
Die Eingeborenen drängten sich um die Weißen und wollten sie zum Bleiben bewegen.
„Fahrt nicht fort!"
„Verlaßt uns nicht; wir arbeiten gern für euch."
Sie verlegten sich aufs Bitten.
Endlich rückten sie mit der Sprache heraus:

---
[*] Spanisch: El Dorado.

„Die Feinde werden kommen und uns umbringen."
Alle nickten mit den Köpfen und zeigten wahre Trauermienen:
„Sie kommen, um uns zu töten und aufzuessen."
Vespucci trat hinzu und fragte interessiert:
„Wer sind eure Feinde?"
„Die Leute von Cibao."
Sie hatten unverkennbar Angst vor ihnen.
„Meint ihr mit Cibao die Insel, von der ihr uns erzählt habt?"
Auf einmal sprach alles durcheinander:
„Jaja... eine Insel wie unsere... die Menschen dort sind böse... sie kommen und holen uns... sie schleppen uns mit... in ihre Dörfer... als Sklaven... oder sie essen uns... viele, viele von uns werden aufgegessen..."
Mit erhobenen Händen flehten sie Amerigo und die Umstehenden an:
„Helft uns! Straft sie!"
Den Spaniern waren die arbeitswilligen Helfer lieb geworden; außerdem fühlten sie sich in ihrer Beschützerrolle wohl; so sagten sie freundlich:
„Wie können wir euch vor euren Feinden schützen?"
„Besiegt sie. Fahrt mit euren Schiffen nach Cibao."
„Wir wissen nicht, wo es liegt."
„Wir kommen mit euch und zeigen euch den Weg."
„Ihr müßt auch an den Rückzug denken."
„Unsere Kanus nehmen wir mit auf eure Schiffe. Über unseren Rückweg braucht ihr euch keine Sorgen zu machen. Wenn unsere Feinde zu uns kommen können, werden auch wir imstande sein, die Strecke zurückzurudern."
Die Spanier überlegten: Ein neues Abenteuer! Man müßte es vorsichtig angehen, um jede größere Gefahr auszuschalten.
Sie zeigten sich nicht abgeneigt, die Bitte „ihrer" Rothäute zu erfüllen.
„Wie lange segeln wir nach Cibao?"
„Wir rudern vierzehn Tage hinüber. Eure großen Schiffe werden nur wenige Tage brauchen, um hinzukommen."
„Und ihr glaubt, in euren kleinen Kanus zurückfahren und glücklich heimkommen zu können?"

„Das sagten wir schon."

Der Admiral und die Kapitäne waren einverstanden.

Ein großes Kanu wurde an Bord der *Estrella del Mar* gehievt. Die siebenköpfige Besatzung kletterte hinterher.

Sechs Tage später hatte das Geschwader die kleine Insel Iti bei Cibao erreicht.

Mit tatendurstiger Miene standen die sieben Rothäute an der Reling und schauten gegen Cibao, das in einiger Entfernung vor ihnen lag.

„Werdet ihr uns rächen? Sie sollen uns nicht mehr überfallen und fortschleppen."

„Zuerst sehen wir uns die Lage an; dann werden wir sehen, was sich tun läßt. Kämpfen werden wir nur, wenn wir angegriffen werden", antwortete Amerigo mahnend.

„Oh! Sie werden euch ganz gewiß angreifen. Sie sind ein wildes Volk."

Die größte der vor ihnen liegenden Inseln war Cibao. Es entsprach in keiner Weise den Vorstellungen, die sich die Seefahrer vom reichen Zipangu machten; sie begruben einen schönen Traum.

Die „bösen" Rothäute der Insel erwarteten die Fremdlinge.

Dem Anschein nach hatten sie alle erreichbaren Krieger aufgeboten. Es war ein ansehnlicher Haufen von ungefähr fünfhundert Mann.

Unbeweglich und schweigend standen sie und warteten.

Die spanischen Karavellen näherten sich der Insel. Schon von Bord aus sahen sie, daß sie mit keinem freundlichen Empfang rechnen konnten. Sie befanden sich Gegnern gegenüber. Alle waren mit kurzen Lanzen und eckigen Schilden bewaffnet. Ihre Gesichter waren gräßlich bemalt. In ihren glatten, schwarzen Haaren steckten Geierfedern. Die Anzahl derselben wurde durch den Rang ihres Trägers bestimmt.

Die „braven" Rothäute, die den Spaniern in die Schaluppen gefolgt waren, stellten fest:

„Unsere Feinde wollen kämpfen; ihre Gesichter tragen Kriegsbemalung."

„Versteht ihr ihre Sprache?" fragte Amerigo.

„Es ist die unsere."

„Dann sagt ihnen, wir wollen keinen Krieg. Sie müssen uns versprechen, euch in Frieden zu lassen; dafür bekommen sie schöne Geschenke. Außerdem wünschen wir, zum König von Zipangu geführt zu werden."

Ihre roten Freunde schüttelten den Kopf:

„Sie wollen kämpfen und... einen König von Zipangu gibt es hier nicht."

„Wir werfen jetzt Anker. Einer von euch soll meine Worte in eurer Sprache weitergeben."

Ein Eingeborener stellte sich ganz vorne an den Bug der *Estrella del Mar* und schrie zum Ufer hinüber.

Ein Geheul antwortete ihm. Sie hatten in ihm den Feind erkannt. Er ließ sich nicht beirren und versuchte, ihnen klarzumachen, um was es ging.

„Die weißen Götter sind mächtig; sie haben den Blitz; sie haben den Donner; sie haben Waffen, die alles durchhauen; sie sind fürchterlich, wenn sie böse sind."

Verstärktes Geheul.

Der rote Mann vorn am Bug wartete geduldig, bis es nachließ:

„Wenn ihr jetzt keinen Krieg macht und nicht mehr auf unsere Insel kommt, so bekommt ihr schöne Geschenke, wie ihr noch keine gesehen habt. Wenn ihr aber die weißen Götter angreift, machen sie euch alle tot."

Nach dieser Anstrengung wischte sich der rote Unterhändler den Schweiß von der Stirn.

Am Strand ging die Hölle los. Die Krieger begannen unter den unglaublichsten Verrenkungen einen Tanz, wobei das Geheul in ein rhythmisches Gekreisch überging.

Nach einer Weile war diese Einleitung des bevorstehenden Kampfes zu Ende; der Anführer, der an einer besonders furchterregenden Bemalung und dem besonders schönen Kopfschmuck zu erkennen war, wandte sich jetzt den Schiffen zu und rief:

„Kommt her! Ihr werdet einen guten Braten abgeben!"

Begeistert stimmten seine Genossen ein:

„Kommt her! Wir essen euch alle auf!"

Hojeda hatte von der Kommandobrücke aus alles gehört und gesehen.

„Macht die Boote klar! Jede Karavelle stellt einen Zug von fünfzehn Mann in Helm und Kettenhemd und mit Büchsen bewaffnet. Die Bordgeschütze werden geladen. Haben wir vor kurzem einer gegen hundert gekämpft und gesiegt, so werden wir desto sicherer gewinnen, steht es einer gegen zehn."

An Amerigo hatte sich sein Neffe, der junge Giovanni herangemacht:

„Nehmt mich mit!"

Prüfend sah der Onkel seinen Neffen an:

„Du bist sechzehn Jahre alt und stark und vernünftig. Bewaffne dich und komm mit."

Beim Herannahen der Boote sprangen viele der roten Krieger ins Wasser und schwammen ihnen entgegen. Dabei schleuderten sie eine Menge kleiner Wurfspieße gegen die Spanier.

Die am Strande Zurückgebliebenen feuerten die Angreifer durch Zurufe und Händeklatschen an. Aus den Hütten kamen die Alten und die Weiber, rauften sich die Haare, schlugen sich an die Brust, heulten und kreischten. Es war ein Höllenkonzert und sollte die bösen fremden Götter abschrecken.

Der Admiral beschloß, dem Teufelsspuk ein Ende zu machen.

„Säubert den Strand! Feuert über ihre Köpfe hinweg."

Die Kanoniere zielten schlecht. Die Ladung schlug in die Menge am Ufer ein.

Die Wirkung war entsetzlich. Mit dem Dröhnen der Geschütze war der blutige Tod gekommen. Ungefähr vierzig Menschen lagen leblos und gräßlich zugerichtet auf dem Erdboden. Ihre Gefährten wurden vom Grauen gepackt. Hals über Kopf flüchteten sie in den Wald.

Die Mannschaften verließen die Boote, ohne einen Eingeborenen zu Gesicht zu bekommen. Die vier Züge nahmen Aufstellung.

Im Wald entstand eine Bewegung. Die Rothäute gaben sich trotz des erlittenen Schreckens nicht geschlagen. Sie sammelten sich, teilten sich in mehrere Gruppen und bereiteten einen Vergeltungsschlag vor.

Ihre sieben Feinde standen neben ihren mächtigen Beschützern und bebten vor Kampfeslust. Man hatte ihnen Dolche und Schwerter zu ihrem Schutze angetragen; doch davon wollten sie nichts wissen, sie vertrauten auf ihre Pfeile und Spieße aus Bambus.

„So haben wir immer gekämpft, und so werden wir auch immer kämpfen: mit unseren eigenen Waffen."

Die Spanier waren zum Kampfe bereit.

Da tauchten auch schon die Krieger von Cibao auf.

Mit lautem Kriegsgeschrei stürzten sie vor. So flink und gewandt waren sie, daß den Schützen keine Zeit blieb, sie aufs Korn zu nehmen; viele Schüsse gingen daneben.

„Vorwärts! Schwärmt aus! Einzelkampf!"

Als erster lief Amerigo mit entblößtem Schwert auf die Rothäute zu. Die roten Krieger wichen aus. Soviel hatten sie schon erkannt, daß sie sich den stärkeren Waffen der Weißen nicht gewachsen fühlten, wenn es Mann um Mann ging. Ein Pfeilregen aus sicherer Entfernung erschien ihnen die beste Kampfesweise.

Nur wenige Spanier trugen eine vollständige Rüstung. Die meisten hatten Sturmhaube und Kettenhemd angelegt, um die lebenswichtigsten Körperteile zu schützen. Arme und Beine boten sich als Angriffsziel an.

Einige bluteten bereits aus leichten Verletzungen.

„Vorwärts! Wir müssen ihnen das Handwerk legen!", schrie Amerigo seinen Leuten zu und rannte, was er konnte, um sie einzuholen und zu stellen.

Die Wilden rannten nun noch schneller.

Endlich gelang es den sieben „braven" Rothäuten, die Krieger von Cibao zu erreichen. Sie überschütteten sie mit Hohn und warfen ihnen Feigheit und Unmännlichkeit vor. So wurden die Männer von Cibao gezwungen, dem Feinde entgegenzutreten, was sie durchaus vermeiden wollten.

Amerigo war mit der Entwicklung der Dinge sehr zufrieden. Rasch stellte er seine Mannschaft im Viereck auf, wobei die Waffen nach außen gerichtet waren. Dann hieß er sie langsam vorrücken. In Kürze hatten die Spanier mit ihren Schwertern, Lanzen und Spießen dem ungeschützten Gegner schweren Schaden zugefügt. Wie hingemäht sanken die roten Krieger dahin. Ein herzzerreißender Anblick! Der junge Giovanni an der Seite seines Onkels war kreidebleich geworden.

Die Spanier sahen die Wirkung ihres Vorgehens und wandten sich ab. Längst schon waren die letzten roten Krieger geflohen.

Der Kampf war aus.

Müde und in Schweiß gebadet, dachten die Spanier nur mehr an die Rückkehr zu den Schiffen.

Amerigo gab den Befehl zum Rückzug, der glatt vonstatten ging.

Langsam kamen einige Rothäute auf den Kampfplatz zurück. Sie trugen die Verwundeten in die Hütten und schleppten die Toten in den Wald. Um die Spanier kümmerten sie sich nicht. Ein paar Halbwüchsige wagten sich vor, hoben Steine auf und schleuderten sie auf die Matrosen, die im Begriff waren, sich einzuschiffen. Schaden richteten diese Geschosse wegen der großen Entfernung keinen an. Den Jungen war es halb Spiel, halb aber auch aus Haß geborener Ernst gewesen.

Die sieben Rothäute, die auf der Seite der Spanier mit großer Tapferkeit gekämpft hatten, waren zwar voller Wunden, strahlten aber in ihrer Siegesfreude. Jeder von ihnen führte einen Gefangenen mit sich. An der Art, mit der diese von ihnen behandelt wurden, ersah man, daß ihnen die Rolle der Sieger ungewohnt war. In mitreißendem Rhythmus sangen sie ihren Gefangenen in die Ohren:

„Wir fressen euch ... wir fressen euch ... fressen euch ..."

Entsetzt betrachteten die Spanier ihre „braven" Rothäute, die keine besseren Wilden als die anderen waren.

Trotz des Sieges herrschte auf den Schiffen eine gedrückte Stimmung. Zweiundzwanzig Matrosen waren durch die Pfeile der Eingeborenen an Armen oder Beinen verletzt worden. Waren es auch meist nur leichte Verwundungen, beeinträchtigten sie doch die Arbeitskraft der Betroffenen; das fiel bei der bevorstehenden Weiterfahrt schwer ins Gewicht. Einen der armen Teufel hatte es böse erwischt; ein Wurfspieß hatte ihn in den Bauch getroffen, und man wußte nicht, ob er mit dem Leben davonkommen würde.

Der junge Giovanni hatte den Schrecken und den Abscheu, den er bei seinem ersten kriegerischen Erlebnis empfunden hatte, rasch überwunden. Stolz fühlte er sich als Sieger.

„Könnten mich doch meine Freunde in Florenz sehen! Sie würden Augen machen. Am Arno haben wir uns Schlachten geliefert; Kiesel waren unsere Wurfgeschosse. Was wußten wir, wie es in Wirklichkeit zuging."

Sein Onkel Amerigo lachte:

„Wahrscheinlich würden sie dich beneiden"; ernst fügte er aber hinzu, „weil sie eben nicht wissen, was Krieg ist."

Am folgenden Tag erschien der angriffslustige Stamm wieder am Ufer und stimmte sein Kriegsgeheul an — als ob sie sich keine blutigen Köpfe geholt und nicht fast hundert Mann eingebüßt hätten. Ihre Anzahl schien nicht geringer geworden zu sein. Wahrscheinlich hatten sie in der Nacht aus der ganzen Insel Verstärkungen herangeholt und ihre gelichteten Reihen damit aufgefüllt.

Amerigo seufzte:

„So hat die gestrige Lektion nicht gewirkt? Wollen sie noch mehr Tote beklagen?"

Hojeda entschied, daß ein zweiter Versuch unternommen werden müsse, den Wilden die Lust an Überfällen auf ihre Nachbarn zu nehmen.

Die Landungstruppen schifften sich ein und schifften sich wieder aus, ohne daß die roten Krieger sie behelligt hätten.

Sie begannen sich zu formieren. Da wurden sie angegriffen. Rasch vollendeten sie ihre Aufstellung.

Diesmal waren die Spanier in besserer Weise als am Vortag geschützt. Sie hatten Arm- und Beinschienen angelegt und führten eine größere Anzahl schwerer Büchsen mit sich.

Auf Befehl öffnete sich das Verteidigungsviereck, und zwar auf der Seite, die der Masse der Rothäute gegenüber lag. Dadurch wurde der Blick auf die in der Mitte aufgestellten großen Büchsen frei, die auf sicheren Gestellen ruhten und auf die Rothäute gerichtet waren.

Ein weiterer Befehl! Die bereitgehaltenen Lunten entzündeten das Pulver. Ein fürchterlicher Krach. Die Ladung ging los und brachte Tod und Entsetzen. In ihrer Angst vergaßen die Rothäute auf Angriff und Widerstand. Sie fingen zu laufen an und liefen, was sie konnten.

„Vorwärts, vorwärts! Beenden wir diesen ungleichen Kampf, bevor sie sich wieder sammeln und neues Unheil anrichten."

Amerigo brauchte seine Leute nicht anzufeuern; sie waren zornig und empört. In der Nacht hatten sie zahlreiche Lagerfeuer gesehen und Lärmen und wüsten Gesang gehört. Sie waren belehrt worden, daß die Unterlegenen ein großes Gastmahl feierten, und hatten sich darüber sehr gewundert. Ihre Rothäute hatten sie aufgeklärt, daß zur allgemeinen Befriedigung und Freude eben die Toten gekocht und gebraten wurden, um feierlich aufgegessen zu werden. Das ehrliche Bedauern, nicht an diesem Gelage teilnehmen zu können, hatte in der Stimme der „braven" Wilden geklungen. Die Sympathie der Spanier war beträchtlich gesunken.

„Vorwärts! Vorwärts!" wiederholten die Spanier den Ruf Amerigos, voll Verachtung für die Kannibalen.

„Vorwärts! Vorwärts!" jubelten auch die sieben Rothäute. „Rache für die Hunderte unserer Brüder, die unsere Feinde getötet und gegessen haben."

Der Sieg war vollständig; die Niederlage auch. Wieder bedeckten ungefähr hundert tote Krieger den Boden ihrer Heimat. Fast ebenso viele waren von den Ihren getrennt und gegen das Meer zu getrieben worden. Um zu vermeiden, daß sie sich schwimmend ihren Verfolgern entziehen konnten, ließ Hojeda ein Bordgeschütz in ihrer Richtung abfeuern. Das genügte, um die Geängstigten festzunehmen. Sie wurden auf die Schiffe genommen, und der Admiral wollte sie dem König als Geschenk überreichen — gleich einer leb- und gefühllosen Gabe.

„Wir haben gesiegt!"

Wie die Hähne stolzierten die sieben Rothäute auf dem Oberdeck umher.

„Wir haben gesiegt!"

Sie waren über und über mit kleinen Wunden bedeckt. Das beeinträchtigte ihre Siegesfreude nicht. Solchen Kleinigkeiten schenkte ein rechter Mann keine Beachtung. Zum erstenmal seit

Menschengedenken hatten die Schwachen die Starken besiegt und brachten Gefangene heim. Das wird ein herrliches Mahl geben!

Die Rothäute bereiteten sich auf den Aufbruch vor. Sie holten ihr Kanu, beluden es mit Lebensmitteln, die ihnen die Spanier geschenkt hatten, und begannen, es aufs Wasser nieder zu lassen.

Die Matrosen schüttelten die Köpfe; die Offiziere kamen hinzu und wunderten sich: ohne Kompaß, ohne Segel in einem zerbrechlichen Kanu eine vierzehntägige Reise übers offene Meer zu unternehmen!

„Ihr wollt rudern? Eine Strecke von ungefähr siebenhundert Meilen?"

Mit ihrem sanften Lächeln entgegneten sie:

„Haben doch unsere Feinde, von denen ihr uns befreit habt, öfters diese Entfernung zurückgelegt. Auch wir können es. Wir richten uns nach der Sonne und den Strömungen, die wir kennen."

„Wann werdet ihr daheim sein?"

„Wir werden länger unterwegs sein als ihr mit den großen Flügeln; aber wir werden gut und sicher heimkommen."

Sie fesselten je zwei ihrer Gefangenen an Armen und den Fußknöcheln aneinander. Dann verstauten sie sie in ihr Kanu wie leblose Bündel. Die Besiegten schienen sich in ihr unabwendbares Schicksal ergeben zu haben und ertrugen alles in stoischer Ruhe. Dadurch wendete sich ihnen das Mitleid der Spanier zu.

„Schont sie! Sie können euch als Sklaven nützlich sein!"

„Laßt sie für euch arbeiten, doch eßt sie nicht auf!"

Die schönen Augen der „braven" Wilden zeigten kein Verständnis für die Menschlichkeit dieses Vorschlags.

„Wozu haben wir sie gefangen, wenn wir sie nicht essen sollen? Die Krieger von Cibao haben viele Hunderte der Unseren weggeschleppt und verzehrt. Warum dürfen wir nicht wenigstens sieben von ihnen wegführen. Wir haben ein Gastmahl verdient."

Da war jedes weitere Wort verloren.

Sieger und Besiegte wurden im Kanu verstaut. Es war voll beladen.

Ein letztes Winken.

„Freunde! Freunde! Dank, Dank! Ihr wart gut zu uns."

Sie legten sich in die Riemen, als hätten sie nicht zwei schwere Kampftage hinter sich und viele Wunden am Leib.

Sie fuhren als Sieger der Heimat entgegen.

Bald waren sie nur mehr ein dunkler Punkt in der grenzenlosen Weite des Ozeans.

7. Kapitel

FREUNDE UND RIVALEN

Jahre waren vergangen.

„Ich wünsche Euch das Glück, das Ihr in so reichem Maße verdient habt", sagte Amerigo Vespucci mit Wärme.

Kolumbus schüttelte den Kopf. Er war traurig und bemühte sich, sein Schicksal als gläubiger Christ mit Geduld und ohne Verbitterung zu ertragen. Der Sturz vom allmächtigen Vize-König zum Gefangenen in Ketten war noch tiefer gewesen als sein Aufstieg hoch. Jetzt war beides von der Welt vergessen. Kolumbus war vom Schauplatz abgetreten.

Amerigo blickte besorgt auf ihn.

Kolumbus sprach langsam und schwer.

„Glück... Ach ja! Einmal hatte auch ich Glück. Das ist lange her. Ich hatte Erfolg; er brachte mir Ruhm, und ich war stolz. Die Herrlichkeit dauerte nicht lange. Nichts wollte mehr gelingen. Klagen kamen und Anklagen. Sprechen wir nicht mehr davon!"

„Ich möchte Euch gerne helfen, soweit ein Mann wie ich, der selbst vom Glück nicht begünstigt ist, helfen kann. Gebt mir den Brief mit, den Ihr an Euren Sohn zu schreiben beabsichtigt; ich werde ihn sicher befördern. Laßt Euch Zeit; ich warte gern."

Vespucci saß auf der kleinen Veranda des Häuschens, das der große Entdecker bewohnte, und hing seinen Gedanken und Erinnerungen nach.

Kolumbus ging in sein bescheidenes Arbeitszimmer, setzte sich an seinen Schreibtisch und griff nach einem Blatt Papier. Dann stützte er den Kopf in seine Hände und sammelte sich.

„Geliebter Sohn!
Diego Mendez fuhr am dritten dieses Monats von hier fort. Nach seiner Abreise habe ich mit Amerigo Vespucci gesprochen; er wird Dir diesen Brief überbringen. Der König berief ihn zu sich, um mit ihm über Schiffahrtsangelegenheiten zu sprechen. Immer schon hatte Amerigo den Wunsch, mir gefällig zu sein. Er ist ein rechtschaffener Mensch, dem das Glück ebensowenig gut gesinnt war wie vielen anderen. Seine Arbeit trug ihm nicht ein, was ihm zugekommen wäre. Er will sich für mich einsetzen und tun, was mir nützt. Von hier aus kann ich nur schwer beurteilen, womit ich ihn betrauen könnte, weil ich nicht weiß, was man von ihm verlangt. Er ist entschlossen, alles für mich zu tun, was ihm möglich ist. Du wirst sehen, in welcher Weise er mir helfen kann. Nimm seinen Vorschlag an, weil er alles tun und in die Wege leiten wird, was mir von Nutzen sein kann. Aber alles muß geheim vor sich gehen, damit er nicht in Verdacht komme. Ich habe ihm gesagt, was ich in meiner Sache unternehmen konnte, und werde ihn noch über die Höhe meiner Entlohnung unterrichten, die ich einst erhielt und die ich jetzt bekomme.

Dieses Schreiben verfaßte ich auch für den Herrn Statthalter, damit dieser wisse, wie er ihn unterstützen könne und ihn diesbezüglich benachrichtige.

Seine Hoheit möge mir glauben, daß sich die Schiffe im besten und reichsten Teil Indiens befanden; wenn er darüber mehr zu erfahren wünsche, als ich ihm schon berichtet habe, so werde ich ihn mündlich zufriedenstellen, weil es unmöglich ist, es schriftlich zu tun.

Unser Herr nehme Dich unter Seinen heiligen Schutz.
Verfaßt in Sevilla, am 5. Februar 1505.
Dein Vater, der Dich mehr als sich selbst liebt."

S.
S. A. S.
XMY
Xpo Ferens*

---

* Dies ist die sonderbare und fast unverständliche Form, in der Kolumbus seine Briefe unterzeichnete. Die letzte Zeile ist eine Abkürzung des lateinischen Christi ferens, griechisch Christophorus, deutsch

„Kommt, Vespucci, und lest, was ich an meinen Sohn geschrieben habe", sagte er und reichte ihm das engbeschriebene Blatt. Dieser las es aufmerksam durch. Sein freundliches Gesicht verdüsterte sich.

„Danke, Freund, für die guten Worte, die Ihr für mich gefunden habt. Sie sind vielleicht von größerer Bedeutung, als Ihr glaubt. Es gibt viele Leute, die von Feindschaft und einem unwürdigen Ränkespiel zwischen uns reden. Für viele Menschen ist es unbegreiflich, daß das Streben nach einem gemeinsamen Ziel verbinden kann und nicht trennen muß."

Der Genuese nahm die Hand Amerigos und drückte sie fest.

„Ihr sprecht aus, was ich denke. Wir dienen beide einer großen Idee, und unser persönlicher Vorteil tritt dabei in den Hintergrund. Was der Verwirklichung dieser Idee nützt, ist für uns maßgebend; da schweigt jede kleinliche Eifersucht. Habe ich nicht recht, Freund Amerigo?"

„Und ob Ihr recht habt! Wir beide haben nie gegen-, sondern immer füreinander gearbeitet und haben einander unterstützt, wenn wir uns mit den Behörden herumschlagen mußten."

Bei diesem Gedanken lächelten beide verständnisvoll.

Nun wurde Kolumbus lebhaft.

„O diese Behörden! Diese Pest, diese Geißel der Menschen! Statt Helfer zu sein, sind sie Schergen. Sie finden Gefallen daran, uns zu quälen, und treiben uns zur Verzweiflung. Ihren persönlichen, erbärmlichen Interessen opfern sie das Glück ihrer Mitbürger. So haben sie mit hämischer Freude auch versucht, uns gegeneinander auszuspielen; es ist ihnen nicht geglückt. Sie haben auch über Zweck und Erfolg unserer Reisen entstellte Berichte verfaßt und viel Wichtiges verschwiegen, was mir viel Schaden verursacht hat. Ich habe nichts zu verbergen und kann über alle meine Handlungen Rechenschaft ablegen."

Er ließ sich erschöpft in seinen Lehnstuhl fallen.

Christusträger. Das Zeichen XMY steht wahrscheinlich für Christus, Maria und Joseph. Die Deutung der oberen Buchstaben ist noch nicht gelungen. Die Anordnung weist auf das Kreuz hin. Kolumbus war ein tief gläubiger Christ und überzeugt von seiner Mission, den christlichen Glauben in die Welt zu tragen.

Sein Aussehen machte Amerigo Sorge.

„Beruhigt Euch! Jeder schätzt Euch und weiß Eure Verdienste zu würdigen. Es ist richtig, daß man gemein und schlecht gegen Euch verfahren ist. Vergeßt es! Man hat Eure Ehre wiederhergestellt und bemüht sich, auch das materielle Unrecht wieder gutzumachen; auch ich will dazu beitragen."

„Ich habe wenig Hoffnung auf Erfolg. Schließen wir dieses Kapitel vorläufig ab, und erzählt mir von Euch."

„Das tue ich gern. Wenn Ihr wollt, werde ich Euch ausführlich berichten, was ich in wenigen, wenn auch langen Briefen an meinen guten Lorenzo de'Medici, dem Sohne Pierfrancescos, und an meinen Schulfreund, den Gonfaloniere Soderini, in kürzerer Form schon besorgte. Ihr sollt alles Wissenswerte über die vier Reisen, die ich unternommen habe, erfahren."

Während der Genuese zustimmend nickte, fielen seine Augen auf eine an der Wand hängende Uhr mit großen Gewichten; ihr rhythmisches Schlagen unterbrach die Stille des Hauses.

„Es ist erst vier Uhr. Ihr reist nicht vor dem kommenden Morgen ab. Wollt Ihr für diese Nacht nicht mein Gast sein?"

Mit einem traurigen Lächeln fügte er hinzu:

„Von meinem großartigen Vize-Königtum blieb mir nur soviel, daß ich Euch gerade noch ein sauberes Zimmer anbieten kann."

„Ich danke Euch, daß Ihr mir die Ehre erweist, Euer Gast sein zu dürfen. Es wird einer meiner schönsten Abende sein, wenn ich ihn in Eurer Gesellschaft verbringen kann. Wir werden alte Erinnerungen auferstehen lassen und von Dingen reden, die uns lieb sind."

„Ja, wir werden vom großen Märchen unseres Lebens sprechen, und Ihr werdet von Euren vier Reisen berichten." *

---

* Die Anzahl der Reisen Vespuccis steht nicht fest; sie wird mit zwei bis fünf angegeben. Der deutsche Kosmograph Georg Waldseemüller berichtet in seiner *Cosmographiae Introductio* (1507) von vier Reisen und bezeichnet darin das von Vespucci als *mundus novus* benannte Südamerika ohne dessen Wissen als „Terra America". Im Jahre 1538 nimmt Mercatus diesen Namen für den ganzen Kontinent in Anspruch.

Der moderne Geograph Alberto Magnaghi sucht zu beweisen, daß Amerigo Vespucci nur zwei Reisen unternommen habe; alle abweichen-

Es war Abend. Die beiden Freunde saßen bei einem Glas Wein beisammen. Amerigo begann, wo sie das nachmittägige Gespräch abgebrochen hatten.

„Ihr spracht vom Märchen unseres Lebens. Ja, ein Märchen... und noch mehr. Es war großartige, überwältigende Wirklichkeit. Es war Erfüllung."

Amerigo war bewegt.

„Dieser Wirklichkeit müssen wir ins Auge sehen; sie fordert Wahrheit."

Er suchte nach den passenden Worten und sagte dann kurz: „Weder Ihr noch ich haben Indien erreicht."

Christoph Kolumbus strich sich über sein langes, glattes Haar. Seine Augen öffneten sich weit, als wollten sie ein Bild erfassen und in sich aufnehmen. Doch bald senkte er die Lider und sank in sich zusammen.

Dann begann er leise zu sprechen; nur mit Mühe konnte Amerigo seinen Worten folgen.

„Was Ihr eben ausgesprochen habt, das tauchte auch schon in meinen Gedanken auf, störte und quälte mich. Ich frage mich auch jetzt, ob es denn wahr wäre, was ich meinem Sohne versicherte; habe ich tatsächlich den besten und reichsten Teil Indiens auf meinen Reisen besucht?"

Er sah bittend zu Vespucci auf, als erhoffte er sich von ihm eine günstige Antwort, und fuhr fort:

„Vielleicht bin ich wirklich nur ein Betrüger, ein Schwindler..."

Amerigo nahm seine Hand und hielt sie fest:

„Ihr ein Schwindler und Betrüger? Wie könnt Ihr dergleichen sagen! Ihr seid ein großer Entdecker und ein genialer Mensch, wie es nur wenige gibt. Wenn Euch Zweifel an der Größe Eurer Leistung kommen, so ist dies ein Zeichen Eurer Gewissenhaftigkeit."

---

den Berichte wären nur durch Ungenauigkeit und willkürliche oder auch ungewollte Textänderungen beim Abschreiben und Vervielfältigen seiner Briefe entstanden. In diesem Buche hat sich der Verfasser darauf beschränkt, nur von den beiden Reisen mit den wertvollsten Ergebnissen zu erzählen.

„Ich danke Euch für die gute Meinung, die Ihr mir schenkt. Es ist mir eine große Genugtuung, sie von Euch als bewährtem Fachmann zu hören."

„Wenn *Ihr* noch zweifelt, für *mich* ist es Gewißheit: Ich bin nicht nach Indien vorgestoßen."

Kolumbus hatte seine Hand dem Freund entzogen. Unruhig bewegte er die Finger, als griffe er nach etwas, das nicht zu greifen war. Dann seufzte er:

„Warum sagt Ihr mir solche Dinge?"

„Weil ich sie für wahr halte. Wir haben zwar nicht Indien, aber wir haben viel mehr erreicht. Ihr habt als erster das ungeheure Wagnis unternommen, den unbekannten Ozean zu überqueren. Das war eine Großtat. Ihr habt als erster Europäer eine neue Welt betreten, und das zählt vielleicht noch mehr, weil die Folgen nicht abzusehen sind."

Erschrocken wehrte Kolumbus ab.

„Keine neue Welt! Nicht mein kühnster Traum hätte mir ein solches Bild vorgegaukelt. Wenn ein derartiger Gedanke in mir aufsteigt, dann jage ich ihn davon. Es gibt keine neue Welt. Auch die Bibel kennt keine. Laßt mich in Frieden mit Euren Hirngespinsten. Ich sage Euch nochmals: Es gibt keine neue Welt!"

„Und ich sage Euch: Es gibt sie! Es *muß* sie geben. Es ist gar nicht anders möglich. Wir segelten nach Westen, um nach Ostasien zu gelangen. Dabei kamen wir in ein Land und erkannten, daß es nicht Indien oder Katai sein könne."

Kolumbus blickte Amerigo voll Abwehr, ja fast mit Abneigung an. Seine Hände fuhren auf der vor ihm liegenden Landkarte nervös hin und her.

„Das weiß ich nicht und will es auch nicht behaupten. Vielleicht verließ ich mich zu sehr auf die Karten Toscanellis. Wahrscheinlich bin ich auf einen unbekannten Teil des riesigen Asiens gestoßen."

„Es ist nicht Asien. So glaubt mir doch! Ich bin die endlose Küste entlanggefahren und bis zum 52. Grad südlicher Breite gekommen, und sie erstreckte sich noch unabsehbar gegen den Südpol."

Für seinen Zuhörer war dies eine wichtige Neuigkeit. Er erhob sich halb aus seinem Sessel und musterte Amerigo mit ungläubigem Erstaunen.

„Ihr seid bis zum 52. Grad vorgestoßen? Davon wußte ich nichts. Diese verdammte Geheimniskrämerei der Regierung! Sie schadet der Wissenschaft und schädigt auch uns."

Seine Aufregung war groß und steigerte sich, als er fortfuhr: „Warum darf von diesen Neuentdeckungen niemand etwas erfahren? Einer hat Angst vor der Geschäftstüchtigkeit des anderen. Der König von Spanien fürchtet seinen lieben Vetter, den Beherrscher Portugals; dieser wiederum den Engländer, und der mißtraut Holland. Statt gemeinsam die Welt zu erforschen, denkt jeder nur an den eigenen Vorteil."

„Das habe ich am eigenen Leib erfahren und schwer darunter gelitten. Wißt Ihr, daß mir meine dritte Reise am meisten Erfolg brachte? Wahrscheinlich wißt Ihr nicht, daß wir bei unserer ersten Reise von einer äußerst starken Meeresströmung zur Umkehr gezwungen wurden. Statt wie ich geplant hatte, in südwestliche Richtung nach einer Durchfahrt zu suchen, fuhren wir nach Norden und kamen in Euren Bereich."

„Nichts weiß ich! Mir wurde nichts von alledem gesagt; wahrscheinlich, weil die Erforschung laut Vertrag dieser Gegend nur mir zustand."

„Das wiederum war mir unbekannt."

Kolumbus beachtete den Einwurf nicht.

„König Ferdinand war mit den Ergebnissen meiner ersten Reise nur zum Teil befriedigt. Das Gold, die Seiden, die Gewürze und andere Kostbarkeiten, die er erwartet hatte, konnte ich nicht vorweisen. So beauftragte er im geheimen andere — wie auch Euch — sie herbeizuschaffen. Er hoffte, daß Ihr auf einer anderen Route das Ziel erreichen würdet, das ich verfehlte."

Als Amerigo etwas sagen wollte, wehrte er ab:

„Ich weiß, ich weiß! Euch trifft keine Schuld. So mußte es kommen, daß ich in Ungnade fiel. Vier Reisen habe ich unternommen, deren Erfolg meinen Namen in der ganzen Welt bekannt machte. Von diesem Ruhm zehre ich. Das ist auch alles, was ich habe. Ich bin arm, verleumdet, kaltgestellt, beim König in Verruf gebracht und in Spanien halb vergessen. Warum? Weil es mir nicht gelungen ist, den Weg zu den so dringend benötigten Schätzen Ostasiens aufzufinden ... und ich war meiner Sache so sicher ..."

„Auch mir ist es nicht gelungen."

Dann aber sagte er lebhaft und entschlossen:

„Das ist auch nicht so wichtig. Viel wichtiger für die Wissenschaft und für die Menschheit ist, daß wir eine neue Welt erschlossen haben, die zwischen Europa und Asien liegt und den geraden Weg dorthin versperrt."

Die Miene des Genuesen wurde hart; Amerigo aber entzündete sich an seinen eigenen Worten:

„Ja, eine neue und große Welt erhebt sich im Westen. Ich sah ihre Riesenströme in den Ozean münden; solche ungeheure Wassermassen liefern nur hohe Gebirge und sammeln sich nur in riesigen Ebenen." *

Widerwillig bekannte Kolumbus:

„Auch mir kam dieser Gedanke, als ich an der Mündung eines solchen Flusses stand." **

„Je weiter gegen Süden, desto weniger mächtig wurden die Flüsse. Eines Tages sah ich in der ausnehmend klaren Luft ein Landschaftsbild vor mir, das mich mit seinen hohen Bergen an die Alpen erinnerte."

Kolumbus war ein aufmerksamer und geduldiger Zuhörer. Amerigo führte den Gedanken weiter aus:

„Aus der Abnahme der Mächtigkeit der Flüsse zog ich den Schluß, daß auch die Höhe der Berge und die Weite des Landes abnähme, daß sich dieser *mundus novus* gegen Süden verschmälere, vielleicht sogar wie Afrika in eine Spitze auslaufe."

Bedächtig wiegte Kolumbus den Kopf hin und her: er teilte diese Meinung nicht, doch schwieg er. Amerigo hingegen redete weiter:

„Die Möglichkeit, diese Südspitze zu umschiffen, nehme ich als gegeben an; dadurch auch die Verbindung mit dem anderen Ozean."

---

* Orinoko, Amazonas, La Plata.
** Während seiner dritten Reise am Orinoko.

„Eure Phantasie geht mit Euch durch. Jetzt erfindet Ihr sogar ein neues Weltmeer zu Eurem *mundus novus*."

„Das ist keine neue Erfindung; über kurz oder lang wird es eine Entdeckung sein", behauptete Amerigo voller Überzeugung. „Gebe Gott, daß ich der bin, der diesen Ozean zum erstenmal erblickt!* Es muß ein großes, sehr großes Meer sein. Denkt daran, welch erfahrene Seefahrer die Ostasiaten sind. Sie hätten längst die neue Welt erreicht und ihre Spuren hinterlassen. Wir fanden keine. Das ist ein doppelter Beweis; einerseits für die Größe des anderen Weltmeeres, andererseits aber auch für die Ausdehnung des neuen Kontinents."

„Kühne Schlußfolgerungen, zu kühne! Dann hätten sich bisher alle Geographen in der Größe der Erde getäuscht, wenn Ihr sie um einen neuen Erdteil und einen neuen Ozean vergrößert? Dann wären also alle Berechnungen falsch? Das glaubt Ihr doch selbst nicht!"

„Ich glaube nicht, daß die Ausmaße unseres Planeten nicht stimmen: nicht die Erde ist größer, sondern Asien kleiner, als wir angenommen haben."

Noch immer nicht überzeugt, meinte Kolumbus:

„Man müßte in vielen Reisen die Beweise für die Richtigkeit Eurer Annahme liefern — wenn sie überhaupt aufrechtzuerhalten ist!"

„Das ist sie! Aber ums Reisen wird es schlecht bestellt sein. Ihr kennt doch die Regierungen; wenn es um die Wissenschaft und Forschung geht, dann knöpfen sie die Taschen zu. Für sie zählt nur das Geschäft. Habt Ihr gehört? Vasco da Gama hat als erster Afrika umschifft und Indien erreicht. Eine Route, die längst bekannt war, doch noch nie von einem Schiff in ihrer ganzen Länge zurückgelegt wurde. Er hat keine neuen Länder entdeckt, er hat nur unter günstigen Umständen eine weite Strecke hinter sich gebracht; aber er hat seine Schiffe mit Schätzen beladen glücklich in sein Land zurückgeführt. Nicht seine Tat zählt, sondern das Gold, das man ihm verdankt. Alle schauen jetzt wie verzaubert nach Osten und vernachlässigen den Westen — wo eine neue Welt sie erwartet."

---

* Es war Balboa 1513.

„Gott bewahre Euch vor Enttäuschungen! Ich vermag an Euren *mundus novus* nicht zu glauben."

Wie kann ein genialer Mensch in solch starrer Weise auf seiner Meinung bestehen? Amerigo gab es langsam auf, Kolumbus zu seiner Ansicht zu bekehren, wagte aber einen letzten Versuch:

„Unser *mundus novus* birgt ungeahnte Möglichkeiten; sie wollen genutzt werden. Das kostet Geld, Zeit und Mühe. Unsere Majestäten haben kein Geld, im Gegenteil: sie brauchen es, und zwar sofort. Sie würdigen daher unsere Entdeckungen nicht in entsprechender Weise und erscheinen deshalb undankbar."

„Kluge Worte! Aber was nützen sie uns? Es ist wahr, wir haben der Krone bisher mehr Geld gekostet als eingebracht. So galt auch stets die erste Frage nach der Rückkehr von einer Expedition dem Gold, das wir gefunden haben sollten. Sie erkundigten sich auch nach den goldenen Dächern, Geräten und Gewändern, die es in Katai geben sollte."

„Diese Legende habt auch Ihr gehört?"

„Ja! Als ich auf meiner letzten Reise ein Land* betrat, erzählten mir die dortigen Einwohner von El Dorado, dem fernen Goldland."**

„Mit Städten und Palästen?" fragte Amerigo.

„So erzählten sie."

„Dieses Dorado kann aber doch nicht Katai sein?"

„Warum nicht?" antwortete Kolumbus mit einer Gegenfrage.

Vespucci wollte es nicht glauben. Es paßte nicht zu dem Bild, das er sich von seinem *mundus novus* aus vielen kleinen Einzelheiten zusammengesetzt hatte. Da kam ihm ein Einfall. Sein Gesicht strahlte.

„Eine Idee! Eine glänzende Idee! Ich versprach Euch vorhin, Eure Sache bei Hofe zu vertreten. Die Art, wie man Euch behandelt, ist Euer und auch der Majestäten unwürdig. Das werde ich offen erklären. Ihr wißt, wir Florentiner haben Haare auf den Zähnen — auch wenn wir mit Königen sprechen."

Kolumbus lächelte.

---
* Wahrscheinlich Yukatan.
** Reich der Azteken in Mexiko.

„Danke, mein Freund! Aber verbrennt Euch die Zunge nicht. Ausländer besitzen wenig Einfluß; Ihr werdet einen schweren Stand haben. Was wollt Ihr dem König sagen?"

„Ich werde ihm vorschlagen — nachdrücklich — daß sowohl Ihr als auch ich unsere besten Kräfte für *eine* Aufgabe einsetzen. Von nun an wollen wir gemeinsam arbeiten, und gemeinsam werden wir das Ziel erreichen. Die Majestäten sollen uns eine Flotte zur Verfügung stellen, und ich bin gewiß, daß wenn wir beide unsere Kenntnisse und Erfahrungen zusammenlegen, uns der Erfolg sicher ist. Wir werden in den Osten über den Westen gelangen!"

Kolumbus lächelte noch immer.

„Ihr seid ein treuer Freund; doch Euer Vorschlag kommt zu spät. Ich bin alt und müde. Ihr wißt nicht, *wie* alt und *wie* müde ich bin! Vor zwanzig Jahren hätten wir beide die Welt in Staunen versetzt; heute? Mein Leben geht seinem Ende entgegen." *

„Ich will solche Reden nicht hören. Ihr seid noch nicht sechzig Jahre alt; da ist es noch nicht an der Zeit, ans Sterben zu denken."

„Es ist mein liebster Gedanke. Ich denke an nichts anderes mehr als an meinen Tod; deswegen möchte ich auch meine irdischen Angelegenheiten in Ordnung bringen — mit Eurer Hilfe. Ich sehne mich nach Ruhe — und wäre es die ewige", flüsterte er vor sich hin.

„Kolumbus! Freund! Schüttelt diese Stimmung von Euch ab! Das Leben ist schön; es wird Euch auch wieder Glück und Erfolg bringen."

Doch Kolumbus schüttelte den Kopf, und wieder lag das leichte Lächeln auf seinen Lippen:

„Ich habe abgeschlossen und will nur einen reinen Namen und meinem Sohn ein Erbteil hinterlassen; ich verlange nur Gerechtigkeit. Der König möge öffentlich erklären, daß Christoph Kolumbus aus Genua ein ehrlicher und anständiger Mensch ist, der niemand in seinem Besitz und seinen Rechten schmälerte, und der zu seinen Worten stand, dem aber schweres Unrecht geschah."

---

* Kolumbus starb einige Monate später, im Jahre 1506.

„Ich werde es bestellen und werde aus eigenem noch Verschiedenes hinzufügen."

„Danke, Freund! Ich weiß, daß meine Angelegenheit in den besten Händen liegt, und bin beruhigt. Jetzt aber erzählt mir von Euren Reisen. Wie seid Ihr zum 52. Grad südlicher Breite gekommen? Seid Ihr wirklich längs einer Festlandküste gesegelt?"

„Ja. Ich versuchte immer wieder, eine Durchfahrt zu finden; es gelang mir nicht. Alles, was nach einer solchen aussah, erwies sich dann als eine Flußmündung oder eine tief eingeschnittene Bucht."

„Ich kenne derartige Enttäuschungen. Sie bedeuten Zeitverlust, vergebliche Mühen und Mißstimmung an Bord. Seid Ihr tatsächlich fünftausend Meilen auf der südlichen Halbkugel gegen den Pol gesegelt?"

Die Frage klang fast ängstlich.

„Südlich vom Äquator?" wiederholte er zweifelnd.

„Ganz gewiß."

Er überlegte:

„Asien erstreckt sich nicht — außer in seiner Inselwelt — über den Äquator hinaus..."

Er blickte Amerigo in die Augen und sagte dann in seiner alten Tatkraft:

„Ich will alles wissen. Erzählt! Berichtet! Alles!"

8. Kapitel

DER POLARSTERN VERSCHWINDET

Amerigo begann zu erzählen:
„Ich war in Sevilla und ruhte von den Anstrengungen meiner vorhergegangenen Reisen aus. Ich weiß nicht, wie es Manoel, dem König von Portugal, in den Sinn kam, sich meiner bedienen zu wollen. Tatsächlich tauchte an einem schönen Tage ein königliches Schreiben auf, in dem ich gebeten wurde, mich nach Lissabon zu begeben." *
Kolumbus lachte:
„Mir erging es ähnlich; auch ich erhielt nach meiner ersten Fahrt ein ähnliches Schreiben. Die Portugiesen sind nicht nur hervorragende Seefahrer, sondern auch tüchtige Geschäftsleute und riechen, wo es was zu holen gibt."
„Ich beriet mich mit meinen Freunden; sie rieten mir ab. Unser König könnte es mir übelnehmen, wenn ich in die Dienste seines Rivalen träte. Obwohl ich als Ausländer nicht an Spanien gebunden bin, weder als Untertan noch als angestellter Kapitän, würde mir ein solcher Schritt übelgenommen werden."
„Das stimmt!" meinte auch Kolumbus.
„Jaja, aber... wenn ein König sich etwas in den Kopf setzt, wer kann ihn davon abbringen? Ich lehnte wohl in unmißverständlicher Weise ab und berief mich auf meine schwankende Gesundheit. Was soll ich Euch sagen? Eine Woche später erschien Giuliano Del Giocondo, ein Bekannter aus Florenz, mit einem Eilbrief des Königs Manoel bei mir. Er hatte den Auftrag, mich unter allen Umständen nach Lissabon zu bringen."

---
* Aus einem Brief Vespuccis.

„Was tatet Ihr?"

„Die Versuchung war groß. Wenngleich König Ferdinand mich zu schätzen begann, meine Kenntnisse anerkannte und mir mancherlei Ehrungen zuteil werden ließ, konnte er sich doch nicht entschließen, mir ein Flottenkommando anzuvertrauen. Nachdem ich aber das Leben auf See einmal erprobt hatte, fühlte ich mich auf dem Land wie ein Fisch auf dem Trockenen. Ich wollte wieder aufs Meer hinaus. Mein Fernweh wuchs.

Del Giocondo setzte mir hart zu. Ich erklärte ihm, warum ich dem Wunsch Manoels, der ja mein eigener sei, nicht nachkommen könne. Der König von Spanien würde mir nie die Erlaubnis erteilen, in portugiesische Dienste zu treten. Ich solle eben heimlich das Land verlassen, meinte er. Das wollte ich nicht; ich hielt es dem König gegenüber nicht für anständig. Del Giocondo lächelte über meine Skrupel; ob mich denn die Majestät auch immer anständig behandle? Diese und ähnliche Argumente führte er ins Feld, um mich für Manoels Pläne zu gewinnen. Er stellte mir auch vor, daß der König die Absicht habe, mein Vorhaben weitgehend zu unterstützen. Nach stundenlangem Hin und Her ließ ich mich überreden — weil ich überredet werden wollte.

Ohne die Erlaubnis, in portugiesische Dienste zu treten, und ohne mich vom König zu verabschieden, verließ ich Spanien.

König Manoel empfing mich, wie ich es nie erträumt hätte, von einem so hohen Herrn empfangen zu werden. Er war sehr liebenswürdig und überhäufte mich mit schönen Worten und ehrenvollen Einladungen.

‚Don Amerigo, Wir haben viel Schönes über Euch gehört. Ich erwarte, daß Ihr mir helfen werdet. Unsere Matrosen und Steuermänner wissen kaum etwas von der Kunst der Navigation. Sie verfügen nur über geringe mathematische Kenntnisse und können sich auf offenem Meer nur schwer zurechtfinden. Könnt Ihr es?'

‚Sire, ich habe ein langjähriges Studium hinter mir. Man hat mich gelehrt, jeden Punkt der Erde, auf dem ich mich gerade befinde, mit Hilfe geeigneter Instrumente genau zu bestimmen. Ich verstehe auch, die zurückgelegten Meilen für jeden Tag zu berechnen und zeichnerisch darzustellen.'

‚Wenn es so ist, dann segelt los, und Gott sei mit Euch! Hütet

Euch aber, den Weg der Spanier zu kreuzen, sonst gibt es diplomatische Verwicklungen', sagte der König halb im Ernst und halb im Scherz und entließ mich.

Am 13. Mai des Jahres 1501 segelten wir von Lissabon ab. Wir erreichten die Kanarischen Inseln und schlugen dann einen süd-südwestlichen Kurs ein. Die Fahrt dauerte länger als Eure berühmte erste Ozeanüberquerung. Die Entfernung zur Neuen Welt nahm gegen Süden zu; ich schloß daraus, daß sie sich zurückzog und in ihrer Gestalt von der Geraden abwich. Wir trafen erst nach einer Reise von 97 Tagen auf diese ferne Küste. Das hatte ich nicht erwartet. Schlechtes Wetter und ungünstige Winde hatten außerdem zur längeren Dauer der Fahrt und dadurch auch zur Mißstimmung an Bord beigetragen.

Wir fanden einen natürlichen Hafen unweit von den beiden Mündungsarmen eines Riesenstromes, der seine Wasser vierzig Meilen ins Meer hinausführte, bevor sie sich mit dem Salzwasser vermengten. Eine Landung war allerdings nicht möglich, weil das Mündungsgebiet ganz überflutet war."

„Auf welcher Breite liegt dieser Strom?"

„Genau am Äquator ergießt er sich ins Meer."

„So weit nach Süden bin ich nicht gekommen", stellte Kolumbus fest.

„Der Strom ist ungeheuer breit, so daß an der Stelle, wo er ins Meer mündet, seine beiden Ufer nicht zu sehen sind. Da wir nicht landen konnten, beschlossen wir, uns nach einem passenden Platz umzusehen. Wir rüsteten zwei Schaluppen aus und bemannten sie mit je zehn gut bewaffneten Leuten. Ich war einer der Führer auf dieser Erkundigungsfahrt.

Mit Hilfe der Ruder mühten wir uns durch die Wildnis des Urwalds stromaufwärts. Der Pflanzenwuchs war sehr üppig und wunderbar schön, bedeutete aber ein großes Hindernis für unser Weiterkommen. Riesenhafte Bäume erhoben sich aus dem Wasser, und ihre Kronen bildeten ein grünes Gewölbe. Eine Menge herrlich bunter Vögel und andere, mir unbekannte Tiere bevölkerten den Urwald."

„Fandet Ihr keine Menschen in dieser tropischen Wildnis?"

„Manchmal sahen wir Rauchsäulen aufsteigen, die von einem

entfernten Feuer herrühren mußten. Hie und da glitt ein Kanu schattenhaft und ferne vorbei. Wir wußten von der Anwesenheit von Eingeborenen, bekamen aber keinen zu Gesicht. Wir stimmten öfters unseren Ruf ‚Freunde!, Freunde!' an; er fand kein Echo. Wir sahen nach Hütten und Dörfern aus; sie mußten weit im Innern des Landes liegen; in der Wasserwüste, die uns umgab, konnten wir keine erblicken. Nur der majestätische Wald konnte sich hier behaupten."

„Das muß ein unvergeßlicher Anblick sein!" warf Kolumbus ein.

„Ja, dieses Bild werde ich nie vergessen. Wir ruderten zwei Tage lang stromaufwärts — soweit wir den Strom als solchen erkennen konnten. In dieser Zeit legten wir achtzehn Meilen zurück. Dann gaben wir es auf. Es war aussichtslos, in dieser Wildnis von Wald und Wasser einen geeigneten Landungsplatz zu finden. Auch die Schönheit dieser Umgebung, die uns zuerst so sehr entzückte, verlor mit den wachsenden Schwierigkeiten ihren Reiz. Anfänglich bewunderten wir auch die zahlreichen Papageien mit ihrem bunten Gefieder vom zarten Graurosa bis zum grellen Grün, nach einiger Zeit konnten wir ihr Gekreisch aber kaum mehr ertragen."

Kolumbus lächelte zustimmend:

„Papageien kenne ich auch, sowohl ihre prächtigen Farben wie ihre scheußliche Stimme. Ich brachte sie als Kuriosität den katholischen Majestäten von meiner ersten Reise mit."

„Ich hörte davon und auch von dem Aufsehen, das sie mit ihrem Nachplappern erregten. Wir aber hatten genug von den Herrlichkeiten des Urwalds und trachteten, so schnell wie möglich zu unseren Schiffen zurückzukehren. Diese waren auf ihrem Ankerplatz doch sehr stark der Meeresströmung und dem Anprall des Windes ausgesetzt; eine baldige Weiterfahrt schien uns allen das beste zu sein. Wir waren froh, dieses grüne Gewölbe, das uns am Anfang zur Andacht stimmte, weil es einem Dome glich, uns aber jetzt wie eine grüne Hölle vorkam, verlassen zu können."

„Ihr seid wohl von unangenehmen Insekten und anderem Getier recht geplagt worden?"

„Bei Gott, ja! Es war eine Qual. Endlich waren wir wieder auf unseren Karavellen und setzten unsere Fahrt fort. Bis zum sechsten Grad südlicher Breite segelten wir nach Ostsüdost." *

„Ich beneide Euch darum, daß Ihr bis auf die südliche Hemisphäre gelangt seid. Leider hielt ich immer meinen Blick starr nach Westen gerichtet; für mich gab es keine andere Route. Doch erzählt weiter!"

„Bei meiner dritten Reise brach beim Überqueren der *Linie* an Bord fast eine Panik aus, als wir keinen Schatten mehr warfen. Ähnliches trug sich — wenn auch in weit geringerem Maße — zu, als der Polarstern nicht mehr am nächtlichen Himmel zu sehen war. Uns schien, als wäre das letzte Band, das uns mit der Heimat einte, zerrissen. Kapitäne, Steuermänner und Mannschaften, alle waren bestürzt. Der fixe Punkt, nach dem sie sich gerichtet hatten, war verschwunden. Sie fühlten sich der Willkür des Schicksals preisgegeben und jammerten. Der Admiral schwieg zwar, man bemerkte aber, daß auch er sich in seiner Haut nicht recht wohl fühlte."

„Wie konntet Ihr Euch ohne Polarstern zurechtfinden?" fragte Kolumbus gespannt.

„Es war nicht ganz leicht. Ich hatte den Ehrgeiz, als erster eine Karte des südlichen Himmels zu entwerfen; sie sollte den künftigen Seefahrer-Generationen die nötige Unterstützung gewähren. Ich opferte viele Nächte, um die Sterne und ihre Bewegung zu beobachten. Unter den unzähligen Sternen den ruhenden Pol und in seiner unmittelbaren Nähe einen Stern zu entdecken, der die Stelle unseres Polarsterns am südlichen Himmel vertreten könnte, einen solchen zu bestimmen, gelang mir nicht."

„Gibt es denn in der Nähe des himmlischen Südpols auch kein Sternbild, das zur Einstellung unserer Instrumente zu benützen wäre?"

„Es gibt eines. Vier herrlich leuchtende Sterne, die auffallendste Konstellation, die wir uns für unsere Zwecke wünschen konnten, bilden eine mandelförmige Figur. Der Kreis, den sie beschreiben, ist so klein, daß sie fast unbeweglich scheinen. Mir fielen Dantes Verse aus seiner Göttlichen Komödie ein, in denen er sie beschreibt."

---

* Wahrscheinlich bis zum Kap San Roque.

„Ich erinnere mich der beiden Terzinen. Wißt Ihr noch ihren Wortlaut?"

Statt einer anderen Antwort fing Amerigo an:

„Io mi volsi a man destra e posi mente
All' altro polo e vidi quattro stelle,
Non viste mai fuor che alla prima gente;
Goder pareva il ciel di lor fiammelle;
O settentrional vedovo sito,
Poichè privato sei die mirar quelle."

„Ich wandte mich nach rechts, des Südens Pole zu;
Mein Aug erblickte vier der schönsten Sterne,
Die vor mir nur das erste Menschenpaar gesehn;
Der Himmel schien zu freun sich ihres Glanzes;
O wie ein Witwer liegst du, weiter Norden,
Da dir ihr Anblick stets entzogen." *

„Worte, die man bisher nicht zu deuten wußte. Woher aber wußte Dante von diesem Gestirn, das für uns Menschen auf der nördlichen Erdhälfte unter dem Horizont liegt, daher nicht gesehen wird?" meinte Kolumbus nachdenklich.

„Er war nicht nur ein großer Dichter, sondern auch einer der größten Gelehrten seiner Zeit. Er war ein geehrter Gast an Fürstenhöfen und kam dabei mit vielen hervorragenden Menschen zusammen. Vielleicht bezog er einen Teil seines mathematischen und astronomischen Wissens von arabischen Gelehrten, die gerade auf diesen Gebieten über gediegene Kenntnisse verfügten."

„Das ist durchaus möglich. Ich kann mir vorstellen, daß diese vier Sterne den südlichen Himmelspol bezeichnen." **

„Das will ich beweisen", nahm Amerigo wieder das Wort. „Wenn ich wieder die *Linie* überquere, dann werde ich mit meinen Beobachtungen und Berechnungen nicht eher aufhören, bis

---

* Fegefeuer, I. Gesang, Vers 22—27.
** *Kreuz des Südens.*

ich nicht genau das Sternbild in der Verlängerung der Erdachse bestimmt habe."

„Wie konntet Ihr so weit vorstoßen, wenn Ihr Euch in der Nacht nicht zu orientieren wußtet?"

„Ich mußte mich mit den Einstellungen, die ich bei Tag durchführen konnte, begnügen, da ich ja auf die Sonne angewiesen war."

„Erzählt weiter!"

„Wir segelten die endlose Küste entlang. Wenn wir eine stille Bucht fanden, landeten wir, um uns mit frischem Trinkwasser zu versorgen. Wir gingen auf die Jagd; das war eine gute Abwechslung in unserem eintönigen Leben; außerdem war uns frisches Fleisch immer willkommen. Sehr oft trafen wir auch auf Eingeborene; das war meistens ein Fest für unsere Matrosen, die gern handelten. Häufig war es nicht möglich, zu einem freundschaftlichen Verhältnis mit ihnen zu kommen. Trotz unserer Annäherungsversuche zeigten sich uns viele gar nicht freundlich gesinnt."

„Merkwürdig!" sagte Kolumbus. „Die Eingeborenen auf den Inseln waren sanftmütige, heitere Menschen, deren Vertrauen leicht zu gewinnen war. Ich hatte gern mit ihnen zu tun und war glücklich, daß sie zum Christentum bekehrt wurden."

Amerigo lächelte, als er meinte:

„In der wärmeren Zone scheinen auch die Herzen wärmer zu sein. Ich machte die Beobachtung, je rauher das Klima wurde, desto rauher wurden auch die Sitten. Wir stießen auf Wilde, die grausam und erbarmungslos waren, die uns mit Verwünschungen und Steinwürfen begrüßten. Sie waren listig und heimtückisch und stellten unseren Matrosen gefährliche Fallen. Ich erinnere mich noch genau, wie sich alles abspielte."

„Waren Eure Leute nicht genug vorsichtig?"

„Auch das! Aber hört!

Wir hatten einen geeigneten Ankerplatz gefunden. Unsere Karavellen lagen in der Nähe der Mündung eines kleinen Flusses. Ein weißer Strand lag vor uns, der von Wald umgeben war. Zwischen den Bäumen sah man am Fuße eines Hügels einige Hütten schimmern. Wir gaben den Mannschaften bis Sonnenuntergang Urlaub.

Am Abend fehlten zwei unserer Leute. Ihre Kameraden erzählten, daß sie mit ein paar jungen Frauen gescherzt und geschäkert hätten. Obwohl sie ihnen ernste Vorstellungen gemacht hätten, wollten sie nicht mit ihnen an Bord zurückkehren, sondern blieben im Dorfe zurück.

Ihr Kapitän schäumte vor Wut und drohte, sie in Ketten schließen zu lassen, wenn sie sich bei ihm meldeten.

Der nächste Morgen kam, die beiden Matrosen kamen nicht.

Der Admiral machte sich Sorgen. Er wählte zehn Mann aus, die ihm mutig und verläßlich schienen. Sie mußten sich bewaffnen und erhielten die Weisung, stets beisammen zu bleiben und den Anordnungen ihres Maats zu folgen.

Die Schaluppe wird aufs Wasser gelassen und steuert dem Ufer zu. Dort haben sich mehrere junge Frauen versammelt. Sie haben sich mit Blumen und Ketten festlich herausgeputzt und winken den Ankömmlingen zu. Diese springen aus dem Boot und werden liebevoll empfangen. Mit einladenden Gesten fordern die Verführerinnen die Männer auf, ihnen zu folgen. Sie haben keinen Erfolg. Der Maat gibt durch Zeichen zu verstehen, die beiden zurückgebliebenen Matrosen sollten herkommen. Im Geschnatter der Eingeborenen gehen seine Worte unter. Die roten Mädchen drängen sich näher heran und versuchen mit sanfter Gewalt, die Matrosen mit sich fortzuziehen. Ein Leichtsinniger läßt sich betören. Seine Kameraden wollen ihn zurückhalten. Vergebens. Lachend geht er seinem Unheil entgegen.

Die jungen Weiber umringen und betasten ihn mit kindlicher Neugier, als wäre er ein unbekanntes Spielzeug.

Da nähert sich vom Dorfe her eine hochgewachsene Frau. Wie eine Rachegöttin schreitet sie auf die lärmende Gruppe zu. Sie tritt hinter den jungen Matrosen, der sie gar nicht bemerkt, weil er in das scherzhafte Spiel verstrickt ist.

Plötzlich hält die Frau eine Keule in der Hand und holt zum todbringenden Schlag aus. Sie trifft gut. Der junge Mensch ist tot.

Das Trauerspiel ist noch nicht aus. Mit einem Freudenschrei stürzen sich die roten Furien auf ihr Opfer; sie packen es an Armen und Beinen und schleppen es weg."

„Und niemand hat eingegriffen?"

„Es ging zu rasch. Bevor wir noch recht erfaßt hatten, was das Weib wollte, war die Tat geschehen. Doch hört: die Sache geht weiter.

Wie aus dem Boden gewachsen, pflanzt sich eine Horde Wilder vor unseren Matrosen auf; sie beginnen auf die Überraschten einzuschlagen. Diese haben ihre Empörung und ihren Schrecken über das Vorgehen der Weiber noch nicht überwunden und wehren sich nur schlecht.

Da greift der Admiral ein. Die Bordgeschütze werden abgefeuert; das hat die gewünschte Wirkung. Jeder rettet sich: die Wilden in den Wald, unsere Leute in die Schaluppe."

„War nun der Spuk zu Ende?"

„Noch nicht. Auf der Höhe eines unbewaldeten Hügels glaubten sich die Eingeborenen vor unseren Waffen sicher. Dorthin schleppten sie den Toten und hauten ihn vor unseren Augen in Stücke. Ein Feuer wurde angezündet und alle Vorbereitungen für die Zubereitung einer gräßlichen Mahlzeit getroffen. Mittlerweile waren auch die Leichen der beiden anderen Matrosen, die gestern zurückgeblieben waren, herbeigebracht worden. Triumphierend wurden sie in die Höhe gehoben und uns gezeigt. Dann machten sie wiederholt die Gebärde des Essens und tanzten um das Feuer herum."

„Scheußlich!"

„Ja, es war ein entsetzliches Bild. Die Menge war auf einige hundert Rothäute angewachsen, die aus versteckten Walddörfern gekommen sein mochten. Hätten wir die schützenden Schiffe verlassen, so wären wir wahrscheinlich alle in den Bäuchen der Eingeborenen gelandet."

„Schöne Aussichten! Ihr habt doch den Tod Eurer Leute gerächt?"

„Nein! Unser Kommandant wollte nicht. Wir verlangten, er möge unter dem Schutz der Geschütze eine starke Strafexpedition an Land gehen lassen, um in Zukunft anlegende Schiffe vor ähnlichen Vorfällen zu bewahren. Fünfzig Matrosen hatten sich freiwillig bis an die Zähne bewaffnet und hegten keinen anderen Wunsch, als die Kannibalen für ihre Heimtücke zu bestrafen. Sie waren voll Kampfeswillen und Rachedurst und bereit, es mit jeder Übermacht aufzunehmen. Keiner von ihnen wollte glauben, daß der Admiral jede Kampfhandlung gegen die Missetäter untersagt hatte."

Auch Kolumbus konnte das Vorgehen des Admirals nicht begreifen und schüttelte wiederholt den Kopf. Amerigo fuhr in seinem Bericht fort:

„Ja, so war es! Ich kenne bis heute seine Beweggründe nicht und bin auf Vermutungen angewiesen. War es allzu große Vorsicht? Wollte er das Leben seiner Leute nicht wieder aufs Spiel setzen und weitere Verluste vermeiden? Offiziere wie Mannschaften mißbilligten in gleicher Weise seine unverständliche Anordnung und schämten sich, die Verletzung ihrer Ehre — wie sie meinten — ohne Widerspruch eingesteckt zu haben."

„Was geschah nach diesem Vorfall?"

„Wir fuhren in südlicher Richtung weiter und erreichten den 52. Breitegrad. Wir konnten nicht mehr weit entfernt vom Ende dieser scheinbar endlosen Küste sein. Bald würden wir den anderen Ozean vor uns liegen sehen. Ich verließ mich nicht mehr allein auf die Meldungen, die ich vom Auslug erhielt, sondern verbrachte lange Stunden meiner Zeit mit dem sorgfältigen Beobachten der Küste. Dabei entdeckte ich eine Kette schneebedeckter Berge, von denen ich annahm, sie bildeten eine Art von Rückgrat des Landes und erstreckten sich weit in nordsüdlicher Richtung. Die Entfernung zu ihnen nahm ständig ab, was mir als ein weiterer Beweis erschien, daß der *mundus novus* wie Afrika in eine Spitze auslief."

Offensichtlich teilte Kolumbus diese Meinung nicht, schwieg aber.

„Alle waren voll Zuversicht. Die alten erfahrenen Schiffer meinten sogar, sie ‚röchen' das neue Meer. Von der Küste bliesen keine Landwinde mehr; das war salzige Luft, die uns entgegenwehte."

Ungeduldig unterbrach der große Entdecker seinen Freund und Rivalen:

„Und? Hatten sie recht?"

Amerigo zuckte die Achseln:

„Ich weiß es nicht. Es kam anders, als wir hofften. Eine Bucht öffnete sich einladend vor uns. Wir folgten der Einladung und warfen die Anker aus. Über Nacht kam der Winter. Ein Schneesturm setzte ein, wie ich ihn kaum noch erlebt hatte. Ungewohnt für uns war, daß er aus Südwesten kam."

„Hätte er aus Osten geblasen, würdet Ihr wahrscheinlich gegen das Ufer geworfen worden und zerschellt sein."

„Ganz gewiß wären wir gescheitert. Wir boten ihm die Stirn, um ihn nicht mit der vollen Breitseite aufzufangen. Wir setzten alle Kräfte ein, um ein Wendemanöver auszuführen, das fast mißlungen wäre. Verbissen kämpften wir, bis es gelungen war, und wir den Sturm im Rücken hatten. Jetzt wurden wir in rasender Fahrt ins offene Meer hinausgetrieben."

„Wann war das?"

„Am 7. April, als bei uns der Frühling begonnen hatte, mußten wir des Winters wegen unsere hoffnungsvolle Fahrt abbrechen; denn daß der Winter in jenen Breiten seinen Anfang genommen hatte, darüber bestand kein Zweifel. Wie noch nie in unserem Leben litten wir unter Schnee und Kälte. Oft war die Luft von Schneewolken so verdunkelt, daß wir den Tag kaum von der Nacht unterscheiden konnten und die Navigation sehr erschwert wurde.

Wir hielten uns für verloren.

Die Segel hatten wir fast zur Gänze eingeholt. Die Luken waren geschlossen. Alles, was nicht niet- und nagelfest war, hatten wir vom Deck geräumt oder mit Tauen festgemacht.

Es gab an Bord keine Befehle mehr zu befolgen. Jeder war auf sich selbst gestellt. Nichts war vorauszusehen. Haushohe Wellen hoben die Schiffe und stürzten sie dann in einen Abgrund. Ihre Wassermassen begruben das Deck unter sich. Wie oft zitterten wir, ob es uns gelingen würde, uns aufzurichten und wieder hochzukommen. Mitten in dieser Hölle von Schnee und Kälte zeigte sich eine kleine Insel.* Wir atmeten auf. Ruhe und Sicherheit! Wir wurden enttäuscht. Vorgelagerte Klippen und eine starke Brandung ließen uns nicht landen. Wir mußten weiter.

Keiner von uns war ein derart rauhes Klima gewohnt. Viele

---

* Südgeorgien?

erkrankten; alle konnten sich vor Erschöpfung kaum aufrecht halten. Ein Schneesturm löste den anderen ab. Kaum konnte man von einem Schiff unseres kleinen Geschwaders die anderen ausnehmen.

Es war zum Verzweifeln!"

„Es war eine harte Prüfung; aber Gott beschützte Euch!" mahnte mit großem Ernst Kolumbus.

„Ja, das tat er! Vorerst erlebten wir aber noch böse Zeiten. Die Naturgewalten tobten sich aus. Wir waren ihnen hilflos ausgeliefert. Eines Tages schien das Ende gekommen zu sein. Die Matrosen knieten nieder, wo sie sich eben befanden, und fingen laut zu beten an. Sie machten feierliche Gelübde und schworen heilige Eide; sie wollten alles tun, um gute Christen zu werden, wenn Gott sie aus dieser Gefahr errettete."

Nach einer kurzen Pause fuhr Amerigo fort:

„Fünf Tage trieb uns der Sturm gegen Nordosten. Wir erreichten Geschwindigkeiten wie noch nie — auch wenn wir alle Segel gesetzt hatten. Es war unheimlich, einer Gewalt ausgesetzt zu sein, ohne sich daraus befreien zu können. Endlich beruhigte sich das Wetter. Wir waren in einer milderen Zone angelangt und glücklich, das gewohnte Leben wieder aufnehmen zu können."

„Wie weit wart Ihr noch von Afrika entfernt und wo und wann erreichtet Ihr die Küste?"

„Am 10. Mai des Jahres 1502, ungefähr ein Jahr nach unserer Abreise aus Lissabon, sichteten wir Land. Wie wir später erfuhren, trug es den Namen Sierra Leone. Wir waren froh, dort anlegen zu können. Gemeinsam gingen wir an Land; unser Schiffskaplan hielt einen feierlichen Gottesdienst, und wir dankten alle Gott für unsere Errettung aus schwerer Seenot. Die Heimreise nach Portugal ging ohne nennenswerte Schwierigkeiten vonstatten.

Dies also, lieber Freund, ist der Bericht über meine dritte Reise."

Er schwieg.

Kolumbus hatte bis zum Schluß aufmerksam zugehört. Viele Gedanken waren ihm dabei durch den Kopf gegangen. Hatte ihn der große Erfolg, den er selbst nach seiner ersten Reise gehabt

hatte und der so viel größer gewesen war, als der, den Vespucci erzielen konnte, glücklich gemacht? War der Sturz von jenen Höhen nicht umso schmerzlicher gewesen? Amerigo konnte mit innerer Befriedigung an das Erreichte denken, war das nicht genug? Er drückte ihm herzlich die Hand:
„Ihr habt den rechten Weg eingeschlagen. Wenn ich auch Eure Ansicht über diesen *mundus novus* nicht teilen kann, so bewundere ich doch die Leistung, die Ihr vollbracht."
„Ich bin überzeugt, daß ich recht habe. Ja, ich ahne bereits die Gestalt dieses neuen Erdteils; sie muß der Afrikas ähneln."
Amerigo sprach mit solcher Selbstverständlichkeit vom Vorhandensein des neuen Kontinents, daß Kolumbus wider seinen Willen sagte:
„Ihr werdet dorthin zurückkehren, weitere Beweise sammeln und schließlich die Durchfahrt finden."
„Mit Euch! Mit Euch, mein Freund! Gemeinsam werden wir Katai erreichen."
„Ich segle nicht mehr. Mein Leben ist abgeschlossen, mein Werk noch nicht; Ihr und andere kühne Männer werden es vollenden."
Er holte tief Atem:
„Die Wildnis wird gerodet werden, Städte und Häfen werden entstehen; vielleicht werden unsere Namen in ihnen weiterleben. Hunderte und Tausende von Schiffen werden den Ozean überqueren und die Reichtümer, die jetzt noch in der Erde schlummern, herüberbringen und unseren Glauben und unsere Kultur hinüber verpflanzen, um den Völkern das Heil zu vermitteln."
„Ein Blick in die Zukunft. Ein verheißungsvoller Ausblick."
„Vielleicht. Wenn unser Leben seinem Ende zuneigt, dann werden wir hellseherisch. Ich fühle, daß es mit mir nicht mehr sehr lange dauert. Dann werde ich frei von allen Ketten sein. Ich trug sie tatsächlich, diese Ketten. Sie waren zuerst aus Gold, dann aber aus Eisen. Spanien schenkte sie mir zum Dank, daß ich seinen Ruhm vermehrte und in die Welt hinaustrug. Frei will ich sein, um in die Ewigkeit segeln zu können."
Kolumbus hatte den Kopf auf die hohe Rückenlehne seines Stuhles gelegt und blickte ins Leere.

„Wie lange noch — und ich segle im Meer der Ewigkeit..."
Vespucci rief ihn in die Wirklichkeit zurück.

„Was kann ich Eurem Sohne Diego mündlich bestellen, wenn ich ihm Euer Schreiben übergebe?"

„Was ich am Ende meines Briefes schrieb: daß ich ihn mehr als mich selbst liebe." *

---

* Der Brief an Diego Kolumbus ist historisch, das Gespräch zwischen Kolumbus und Vespucci ist es nicht. Es könnte aber stattgefunden haben, denn die beiden standen in freundschaftlichen und beruflichen Beziehungen zueinander. Der Entdecker Amerikas glaubte bis ans Lebensende, nur auf dem Wege nach Indien gewesen zu sein und Asien erreicht zu haben, während Vespucci als erster erkannte, daß er einen neuen Erdteil vor sich hatte.

9. Kapitel

PILOTO MAYOR

König Ferdinand empfing Vespucci mit zurückhaltender Höflichkeit. Seine Klugheit hatte das Für und Wider erwogen und entschieden, den brauchbaren Florentiner, der mittlerweile ein berühmter Mann geworden war, in Gnaden wieder aufzunehmen. Das portugiesische Zwischenspiel seiner dritten und vierten Reise sollte vergeben und vergessen sein.

Der Ruhm des Kolumbus war im Sinken begriffen. Wer sollte an seine Stelle treten und das Ansehen der spanischen Seefahrt verkörpern? Nur Amerigo Vespucci kam in Betracht; Pinzón und Hojeda waren gewiß tüchtige Kapitäne; ihr Ruf jedoch reichte bei weitem nicht an den Vespuccis heran. Durch seine Briefe an Lorenzo de'Medici und an Soderini, der an der Spitze der Stadt Florenz stand, war er zu einer weitbekannten Persönlichkeit geworden.

Lange hatte der König überlegt und war zu der Einsicht gelangt, daß er diesen Mann nicht seinem Vetter Manoel von Portugal überlassen konnte. Dieser besaß in Vasco da Gama ohnehin einen berühmten Seefahrer, von dem alle Welt sprach. Er, Ferdinand, konnte gar nicht anders handeln; er mußte Vespucci an sich binden.

Amerigo Vespucci beugte vorschriftsmäßig das Knie, als ihm der König huldvoll die Hand reichte und sagte:

„Salve, Don Amerigo! Soll ich Euch wie das verirrte Schäflein oder wie den verlorenen Sohn aufnehmen?"

„Weder noch, Majestät, sondern wie einen Freund, der nach längerer Abwesenheit wieder in die Heimat kam."
„Enttäuscht von schlechten Freunden?"
„Nein. Zurückgekehrt aus eigenem, freiem Antrieb."
Ferdinand mochte das Wörtchen nein in einer Antwort, die er erhielt, nicht leiden. Seine Stirn umwölkte sich, und der Ton seiner Stimme wurde noch kühler:
„O diese Florentiner! Der Ruf ihrer scharfen Zunge bewahrheitet sich jetzt an Euch."
„Wir nennen es Haare auf den Zähnen haben und halten dies für eine Tugend, besonders hohen Herren gegenüber, die sonst nicht Gelegenheit haben, ungeschminkte Wahrheit zu hören."
Mit einer ungnädigen Handbewegung entzog Ferdinand seinem kühnen Besucher das Wort:
„Schon gut, schon gut! Einigen wir uns darauf, daß Ihr freiwillig nach Spanien zurückgekehrt seid, als ich Euch rief."
„Ich stehe Euch zu Diensten, Majestät."
„Wie Ihr auch — ganz ungezwungen! — in die Dienste meines königlichen Vetters tratet."
„Warum hätte ich es nicht tun sollen? Ich bin ein Ausländer — für Euch wie für König Manoel. Wäre ich spanischer Untertan gewesen, würde ich es wahrscheinlich nicht getan haben; aber als Bürger der florentinischen Republik stand mir frei, nach meinem Gutdünken zu handeln."
„Eine gute Antwort. Die Sache mit Eurer Staatszugehörigkeit wird sich bald ändern." (Unter sehr ehrenvollen Umständen sollte Vespucci im Jahre 1505 die spanische Staatsbürgerschaft erhalten.)
Amerigo war über diese Bemerkung des Königs sehr erstaunt, schwieg aber, und dieser fuhr fort:
„Sprechen wir jetzt über die Dinge, die uns beiden am Herzen liegen. Beabsichtigt Ihr, eine weitere Reise zu unternehmen?"
„So Gott mir das Leben und gute Gesundheit schenkt, und Eure Majestät es wünscht..."
König Ferdinand verzog den Mund, als hätte er eine bittere Pille geschluckt.
„Offenheit gegen Offenheit. Ich muß Euch gestehen, daß ich

von den kostspieligen Reisen nach dem Westen nie sehr begeistert war."

Er gestand allerdings nicht ein, daß er als guter Geschäftsmann längst die hervorragende Bedeutung des Kolonialreiches jenseits des Ozeans erkannt und große Pläne für dessen Ausnützung bereit hatte. Amerigo war nicht zu täuschen. Ironisch fragte er:

„Kostspielige Reisen? Sie brachten Euch eine neue Welt ein; ist es nicht so?"

Ferdinand spielte seine Rolle weiter. Er zuckte die Achseln und meinte ein wenig verächtlich:

„Eine neue Welt! Das ist ein Wort, das sich leicht sagen läßt. Wildnis, die nichts trägt. Eine großartige Errungenschaft, die nur Kosten verursacht. Schaut hinüber nach Portugal! Auf alten Wegen umfahren sie Afrika und schleppen Gold und Edelsteine, Seiden und Gewürze in schweren Mengen ins Land."

„Das bekam ich aus dem Munde Eurer Majestät schon zu hören!"

„Dann richtet Euch auch danach."

„Wenn ich recht verstanden habe, wieset Ihr eben auf die Expedition des Vasco da Gama hin. Das war nach meinem Begriff keine Entdeckungsreise. Der Weg um Afrika war bekannt, wenn auch seit Jahrhunderten nicht mehr befahren."

„Sehr richtig, Herr Entdecker! Er war bekannt, wurde aber nicht befahren. Gama aber hat ihn befahren und brachte meinem lieben Vetter schweres Geld ins Haus. Was habt *Ihr mir* gebracht?"

Vespucci konnte sich kaum mehr beherrschen; rot vor Zorn sagte er mit heiserer Stimme:

„Wir haben Westindien entdeckt."

„Mir ist Ostindien lieber. Was nützten mir bisher Eure großartigen Entdeckungen? Nichts! Weder Kolumbus noch Ihr selbst konntet die Briefe an den Großkhan von Katai überreichen; Ihr brachtet sie mir als Reiseandenken wieder zurück."

„Es gibt ein unüberwindliches Hindernis, das umfahren werden muß."

„Ihr glaubt wohl, ich müsse warten, bis Euch dies gelungen ist? Das kostet zuviel Zeit, zuviel Geld und zuviel Geduld – und meine ist erschöpft. Ich habe es satt, die Ausgeburten Eurer Phantasie zu finanzieren. So gescheit, so gebildet, so tüchtig Ihr seid — in gewisser Hinsicht seid Ihr ein Narr."

Mit eisiger Höflichkeit verneigte sich Amerigo:

„Und was geruhen Eure Majestät mit diesem Narren zu tun?"

„Seid doch nicht gleich beleidigt, Don Guespuches. Ihr wißt, daß ich Euch schätze, sonst stündet Ihr nicht hier."

Der König hielt den Zeitpunkt für gekommen, den leutseligen Gönner herauszukehren.

„Ihr seid ein Meister auf dem Gebiet der Navigation; ich benötige Euch."

Amerigo kannte den König gut genug, um zu wissen, daß auf die süßen Worte eine bittere Pille folgen würde. Er wappnete sich. Laut sagte er:

„Ihr seht mich bereit."

„Ich habe große Pläne, die ich mit Eurer Hilfe durchführen will. Wie Ihr sicherlich aus Erfahrung wißt, sind die Kenntnisse unserer Seeleute in allen Belangen der Schiffahrt äußerst mangelhaft; sie genügen den Anforderungen, die wir heute zur Zeit der Hochseefahrt stellen müssen, bei weitem nicht mehr."

Unwillkürlich lächelte Amerigo. Ferdinand bemerkte es.

„Wie ich sehe, seid Ihr auch dieser Meinung. Spanien benötigt Steuermänner und Kapitäne, die imstande sind, die modernen Instrumente zu bedienen, mit deren Hilfe sie auch inmitten des Ozeans ihren Standpunkt bestimmen können. Sie müssen nicht nur Karten lesen, sondern sie auch selbst entwerfen und außerdem ihre Route eintragen und sämtliche Berechnungen durchführen können. Welche Kenntnisse und Fertigkeiten zur Führung eines Schiffes noch nötig sind, das wißt Ihr besser als ich. Durch seine überseeischen Besitzungen ist Spanien gezwungen, seine Seemacht zu vergrößern und zu verbessern. Das soll mit Eurer Hilfe geschehen. Was meint Ihr dazu?"

„Eine sehr gute Idee", meinte Vespucci zurückhaltend.

„Das freut mich, daß Ihr es anerkennt; denn Ihr sollt diese Schule für die höhere Seekunde einrichten und leiten. In Zukunft soll kein Kapitän oder Steuermann ohne ein Patent, das Ihr ausgestellt habt, die Führung eines Schiffes übernehmen."

Ohne es zu wissen, machte Vespucci einen Schritt zurück und hob abwehrend die Hände. Ferdinand tat, als hätte er es nicht bemerkt, und fuhr unbekümmert fort:

„Ihr seid nicht mehr der Jüngste. Bald werdet Ihr den Sechziger erreicht haben. In diesem Alter setzt man sich nicht mehr den Beschwerden und Gefahren einer Seefahrt aus. Ich biete Euch ein behagliches und sorgenfreies Leben. Wollt Ihr, mein lieber Don Guespuches, *piloto mayor* von Spanien werden?"

Da war sie, die goldene Pille mit dem bitteren Kern. Man setzt mich zur Ruhe ... überlegte Amerigo und antwortete dann:

„Wenn ich ehrlich sein darf, Majestät, möchte ich lieber in einer weiteren Expedition die Durchfahrt nach Indien auffinden. Obwohl die mir angetragene Stellung sehr ehrenvoll ist", setzte er rasch hinzu, als er den ärgerlichen Ausdruck auf dem Gesicht des Königs sah.

„Expeditionen! Entdeckungen! Als ob es nichts anderes gäbe! Ich weiß, Ihr liebt das Unbekannte, die Gefahr, den Ruhm. Ich aber ziehe die Sicherheit, die ruhige Entwicklung vor. Ich habe schon eine Menge Ärger mit Euch und Kolumbus gehabt. Er hat geklagt, und das Gericht soll entscheiden, ob ihm seine Titel eines Großadmirals des Ozeans und eines Vizekönigs von Indien wieder zuerkannt werden. Wer bestreitet denn sein Recht auf sie? *Ich* doch gewiß nicht; er möge sie behalten. Nur Geld soll er nicht von mir verlangen."

Amerigo versuchte, einige Worte zugunsten des großen Entdeckers vorzubringen; doch der König war in voller Fahrt und ließ sich nicht unterbrechen:

„Ich will keine fruchtlosen Unternehmungen mehr unterstützen. Eine neue Welt, die nur Kosten verursacht und nichts einbringt..."

Als Vespucci Einspruch erheben wollte, setzte er rasch fort:

„... ich weiß, ich weiß ... ungeahnte Möglichkeiten ... Schätze im Boden — und in hundert Jahren Riesenerträgnisse! Nette Aussichten! Ich danke dafür. Ich mag von Entdeckungen vorläufig nichts mehr hören."

Mit Vespuccis Selbstbeherrschung ging es zu Ende; es brach aus ihm heraus:

„Majestät! Kolumbus hat eine neue Welt entdeckt und sie Euch zu Füßen gelegt. Spanien ist auf dem Wege, eine Weltmacht und das reichste und mächtigste Land Europas zu werden. Ist Kolumbus auch reich und mächtig? Nein! Er besitzt — nichts!"

„Ihr übertreibt! Was tat er mit den vielen Tausenden von Duros, die ich ihm geschenkt habe? In seinen Händen zerrinnt das Geld. Er spielt den großherzigen Gönner, den Mäzen, den Wohltäter; auch sehr viel Geld hat einmal sein Ende. Ich habe ihn zum Edelmann gemacht und ihm reiche Einkünfte verschafft. Ist es meine Schuld, daß er es nicht verstanden hat, sein Vermögen zu verwalten — wie er auch die ihm anvertrauten Provinzen schlecht regiert hat", setzte er bitter hinzu. „Auch nach seinem Sturz habe ich noch für ihn gesorgt."

„Verzeihung, Majestät; aber wißt Ihr, ob Eure Beamten die erlassenen Weisungen auch erfüllten? Seid Ihr sicher, daß das angewiesene Geld in die Hände von Kolumbus gelangt ist?"

Ferdinand schien vor Zorn zu erstarren; es war eine seiner besten Finten, diese Empfindung vorzutäuschen.

„O dieser Undank! Kolumbus unterstellt anderen verbrecherische Absichten; er nimmt an...? Meine Minister sollen...? Mein Schatzkanzler wäre...? O nein, das sind lauter ehrenwerte Leute, Don Amerigo! Jawohl, das sind sie! An mir selbst und an meinem königlichen Wort werdet Ihr ja hoffentlich nicht zu zweifeln wagen!"

Und ob ich das tue! dachte Vespucci und schwieg.

Der König stand hochaufgerichtet vor ihm und zerschmetterte ihn mit seinen Blicken, was Amerigo mit Humor aufnahm. Er sagte höflich:

„Ich versuchte zu erklären."

Mit schneidender Stimme erwiderte Ferdinand:

„Eine Erklärung, die einer Beleidigung nahekommt! Kein Wort mehr darüber! Aber merkt Euch ein für allemal: Euer Kolumbus hat mehr erhalten, als er gegeben hat; vier Reisen habe ich ihm ermöglicht, *vier*! Sie haben eine schöne Stange Geld gekostet. Vasco da Gama brachte schon bei seiner ersten ein Vermögen heim. Das ist in meinen Augen der richtige Entdecker; er gefällt mir."

Er wechselte den Ton und sagte sehr bestimmt, aber nicht ohne Liebenswürdigkeit:

„Es ist hiemit entschieden: Ihr seid piloto mayor del Rey..."

„Majestät!"

„... mit einem Gehalt von 75.000 Maravedi."

„Ich kann dieses großzügige Angebot nicht annehmen; ich..."

„Es ist kein Angebot; es ist eine Ernennung."

Amerigo ließ alles Zeremoniell beiseite und stieß zornig heraus:

„Ich will zur See..."

„Schluß damit! Ich habe Euch die Gründe dargelegt; Ihr habt eine wichtige Aufgabe zu erfüllen."

„Ich habe meine Pläne; ich will neue Wege gehen."

„Tut das! Euer neues Amt bietet Euch reichlich Gelegenheit dazu. Unterrichtet meine Kapitäne und Steuermänner. Weist der Schiffahrt neue Wege — durch notwendige Reformen."

Es war ein schwerer Kampf, obwohl er nur ein paar Sekunden währte; dann verneigte sich Vespucci.

„Ihr habt befohlen, Majestät; ich gehorche. Gestattet mir noch ein letztes Wort. Christoph Kolumbus bittet..."

Der König stampfte mit dem Fuß auf, und diesmal war sein Zorn nicht gespielt:

„Schweigt! Kolumbus hat erhalten, was er verdient hat. Euer Geschwätz langweilt mich. Die Audienz ist beendet."

Amerigo verbeugte sich und ging zur Tür hinaus.

*

„Was kann ich meinem Vater über den Erfolg Eurer Audienz beim König mitteilen?"

Vespucci sah seinen Besucher, Don Diego Kolumbus, bekümmert an.

„Schreibt, daß mit der Dankbarkeit von Königen nicht zu rechnen sei; mein Freund müsse sich mit einem reinen Gewissen und dem Bewußtsein, eine einzigartige Tat vollbracht zu haben, begnügen."

„Ihr seid mit Euren Bemühungen, ein gutes Wort für meinen Vater einzulegen, gescheitert?"

„Ich konnte keines einlegen, weil mich der König nie weitersprechen ließ, wenn ich ihm damit kam. Ferdinand beurteilt unsere Dienste nach den Duros (die „Harten" = Goldstücke), die sie ihm einbringen. Er sieht nur immer die reichbeladenen Schiffe des Portugiesen vor sich, die aus dem Fernen Osten kommen; vom fernen Westen will er nichts wissen."

In ohnmächtiger Wut ballte Diego die Fäuste:

„Er weiß doch, daß dort eine neue Welt liegt und nur darauf wartet, befruchtet und genutzt zu werden."

„Das geschieht zum Teil schon jetzt. Arme Teufel erschließen Scholle um Scholle und düngen sie mit ihrem Schweiß und ihrem Blut. Bis ihr Opfer Nutzen in Form von Geld trägt — solange will — oder kann — der König nicht warten."

„Mein Vater kann also nicht auf eine Besserung seiner Lage durch den König hoffen?"

Auf dem Gesicht Amerigos stand deutlich, wie sehr er es bedauerte, keine Antwort geben zu können als:

„Nein!"

Mit großen Schritten rannte Diego Kolumbus im Zimmer auf und ab. Zorn, Enttäuschung, Mitleid bewegten ihn; nur mühsam beherrschte er seine Erregung. Amerigo achtete diese Gefühle und verhielt sich ruhig.

Plötzlich blieb Diego stehen:

„Ich danke Euch, Don Amerigo; auch im Namen meines Vaters. Ihr seid ein wahrer Freund und es ist gewiß nicht Eure Schuld, wenn ihm nicht geholfen wird."

„Zu Eurem Trost will ich Euch sagen, daß es auch mir nicht besser ergeht. Als Dank für meine Forschungen trage ich kein Flottenkommando — wie ich es erhofft hatte — heim, sondern meine Berufung zum — Lehrer! Jaja, ich bin ein Seefahrer im Ruhestand, ein alter Lehrer, der den Steuermännern ein bißchen Schiffahrtskunde beibringen soll."

„Warum kehrt Ihr nicht in Eure Heimat zurück?"

Vespucci strich sich mit einer müden Bewegung die Haare aus der Stirn und blickte ins Leere. Nach einer Weile sagte er leise:

„Es ist nichts bitterer, als in der Heimat fremd zu sein. Meine Eltern sind tot. Meine Verwandten leben im Exil, weil sie in die Verschwörung der Pazzi verwickelt waren. Ich selbst war Angestellter des Hauses Medici, dessen Angehörige in aller Welt verstreut sind. Mein Gönner, der sogenannte jüngere Lorenzo, ist vor kurzem gestorben. Was tue ich in Florenz ohne Verwandte, ohne Freunde?"

Ein angenehmer Gedanke ließ ihn lebhafter werden.

„Ja, in Florenz wäre ich ein Fremder; obwohl mich die Stadtväter aufgefordert haben, heimzukommen und verschiedene Ehrungen entgegenzunehmen. Nach dem Erfolg meiner zweiten Reise veranstalteten sie einen Fackelzug vor unserem Haus im Borgo Ognissanti, wo das Stadtoberhaupt eine Lobrede hielt, eine Auszeichnung, wie sie nur wenigen Florentinern zuteil wird. Trotzdem: ich bin der Stadt fremd geworden. Es ist auch nicht leicht, zu ihren Bürgern zu zählen; sie rufen zwar gern *Hosianna*, aber fast noch lieber *Crucifige*."

„So wollt Ihr auch weiterhin in Spanien leben?"

Amerigo nickte lächelnd und schien zufrieden.

„Ich bleibe in diesem Land; dazu habe ich mich längst entschlossen. Besonders seitdem ich nicht mehr allein durchs Leben gehe."

Fast verschämt fuhr er fort:

„Vor einigen Wochen heiratete ich eine jüngere Witwe, die ich schon lange Zeit verehrte. Maria Christina ist Spanierin und wird mir ihr Land zur Heimat machen."

„Mein Vater hat sich hier nie daheim gefühlt. Er meinte wohl immer, *nemo propheta in patria*, konnte aber auch in der Fremde nur vorübergehend Erfolg und Anerkennung finden. Doch Euch, Don Amerigo, wünsche ich vom Herzen alles Glück. Laßt mich jetzt gehen. Habt Dank! Gott beschütze Euch!"

„Lebt wohl!"

Die Tür schloß sich hinter dem Sohn des großen Entdeckers. Vespucci blieb allein zurück.

„Er wünscht mir Glück. Ich besitze jetzt ein Heim und eine gute Frau; dafür bin ich dankbar; doch — es ist mir zu wenig. Ich will mehr. Vor allem will ich nicht zum alten Eisen geworfen werden. Mein allergnädigster König hat mir sechzig Jahre gegeben; ich habe noch keine 54. Mit dem Alter schenkte er mir auch den *piloto del Rey;* aber ich mag kein Seefahrer auf dem Land sein. Ich will ein Schiff führen. Seine Majestät ist der Entdeckungsfahrten müde, *ich* bin es nicht!"

Am nächsten Morgen verließ er die Herberge und ritt nach Sevilla zurück. Unterwegs quälten ihn die lästigsten Vorstellungen. Welche Hoffnungen hatte er auf die Reise an den königlichen Hof gesetzt! Seine letzte Fahrt sollte auch die erfolgreichste werden; er würde die Durchfahrt auffinden, Katai erreichen und mit Ruhm bedeckt und reichen Schätzen heimkehren. Träume! Die Wirklichkeit sah anders aus.

Mit trüber Miene und schlechter Laune traf er in Sevilla ein. Seine Stimmung besserte sich. Er wurde festlich empfangen, und seine Frau tat alles, um ihn aufzuheitern. Sein Neffe hatte tausend Fragen auf dem Herzen.

„Wann reisen wir? Wie viele Schiffe hat Euch der König bewilligt?"

„So viele er hat", Vespucci zwang sich, eine heitere Miene vorzutäuschen. „Ich darf sie aber nur von meinem Sessel aus führen."

„Ich verstehe Euch nicht, Herr Onkel."

„Du hast recht gehört, Giovanni. Ich werde nur mehr sitzend die Schiffe lenken. Ich bin der *piloto mayor del Rey,* der den Steuermännern das Steuern beibringen wird."

„Ich verstehe noch immer nicht", stotterte der junge Mensch.

„Der König will ein Institut für Schiffahrtskunde gründen, um geschulte Steuermänner für die moderne Hochseefahrt zur Verfügung zu haben. Mich hat er in seiner Gnade zum Leiter auserkoren. Ich werde nicht mehr segeln, nicht mehr forschen, nichts mehr entdecken, weil ich ein Schreiber, ein Lehrer... ein altes Möbel bin."

„Und ich? Was wird aus mir?"

„O du! Du wirst segeln, wohin du willst, aber nicht mit mir. Ich habe dich alles gelehrt, was du nötig hast, und du wirst deinen Weg machen. Einmal wirst du mein Nachfolger werden; denn Kinder werden wir wahrscheinlich keine mehr bekommen."

„Warum nicht? Ihr seid noch nicht alt, und Dona Maria Christina ist noch jung. Warum bleibt Ihr hier? Wendet Euch an den König von Portugal; er nimmt Euch mit offenen Armen auf."

Vespucci schnitt eine Grimasse:

„Das hieße vom Regen in die Traufe kommen."

Unbeirrt und mit der Begeisterung der Jugend redete Giovanni auf seinen Onkel ein.

„Euer Ruhm wächst. Die Briefe, die Ihr an den jüngeren Lorenzo gerichtet habt, wurden abgeschrieben und gehen von Hand zu Hand. Man will sie sogar drucken."

„Das ist mir nicht recht, weil ich sie in dieser Form nicht für die Öffentlichkeit bestimmt habe. Vielleicht werden Veränderungen vorgenommen, die nicht mit der Wahrheit übereinstimmen. Ich denke daran, meine Erlebnisse und Beobachtungen in einem Buche niederzulegen. Jede andere Veröffentlichung soll unterbleiben."

Voller Eifer und Stolz berichtete Giovanni weiter:

„Unten im Hafen habe ich Matrosen vom Amerigo-Land reden hören. Sie meinten damit Euren *mundus novus*."

Amerigo lächelte ironisch:

„So wie sie auch vom Papageienland sprechen. Laß sie reden, Giovanni."

„Aber ... das ist doch eine Ehre!"

„Dummheiten sind es, glaube mir. Der einzig richtige Name für den neuen Kontinent ist und bleibt:

MUNDUS NOVUS, die Neue Welt."

10. Kapitel

AMERIKA

„... und ich will mein weiteres Leben nicht im Ruhestand verbringen! Ich will nicht wie ein unbrauchbar gewordenes Möbelstück beiseite geschoben werden. Wie Kolumbus bin auch ich ein Mensch, der sich nur in der weiten Welt wohl fühlt. Beide sind wir nicht so beschaffen, daß wir an einem Ort festsitzen könnten, nicht einmal, wenn dieser das herrliche Florenz wäre. Wir sterben nicht in der Heimat. Wie der homerische Odysseus will ich sterbend nach neuen Ufern suchen."

Vespucci ertappte sich dabei, laut und leidenschaftlich vor sich hingesprochen zu haben, und schämte sich, daß er sich in solcher Weise hinreißen ließ. Er setzte seine Wanderung durch das saalartige Zimmer, das ihm auch als Lehrsaal diente, fort; seine Gedanken wanderten mit.

An den Wänden hingen große Land-, See- und Himmelskarten; es gehörte zu seinen Berufspflichten, diese Karten immer auf den neuesten Stand zu bringen und damit der Schiffahrt einen unschätzbaren Dienst zu leisten.

Auf Tischen standen die nautischen Instrumente für den Unterricht bereit. Es erfüllte ihn mit Genugtuung, daß seine Zuhörer ihm aufmerksam folgten, wenn er ihnen Bedeutung und Handhabung derselben erklärte.

Dann dachte er aber daran, daß er sie vielleicht niemals wieder zur Führung eines Schiffes gebrauchen würde. Er blieb stehen und begann, seine Lehrtätigkeit zu verwünschen:

„Zum Teufel! Ich will nicht unterrichten und ans Haus, an die

Stadt, ans feste Land geschmiedet sein. Ich will fort, ich will segeln ... weit hinaus ..."

„Mein Plan ist fertig ... Kanarische Inseln ... Südwest ... ein Strich Süd ..."

Wie oft hatte er seinen Schülern diese Route beschrieben, die so fest in sein Gedächtnis eingegraben war. Seine Hörer waren meist junge Leute und begeisterten sich leicht für die Aussichten, die er ihnen aufzeigte. Ihnen wird sich die Gelegenheit bieten, zu erleben, was er ihnen dargestellt hatte. Aber er?

Erbittert dachte er, daß man ihm das Fahren verwehren wolle. Wie konnte man einen arbeitsfähigen und arbeitswilligen Mann zum alten Eisen werfen? Wie konnte man ihm zumuten, auf die Erreichung seines Lebenszieles zu verzichten? Sie sollen kein leichtes Spiel mit ihm haben. Er wird es ihnen zeigen!

Er nahm seine Wanderung wieder auf; rasch und energisch.

Da klopfte es an die Tür. Giovanni trat ein.

„Kolumbus ist tot!"

Gestorben bei klarem Bewußtsein.

Angesichts der Ketten über seinem Bett.

Sie waren das Geschenk des Königs; sein Dank für die Neue Welt.

Eiserne Ketten dem Entdecker Kolumbus, bürokratische Fesseln dem Seefahrer Vespucci.

„Laß mich allein, Giovanni!" Langsam trat Amerigo seinen Marsch durchs Zimmer wieder an.

Kolumbus tot ...

Ein Freund, ein Vorbild ging verloren. Ein genialer Mensch. Sein schwindelerregender Aufstieg. Sein Sturz: Anklage, Gericht, Gefängnis. Sein armseliges Ende.

„Nein, nein, nein ... im Bett sterben, die Ketten vor Augen und den unerfüllten Wunsch im Herzen — so werde ich nicht sterben — *ich* nicht!"

Er hatte sich zu seiner vollen Höhe aufgerichtet und trat mit festen Schritten vor die Karte der Neuen Welt, die er selbst entworfen hatte.

„Die Durchfahrt zum anderen Ozean — den Westweg nach Ostasien — ich muß sie finden."

Er atmete tief auf.

„... und ich werde sie finden." *

Diese Überlegung erleichterte ihn. Er verließ das Zimmer, um seine Wohnung im selben Haus aufzusuchen.

Am Ende des Ganges hing ein Spiegel an der Wand. Unwillkürlich blieb Amerigo davor stehen und betrachtete sich. Seine gute Stimmung verflog. Mit schmerzlichem Staunen stellte er fest, daß er einen alten Mann vor sich hatte.

Er — ein Greis? Wohin waren seine Jahre gegangen?

Er sah sich in der alten Kirche Ognissanti seinem Freunde Domenico Ghirlandaio Modell stehen, zu dem jetzt so berühmten Leonardo da Vinci bewundernd aufblicken und mit ihm debattieren.

Über das müde, runzlige Gesicht im Spiegel legte sich wie eine Maske sein Jugendantlitz, wie es Domenico gemalt hatte.

Er saß in der dämmrigen Gelehrtenstube dem verehrten Paulo Toscanelli gegenüber, und zwischen ihnen stand der seinem Besitzer nicht zurückgestellte Globus des Messer Castellani.

Onkel Giorgio... der Dominikanerpater. Sein Mitschüler Lorenzo de'Medici, den sie später den Prächtigen nannten. Florenz. Die Pazzi. Seine Anstellung bei Pierfrancesco. Alles vorüber, vorbei. Träume...

Sollte sein *mundus novus* auch nur mehr Traum bleiben? Kaum erkannt und schon unerreichbar?

Nein. Er wollte seine Neue Welt nochmals aufsuchen, ihre lange, lange Küste entlang segeln, ins Innere eindringen, ihren Umfang feststellen und den Weg nach Indien nehmen. Das alles will er tun.

„Du bist alt, Amerigo!"

„Ich will noch nicht sterben. Das Alter ist keine Krankheit, die uns Denken und Arbeit verbietet. Es besitzt Wissen, Erfahrung und Weisheit; zählt das nicht?"

„Für mich kommt das Ende nicht früher, als ich meine selbstgestellte Aufgabe erfüllt habe."

„Ich kann und ich will noch nicht sterben! Ich muß noch einmal meine Neue Welt sehen..."

---

* Das gelang erst Magellan im Jahre 1520.

„Onkel Amerigo..."

Giovanni war aus einem der Zimmer getreten und sah seinen Onkel vor dem Spiegel stehen und mit sich selbst sprechen. Er wußte nicht, was er davon halten sollte, und war besorgt.

„Fehlt Euch etwas?"

„Durchaus nicht. Es geht mir ausgezeichnet."

„Ihr seid erregt. Kommt, ich führe Euch in Euer Schlafzimmer."

„Also auch du wirfst mir mein Alter vor — wie mein geliebter König! Ich bin noch keine sechzig Jahre alt und verspüre noch keine Lust zu Sterben."

„Wer spricht vom Sterben? Wer spricht von Eurem Alter? Ihr habt eine Aufgabe vor Euch. Ihr seid im Begriff, das Seewesen Spaniens neu zu gestalten, es für die Hochseefahrt einzurichten, eine neue Generation von Seefahrern heranzubilden — und Ihr wollt vom Sterben reden?"

Vespucci hatte kaum hingehört; doch das letzte Wort griff er auf:

„Selbstverständlich weiß ich, daß ich sterben muß; ich will nicht hier in meinem Bett sterben. Noch einmal will ich auf die große Fahrt gehen. Bald. In einigen Tagen schon. Meine Vorbereitungen sind bereits getroffen."

„Ihr wollt verreisen, Onkel? Mit wem? Ich hörte von keiner größeren Expedition."

„Dann wirst du jetzt davon hören. Du weißt, daß der König nur selten Fahrtbewilligungen für den Westen erteilt; trotzdem stechen fast täglich Schiffe in See, die in die Neue Welt fahren, ohne dazu berechtigt zu sein. Im Laufe der nächsten Woche werden zwei sehr gut ausgerüstete Karavellen unseren Hafen verlassen. Sie stehen unter dem Befehl eines noch wenig bekannten, aber tüchtigen Kapitäns, den ich selber ausgebildet habe. Mit ihm habe ich eine Vereinbarung getroffen. Um die Behörden zu täuschen, wurden die Azoren als Ziel angegeben. Dort übernehme dann ich das Kommando."

Seine Augen glänzten fieberhaft; seine Worte überstürzten sich:

„Dann richten wir den Bug unserer Schiffe nach Südwesten und gelangen dorthin, wo sich die Durchfahrt in den anderen Ozean öffnet. Zum neuen, zum unbekannten Ozean..."

Ratlos sah ihn Giovanni an und versuchte, seine Einwände vorzubringen; aber Amerigo winkte ab:

„Laß nur! Ich weiß, was du sagen willst. Du verrätst niemand meine Absichten. Das versprich mir!"

„Ich fahre mit Euch, Onkel!"

„Nein, du bleibst. Du selbst hast von den großen Aufgaben, die mir als *piloto mayor del Rey* zukommen, gesprochen. Du wirst sie übernehmen und in meinem Sinne weiterführen; denn du allein bist dazu imstande. Außerdem vertraue ich dir die Sorge um meine Frau Dona Maria Christina, an. Sei gut zu ihr. Der Gedanke an sie macht mir den Abschied schwer."

„Ihr seid müde und abgespannt; ich bitte Euch..."

„Schweig und höre mir zu! Auf der Azoreninsel Terceira werde ich mich bis Ende April aufhalten; dann aber geht es weiter."

„Laßt Euch doch raten, Onkel! Ihr solltet Euch erholen, bevor Ihr die Anstrengungen einer solchen Fahrt auf Euch nehmt."

„Höre auf, mich als alten, kranken Mann zu behandeln. Man ist so alt, wie man sich fühlt, und ich fühle mich jung. Wer von einer Idee erfüllt ist, der hat kein Alter."

Plötzlich wurde er zornig:

„Ich ersehe aus deinen Reden, du willst mich nicht fahren lassen. So lauf doch zum König und verrate mich. Sag dem Statthalter, was ich vorhabe. Geh doch!"

„Ich verrate Euch gewiß nicht. Schütze Euch Gott, wenn ich es nicht darf."

*

Auf der Insel Terceira.

Unruhig wirft sich Vespucci auf seinem Lager hin und her.

„Ist alles bereit, Pepito? Alles in Ordnung? Ladung, Ballast, Wasservorrat? Der Proviant? Sechzig Faß Pökelfleisch, sechzig Sack Zwieback, fünfzig Krüge Wein und Zwiebel, Knoblauch und... die Ersatzteile nachsehen... Segel... während unserer letzten Reise wurden die Segel vom Sturm zerfetzt; wir brauchen eine Reserve, doppelt und dreifach. Taue, viel Taue..."

„Beruhigt Euch, Don Guespuches! Sonst steigt das Fieber."
„Ich habe kein Fieber. Leg die Hand auf meine Stirne. Ich bin gesund. Morgen stehe ich auf, und wir segeln. Hast du schon mit dem Statthalter gesprochen? Was sagt er?"
„Nicht viel, Herr."
„Hat er Verdacht?"
„Nein, er glaubt, daß wir wirklich nur die Kanarischen Inseln aufsuchen wollen."
Der Kranke lächelte zufrieden.
„Wir werden sie nicht anlaufen; wir fahren geradewegs zu den Kapverdischen Inseln. Am 1. Mai werden wir dort sein; am 10. Mai werden wir sie wieder verlassen. Ich kenne jetzt schon die verschiedenen Luftströmungen, mit denen wir dort rechnen müssen."
„Bis dahin ist noch Zeit. Wir schreiben erst den 7. April."
„Wir müssen uns beeilen. Die Portugiesen wollen uns zuvorkommen. Auch ihnen geht es um die Durchfahrt zum anderen Ozean. Sie haben in Vasco da Gama und in Ferrao Magalhaes, den wir Magellan nennen, zwei hervorragende Seefahrer. Morgen fahren wir los."
„Jaja, wenn Ihr kein Fieber mehr habt."
Vespucci ärgerte sich.
„Ich habe kein Fieber! Wie oft soll ich es noch sagen? Aha! Da kommt der Herr Doktor."
Er begrüßte den eintretenden Arzt:
„*Salve*, Don Diego! Kommt her und sagt diesem Dummkopf, daß es mir gut geht. Morgen segeln wir. Sagt es ihm doch!"
„*Salve*, Don Guespuches! Warum so erregt? Wie ich jetzt schon sehe, befindet Ihr Euch viel besser als gestern. Ich möchte Euch untersuchen, damit ich Euch mit gutem Gewissen aus meiner Fürsorge entlassen kann."
Zum Mißvergnügen seines berühmten Patienten tat er es lange und gründlich.
Ärgerlich über diese Umständlichkeit, fragte der Kranke ungeduldig:
„Seid Ihr nun überzeugt, daß ich wieder vollkommen hergestellt bin? Selbst die Wissenschaft muß es zugeben."

„Geduld, Geduld! Ihr geht ein wenig zu rasch vor. Nach einem Fieberanfall bedarf jeder Kranke einer Zeit der Erholung. Auf ein paar weitere Tage Bettruhe darf es Euch nicht ankommen." Amerigo wollte sich aufrichten und Einspruch erheben, der Arzt drückte ihn aber wieder auf die Polster zurück.

„Bevor Ihr nicht gesund seid, lasse ich Euch nicht fortfahren. Ihr kennt so gut wie ich das Sprichwort vom Meer, das die Gesunden kräftigt, die Kranken aber tötet. Seid vernünftig und wartet!"

„Ich kann nicht warten, Doktor. Die anderen kommen mir zuvor."

„Macht Euch doch keine Sorgen. Wahrscheinlich sind Eure Befürchtungen grundlos. Ihr müßt vor allem trachten, Eure Gesundheit wiederherzustellen; alles andere muß dahinter zurücktreten."

Seine Gesichtszüge und die mageren Hände, die auf der Decke lagen, verkrampften sich; Amerigo schien der Verzweiflung nahe.

„O diese Ärzte! Geduld soll ich haben. Vernünftig soll ich sein. Ruhe und Erholung wird mir verschrieben, und ich, ich habe keine Zeit."

„Wenn Ihr rasch wieder auf den Beinen sein wollt, müßt Ihr mich unterstützen und meine Weisungen streng befolgen."

Eigensinnig wiederholte der Kranke:

„O diese Ärzte! Wenn die Menschheit nur aus Ärzten bestünde, wäre die Neue Welt nie entdeckt worden!"

„Seid nicht ungerecht, Don Guespuches! Wenn die Entdecker gesunde Menschen sind, verdanken sie es zu keinem geringen Teil unserer Kunst."

„Mir soll es recht sein. Nun sagt mir aber klipp und klar, wann Ihr mich entlassen werdet?"

„Einen bestimmten Zeitpunkt kann ich nicht angeben. Ich glaube, in ungefähr einer Woche oder in zehn Tagen werdet Ihr fahren können."

„Warum sagt Ihr nicht gleich: in einem Monat oder in einem Jahr? Laßt mit Euch handeln: in drei Tagen... in fünf... gebt Ihr mich frei. Keinen Tag später."

„In sieben! Vorausgesetzt, daß Ihr Euch ruhig verhaltet."

Vespucci gab keine Antwort, legte den Kopf zurück und schloß die Augen.

Pepito, der gleichzeitig das Amt eines Sekretärs und Dieners bei ihm versah, begleitete den Arzt aus dem Zimmer.

„Ist er wirklich fieberfrei? Was haltet Ihr von seinem Zustand?"

„Er hat tatsächlich kein Fieber mehr; aber sein Puls ist schwach und sein Herz flattert. Er wird langsam verlöschen. Die Ursache seines Todes? Ich möchte das abgegriffene Bild von der Flamme, die sich selbst verzehrt, verwenden. Sein Körper ist über seine Jahre hinaus verbraucht; sein Geist ist hell."

„Ihr glaubt also nicht an eine Wiederherstellung seiner Gesundheit?"

„Nein. Er verfällt von Tag zu Tag mehr. Ich vermag diesen Verfall etwas zu verzögern, mehr zu tun bin ich nicht imstande."

Er machte eine Pause; das Schicksal seines Patienten schien ihm nahezugehen:

„Habt Ihr seine Verwandten benachrichtigt?"

„Ich sandte seinem Neffen in Sevilla einen Brief und bat ihn, Dona Maria Christina zu verständigen. Ob und wann Don Giovanni kommen kann, das weiß ich nicht."

Einige Tage vergingen. Die Kräfte des Kranken nahmen sichtlich ab. Sein Geist blieb klar. Er vermochte über seine Pläne bis zur Erschöpfung zu sprechen. Er legte jede Einzelheit fest, um diese seine fünfte Reise zu einem vollen Erfolg zu gestalten. Sie sollte den endgültigen Beweis für das Vorhandensein eines vierten Kontinents erbringen und die Durchfahrt in den anderen Ozean verwirklichen. Um für alle Möglichkeiten gerüstet zu sein, befahl er Pepito, zu veranlassen, daß die Vorräte verdoppelt würden.

„Das ist nicht möglich, Don Guespuches. Hier in Terceira sind keine größeren Vorräte an Lebensmitteln und Geräten zu beschaffen. Woher sollten wir auch die warmen Decken nehmen, wie Ihr sie für die kalten Gegenden der Neuen Welt zu haben wünscht?"

„Dann holt sie euch von den umliegenden Inseln. Zum Überwintern werden wir sie nötig haben."

Beruhigend meinte Pepito:

„Seid unbesorgt! Wir sind für alles gerüstet; auch für einen strengen Winter."

„Hilf mir! Ich will aufstehen."

„Wartet bis morgen."

„Ich habe keine Zeit. Fünf der sieben Tage, die mir der Arzt bewilligt hat, sind vorüber. Nicht einen Tag länger will ich hier bleiben."

Es klopfte an die Tür. Ein Matrose trat ein und flüsterte Pepito etwas zu. Dieser wandte sich an Vespucci und suchte nach passenden Worten.

Ungeduldig forderte der Kranke auf:

„Sag, was du zu sagen hast!"

„Ja, es ist nur..."

„Ist es etwas Unangenehmes?"

„Nein, nein. Nichts Unangenehmes. Im Gegenteil."

„So rück doch endlich damit heraus!"

„Soeben ist jemand in Terceira angekommen."

„Na und?"

„Ihr werdet Freude über diesen Besuch haben."

„Zum Teufel! Wer ist es denn? Ein bekannter Kapitän?"

„Nein, Herr."

„Ein Freund? Aber seit ich eine neue Welt auffand, habe ich nicht viel Freunde."

Leise sagte Pepito:

„Euer Neffe, Don Giovanni, ist hier."

Über das ärgerlich gerötete Gesicht zog ein Schatten, der es bleich und verfallen erscheinen ließ. Nach längerem Schweigen murmelte er:

„Also *so* steht es mit mir! Ihr habt ihn gerufen, weil es mit mir zu Ende geht."

Verlegen widersprach Pepito:

„Nein, nein. Don Giovanni ist gekommen, weil er Wichtiges mit Euch zu besprechen hat."

„Das müßte etwas sehr Wichtiges sein. So schnell verläßt er seinen Posten nicht", sagte Amerigo ungläubig. „Warum ist er nicht schon hier?"

Er hielt die Augen auf die Tür gerichtet, durch die sein Neffe eintreten mußte.

„Onkel!"

Mit einem Lächeln auf den Lippen stand der jüngere Vespucci auf der Schwelle; es verschwand, als er beim Näherkommen die Veränderungen bemerkte, die in dem vertrauten Gesicht eingetreten waren.

Der Kranke richtete sich auf und streckte ihm beide Hände entgegen.

„Du findest mich verändert. Ich sehe schlecht aus? Das täuscht. Ich fühle mich wohl wie nie zuvor. So leicht und unbeschwert. Vielleicht bin ich ein wenig schwach. Wenn ich nur erst auf der Kommandobrücke stehe, bin ich der Amerigo Vespucci, der ich immer war."

Er machte eine Handbewegung, als wolle er alles beiseite schieben.

„Warum bist du gekommen?"

„Es sind Dinge vorgefallen, die Ihr wissen solltet, bevor Ihr den Sprung über den Ozean wagt."

„Angenehme? Unangenehme?"

„Die erste Nachricht bereitet Euch gewiß Freude. Der König ließ einen Teil des Achterdecks Eurer *Viktoria*, mit der Ihr bis zum 52. Grad südlicher Breite vorgestoßen seid, in der Kathedrale von Lissabon aufstellen. Er bezweckte damit eine besondere Ehrung Eurer Person."

Zwei dicke Tränen rollten über die Wangen Amerigos, der sich keine Mühe nahm, sie zu verbergen.

„Ein königlicher Dank! Der schönste, den ich bisher erhalten habe."

Er war zu gerührt, um weiterzusprechen.

Vorsichtig wählte Giovanni seine Worte, als er mit der zweiten Neuigkeit herausrückte.

„Leider geht das Gerücht um, Ihr wolltet dem neuen Erdteil Euren Namen geben. Wer Euch kennt, weiß, daß Euch nichts ferner liegt, als Christoph Kolumbus um die Ehre seiner großartigen Entdeckung zu bringen; aber es gibt auch böswillige Leute, die ..."

Die Wangen des Kranken färbten sich rot und seine Augen glühten, als er sagte:

„Verdammte Lüge! Keiner von uns hat noch seinen Namen einem von ihm entdeckten Land gegeben, weder Kolumbus noch Cabral noch ich oder ein anderer. Meist sind es die Kartographen, die Länder und Landstriche taufen, die von ihrem Entdecker noch nicht den Namen eines Fürsten oder eines Heiligen erhalten haben. So gibt es dann ein Land *Cortereal* und ein Land Gunnbjörn (Grönland); von einem Land Vespucci weiß ich nichts. Woher stammen diese böswilligen Redereien?"

„Mit *böswilligen Redereien* kann man das nicht abtun. Es gibt eine feste Unterlage dafür. Ich habe Euch ein Buch mitgebracht."

Er zog es aus der Tasche. Der Kranke griff darnach und wollte den Titel lesen; doch seine Hände zitterten so stark, daß er seinen Neffen bat: „Lies mir vor!"

Statt zu lesen, begann Giovanni mit einer Erklärung:

„In einem kleinen Ort in Lothringen, St. Dié, erschien dieses Büchlein. Derselbe Verlag brachte auch *Imago Mundi* von Toscanelli heraus. Einer seiner Verfasser ist der deutsche Geograph und Kartenzeichner Martin Waldseemüller. Der Titel des Werkes lautet: *Cosmographiae Introductio.*"

„Warum erzählst du mir dies alles?"

„Als Anhang zu dieser Einführung in die Kosmographie ist eine Beschreibung Eurer Reisen unter dem Titel *Quatuor Navigationes* beigefügt. Sie ist in lateinischer Sprache verfaßt und stützt sich auf die Briefe, die Ihr an den jüngeren Lorenzo de' Medici und an Soderini geschrieben habt."

„Wer durfte ihm meine Privatbriefe zur Verfügung stellen?"

„Ich bin noch nicht am Ende. Es gibt da eine Stelle, wo der Verfasser ausführt:

‚Im sechsten Klima gegen den Südpol zu sind gelegen: die Südspitze Afrikas, die erst kürzlich umschifft wurde, sowie die Inseln Sansibar, Java und Ceylon und der vierte Erdteil, der von Amerigo entdeckt wurde, was gestattet, ihn Amerigen, also *Land des Amerigo* oder *Amerika* zu benennen.' "

„Amerika! ... Ein sonderbarer Name", sagte der Kranke vor sich hin.

„Hört weiter! An anderer Stelle schreibt derselbe Verfasser: ,Der vierte Erdteil wurde von Amerigo Vespucci entdeckt; ich sehe daher keinen Grund, daß man ihn nicht nach diesem Manne von Geist und Scharfsinn *Amerigen,* also *Land des Amerigo* oder *Amerika* nennen könnte. In gleicher Weise gehen die Namen von Europa und Asien auf Frauen zurück.' "

„Wie Ihr seht, hat der deutsche Kosmograph an zwei Stellen seines Buches diesen Vorschlag mit den gleichen Worten vorgebracht."

Amerigo lächelte schwach:

„Ein bißchen weit hergeholt ist die Sache. Warum spricht man nicht auch von Kolumbien, dem Lande, das er als erster betrat?"

Giovanni zuckte die Achseln:

„Ihr fragt mehr, als ich beantworten kann. Kurz vor meiner Abreise erhielt ich eine Landkarte von diesem Waldseemüller, auf der die neue Welt mit *Amerika* bezeichnet ist."

„Was berührt mich das? Wie ich schon vorhin erwähnte, hat auch hier wieder ein Geograph und nicht der Entdecker ein Land getauft. Ich habe nichts damit zu tun. Jedermann weiß, daß ich immer von Westindien gesprochen hatte, weil es Kolumbus so nannte. Erst als mir klar wurde, es mit einem neuen Kontinent zu tun zu haben, gab ich ihm den Namen *Mundus novus,* die *Neue Welt.*"

„Böse Zungen behaupten, Ihr hättet Euch mit dem jungen Waldseemüller in Verbindung gesetzt und ihm diesen Namen vorgeschlagen."

Vespucci bekam einen Wutanfall. Vorerst brachte er überhaupt kein Wort über die Lippen; als er sich ein wenig beruhigt hatte, stieß er hervor:

„Diese Gemeinheit! Wollen sie damit zu verstehen geben, daß ich meinem Freund Kolumbus den Ruhm seiner Entdeckung stehlen will? Ich kenne den Deutschen mit dem unaussprechlichen Namen nicht und habe nie von ihm gehört. Sie sollen mich in Frieden lassen und Kolumbus die Ehre geben, die ihm gebührt."

Erschöpft hielt er inne.

„Seid ruhig, Onkel; die Aufregung schadet Euch."

Der Arzt trat ein und legte mit sanfter Gewalt seinen Patienten in die Polster zurück. Dann sagte er ärgerlich zu Giovanni:

„Ich untersagte jede Aufregung; warum habt Ihr Euch nicht an meine Weisungen gehalten?"

Auch Amerigo wurde ausgescholten:

„Ihr müßt vernünftig sein und Euch ruhig verhalten."

Vespucci lag mit geschlossenen Augen da und beachtete den Arzt nicht.

Er hatte viel zu denken, und er dachte laut:

„Amerika... sonderbar... sehr sonderbar!... das ist eine Frau... eine schöne Frau... wie Europa, die Zeus entführte... was ist Amerika?... Nur ein Name?... Ich muß wissen, wer die schöne Frau ist... ich muß hinüber... beweisen... ist es ein Erdteil, den mein Fuß betrat?... beweisen... die Durchfahrt... dann werden wir es wissen... der Deutsche tut so, als ob er wüßte... daß ich nicht lache... seine Karten sind Phantasie... er will nur berühmt werden... auf meine Kosten..."

„Ihr müßt ruhig sein, Onkel. Versucht einzuschlafen, sonst bekommt Ihr wieder Fieber."

Hatte der Kranke die Worte gehört und verstanden? Er verstummte. Eine Weile war es still im Zimmer; doch dann fing er wieder zu phantasieren an:

„Ich muß zu ihr... zur schönen Frau Amerika... nein, meine Frau heißt Maria Christina... sie ist gut... nein, ich muß hinüber... über den Ozean... beweisen... die Durchfahrt..."

Plötzlich schlug er die Augen auf und fragte mit klarer Stimme:

„Ihr seid doch einverstanden, Doktor, daß ich mich morgen einschiffe? Ihr habt gehört, daß ich noch eine große Aufgabe zu erfüllen habe."

Don Diego trat zu ihm und prüfte den Puls:

„Glaubt Ihr nicht, Don Amerigo, daß es besser wäre, noch ein wenig zuzuwarten?"

„Warten! Ich muß fort und kann nicht länger warten. Die Durchfahrt... der Beweis, daß ein vierter Erdteil... tatsächlich... vorhanden ist... Gewißheit... für... Frau Amerika..."

Es war still geworden.

Niemand wagte sich zu rühren.

Der Kranke wurde unruhig:
"Pepito... Pepito..."
"Hier bin ich. Wünscht Ihr etwas?"
"Morgen fahren wir. Ist alles bereit?... Takelung... Segel... Trinkwasser... Decken... Lebensmittel..."
Die Pausen zwischen den einzelnen Wörtern wurden immer länger.
"Ja, Herr, alles ist in Ordnung; nur Ihr, Ihr müßt erst gesund werden."
"Gesund! Ich *bin* gesund... und muß fort... Gewißheit muß ich haben... ein neuer Erdteil... der vierte Kontinent... Frau Amerika..."
Seine Augen glänzten unnatürlich.
"Alle sollen wissen... König Ferdinand... Manoel von Portugal... Soderini... die Medici... Lorenzo... Toscanelli... alle..."
Seine Stimme wurde immer leiser. Er verstummte.
Nach einer Weile sagte er laut:
"Morgen fahren wir!"
Sein Kopf fiel zurück.
Der Arzt beugte sich über ihn. Er wechselte einen Blick mit Giovanni.
Amerigos Lippen formten Worte. Unverständliche Worte. Sie bemühten sich alle, diese Worte zu verstehen. Endlich. Kaum vernehmbar. Ein leiser Hauch... "Amerika..."

WER IST...?

ALBERTI Leone Battista, 1404–1472, Architekt, Maler, Schriftsteller; Frührenaissance.

ARGYROPULOS Johannes, flüchtet nach der Einnahme Konstantinopels 1452 durch die Türken nach Italien; trägt als bedeutender Humanist viel zur Verbreitung griechischer Klassik bei.

ARISTOTELES 384–322 v. Chr., griechischer Philosoph, Schüler Platos, Lehrer Alexanders des Großen; umfassendes Wissen: Logik, Psychologie, Poetik, Naturwissenschaften; richtungweisend für das ganze Mittelalter. Stiftet die Philosophenschule der Peripatetiker.

ARNOLFO di Cambio erbaute 1298 bis 1314 den Palazzo Vecchio, Sitz der Signoria (Regierung).

AVERROËS 1126–1198, arabischer Philosoph und Arzt, Übersetzer und Kommentator des Aristoteles.

BALBOA VASCO NUNEZ de, 1475–1517, spanischer Seefahrer, durchquert die Landenge von Panama, erreicht als erster den Pazifik (1513).

BOTTICELLI Sandro, 1444–1510, bedeutender Maler der Frührenaissance in Florenz; eines der berühmtesten Gemälde „Der Frühling" mit Simonetta Vespucci-Cattaneo.

CALIGULA „Stiefelchen", Gajus Caesar, römischer Kaiser von 37–41, berüchtigter Tyrann.

CARACALLA Aurelius Antoninus Bassianus, römischer Kaiser 211 bis 217, große Bauten; Thermen.

DANTE Alighieri, 1265–1321, größter Dichter Italiens und des europäischen Mittelalters; Begründer der italienischen Schriftsprache; seine „Divina Commedia" (Die Göttliche Komödie) ist eines der bedeutendsten Werke der Weltliteratur.

DOGE Staatsoberhaupt (Venedig, Genua) von dux, ducis = Führer.

DONATELLO 1383–1466, italienischer Bildhauer aus Florenz; schuf den ersten menschlichen Akt, das erste Reiterstandbild und die erste freistehende Gruppe der Neuzeit.

FERDINAND von ARAGON 1452–1516, heiratet 1469 Isabella von Kastilien, begründet mit ihr die spanische Monarchie.

FICINO Marsilio, italienischer Humanist der Frührenaissance.

GAMA Vasco da, 1469–1524, portugiesischer Seefahrer; umsegelt als erster die Südspitze Afrikas und erreicht Indien.

GHIBERTI Lorenzo, 1378–1455, Bildhauer, Baumeister und Maler; Schöpfer der berühmten Bronzetüren des Baptisteriums von Florenz.

GHIRLANDAIO Domenico, 1449–1494, italienischer Maler der Frührenaissance; Fresken.

GONFALONIERE der Träger des Banners, Bannerherr = Stadtoberhaupt der Republik Florenz.

HELIOGABALUS römischer Kaiser von 218 bis 222, religiöser Fanatiker der syrischen Religion, Tyrann.

HIDALGO = hijo de alguno ist der Sohn von jemand (der etwas bedeutet), Bezeichnung eines Angehörigen des spanischen Adels.

HOJEDA Alonzo, 1470–1515, spanischer Seefahrer, macht Kolumbus' zweite Reise mit; kommt bis Guayana.

HUMANIST Vertreter der kulturhistorischen Richtung der Antike.

ISABELLA von KASTILIEN 1451–1504, heiratet 1469 Ferdinand von Aragon, einigt das Land, vertreibt die letzten Mauren 1492, gibt Kolumbus die Mittel für seine Entdeckungsreisen 1492, führt die Inquisition ein; zahlreiche Verwaltungsreformen.

KARL V. von Habsburg, 1500–1558, Enkel und später auch (1516) Erbe von Ferdinand von Aragon und Isabella von Kastilien; 1519 Nachfolger seines väterlichen Großvaters Maximilian I. in der Kaiserwürde. Eine der bedeutendsten Herrscherpersönlichkeiten.

KOLUMBUS Christoph, 1446 in Genua geboren, 1506 in Valladolid in Spanien gestorben; unternimmt vier Reisen, entdeckt „Westindien" = die Inselwelt Mittelamerikas, 1499 die Küste Südamerikas, 1502–1504 die Küste von Yukatan. Vizekönig, später enthoben und angeklagt; rehabilitiert.

KUBLAI-KHAN 1214–1294, ein Enkel Dschingis-Khans; 1260 Großkhan, 1280 Abschluß der Eroberung Chinas, Begründer der Yüen-(Mongolen-)Dynastie; Blüte des Mongolenreiches.

LANDINO Cristoforo, 1424–1498, bedeutender italienischer Humanist.

LEONARDO DA VINCI 1452–1519, ein Universalgenie der Renaissance; Maler, Architekt, Bildhauer, Ingenieur, Gelehrter.

MAAT Matrose höheren Ranges; Unteroffizier der Kriegsmarine.

MAGELLAN ursprünglich Ferrao de Magalhaes, 1480–1521, portugiesischer Seefahrer, unternimmt im Dienste Spaniens die erste Weltumseglung, durchfährt 1520 die Magellanstraße, wird nach der ersten

Überquerung des Pazifiks von Eingeborenen der Insel Matan ermordet.

MAGNIFICO Titel; als Anrede mit dem Vornamen gebraucht; auch **MAGNIFIZENZ** = Euer Herrlichkeit; heute noch feierliche Anrede eines Universitätsrektors.

MANOEL der Große von Portugal, 1495—1521, Förderer der Seeschiffahrt, Erwerbungen in Ostindien (Molukken, Malakka, andere Inselgruppen), in Südamerika (Brasilien durch Cabral 1500) und in Nordafrika.

MEDICI Florentiner Geschlecht; Bankiers und Handelsherren; stellen im 15. Jahrhundert das Staatsoberhaupt; gründen eine Herrscherdynastie im 16. Jahrhundert; stellen zwei Päpste (Leo X. und Klemens VII.); letzter Großherzog aus dem Hause Medici stirbt 1737. Cosimo, pater patriae 1389—1464; sein berühmter Enkel Lorenzo der Prächtige, 1449—1492, macht Florenz zum Mittelpunkt Italiens.

MESSER alte Anrede (alleinstehend Messere), entspricht dem französischen Monsieur.

MONA (Madonna) entspricht dem französischen Madame.

PAZZI, PITTI, BANDINI, BARDI alte Florentiner Geschlechter, Rivalen der Medici.

POLIZIANO Angelo, 1454—1493, Dichter und Humanist; Erzieher der Kinder Lorenzos des Prächtigen.

POLLAIOLO Antonio del, 1429—1498, italienischer Maler, Bildhauer, Goldschmied und Kupferstecher der Frührenaissance.

POLO Marco, 1254—1323, einer der berühmtesten Reisenden des Mittelalters; durchquert ganz Asien, lebt jahrelang am Hofe Kublai-Khans.

PTOLEMÄUS Claudius, um 190 n. Chr., Astronom aus Oberägypten; lehrte in Alexandrien, sein geozentrisches Weltsystem bis zur Neuzeit maßgebend.

PULCI Luigi, satirischer Dichter am Hofe der Medici im 15. Jahrhundert.

ROBBIA Luca della, 1399—1482, farbig glasierte Tonplastiken.

VERROCCHIO Andrea, 1436—1488, florentinischer Maler und Bildhauer (Colleoni = Standbild in Venedig).

VESPUCCI Amerigo, geb. 1451 in Florenz; Angestellter des Hauses Medici; 1490 nach Sevilla; 1497—1498 erste Reise (nicht belegt); 1499 bis 1500 zweite Reise unter Hojeda an die brasilianische Küste und in die Karibische See; 1501—1502 in portugiesischen Diensten, dritte Reise an die südamerikanische Küste, entwirft erste Karte der „Neuen Welt"; vierte Reise 1503—1504 (nicht verbürgt), ebenfalls im Dienste Portugals; Heimkehr nach Spanien, Heirat, spanische Staatsbürgerschaft 1505; Ernennung zum *piloto major del Rey* 1508; 1512 fünfte Reise (stark bezweifelt) und Tod auf Terceira; wahrscheinlich aber starb Vespucci in seinem Heim in Sevilla 1512.

WAS IST...?

ALTAN offene Säulenhalle im obersten Stockwerk vieler alter Florentiner Paläste.
ASTROLABIUM ein altes nautisches Instrument, ein „astronomischer Ring".
BOMBARDE Steinschleudermaschine.
BORGO Vorstadt, Weiler.
DRIFT vom Wind bewirkte Strömung an der Meeresoberfläche.
DUBLONE Goldmünze von wechselndem Wert.
ELLE altes Längenmaß, in verschiedenen Ländern von verschiedener Größe, ca. 60 bis 70 Zentimeter.
FRESKO auf nasser Wandfläche mit trockenen Farben malen.
FUSS altes Längenmaß, ungefähr 30 Zentimeter.
HELLEBARDE alte Hieb- und Stichwaffe.
IGUANA Reptil, großer Leguan des tropischen Amerikas.
KARAVELLE meist dreimastiges Segelschiff mittlerer Größe.
KRAKE der, sehr große Tintenschnecke der Tiefsee; veranlaßte die Sage von Seeungeheuern.
LOG Geschwindigkeitsmesser auf Schiffen, früher ein Holzscheit an markierter Leine.
LOT Tiefenmesser auf Schiffen, damals ein einfaches Senkblei.
MEILE (Seemeile) rund 1850 Meter.
QUADRANT vierter Teil des Kreisumfangs, altes astronomisches Instrument zum Bestimmen der Höhe.
REFEKTORIUM Speisesaal in Klöstern.
SCHALUPPE einmastiges (Fischer-)Boot.
SEXTANT sechster Teil des Kreisumfangs, astronomisches Instrument.
TEMPERA Farben mit Eiweiß, Honig, Leim gemischt; dauerhaft; wieder gebräuchlich.

WO IST...?

ALLERHEILIGENBAI in Brasilien, S. A., ca. 13° s. Br., Stadt und Staat Bahia.
AZOREN Inselgruppe im Atlantischen Ozean, westlich von Portugal vulkanischen Ursprungs, sehr fruchtbar.
CADIX befestigte Hauptstadt und Hafen der gleichnamigen spanischen Provinz; Phöniker, Karthager, Römer, Mauren.
FLORENZ ehemaliger Stadtstaat, später Hauptstadt des Großherzogtums Toskana, jetzt Provinzhauptstadt; in der Frührenaissance Kulturmittelpunkt Italiens.

HISPANIOLA   jetzt Haiti, Insel der Großen Antillen; von Kolumbus entdeckt, der in Santo Domingo seine Residenz aufschlug.
JAMAIKA   Insel der Großen Antillen, tropisches Klima, fruchtbar, Zuckerrohr, Negerbevölkerung aus Afrika eingeschleppt.
KANARISCHE INSELN   (spanisch) der Nordwestküste Afrikas vorgelagert, vulkanischen Ursprungs, fruchtbar, mildes Klima, Luftkurorte — Gran Canaria, Teneriffa, Ferro usw.
LEVANTE   das Land der aufgehenden Sonne, im engeren Sinne die Küsten Kleinasiens, Syriens und Ägyptens.
LISSABON   Hauptstadt Portugals, an der Mündung des Tejo (Tajo).
MALAKKA   lange, schmale Halbinsel Hinterindiens.
MOLUKKEN   oder Gewürzinseln, Inselgruppe des Malaiischen Archipels zwischen Celebes, den Kleinen Sundainseln und Neuguinea; äußerst fruchtbar; Zimt, Muskat, Gewürznelken, Pfeffer usw.
PISA, GENUA, VENEDIG, AMALFI   alte italienische Seerepubliken.
QUINSAI   Hang-tschon = Schifferstadt; im Mittelalter eine der größten und reichsten Städte der Welt; Residenz (King-se) der chinesischen Sung-Dynastie.
SALAMANCA   älteste spanische Universität (1239).
SENEGAL   Fluß und Staat in Nordwestafrika.
SEVILLA   am Quadalquivir, Andalusien; Hafen.
SMYRNA   Ismir, türkische Hafenstadt in Kleinasien.
SYRIEN   Staat in Vorderasien, Hauptstadt Damaskus.
TERCEIRA   Azoreninsel.
YUKATAN   große Halbinsel und Staat in Mexiko.
ZIPANGU   „Land der aufgehenden Sonne", alter Name Japans.

Luigi Ugolini

Der rebellische Astronom

Das Leben des Galileo Galilei
Aus dem Italienischen von Carla Steidl
249 Seiten, 8 Zeichnungen, 1 Vignette, Leinen

Dieses Buch zerstört die Legende vom zornigen Gelehrten, der dem Offizium mit seinem „Und sie bewegt sich doch!" trotzte. Es schildert aber den Menschen, der aus tiefem Wissen den Irrtum des bisher geltenden Weltbildes erkannte und auch im Universum jene Gesetze entdeckte, die heute, im Zeitalter der Weltraumfahrt, Tag für Tag ihre Bestätigung finden.

Luigi Ugolini

Der Titan aus Florenz

Der Roman des Michelangelo Buonarotti
Aus dem Italienischen von Carla Steidl
292 Seiten, 9 Abbildungen, Leinen

Ugolini zeigt vor allem Kindheit und Jugend Michelangelos. Dadurch bekommt der Leser nicht nur ein recht anschauliches Bild vom Florenz des Lorenzo de'Medici, er lernt auch manches verstehen, was für Michelangelo so kennzeichnend ist: seine Schroffheit und Menschenscheu, das krankhafte Mißtrauen und die beängstigende Arbeitswut, vor allem aber das Verhältnis zum Material — schon der Knabe sieht im Marmor die Gestalten verborgen und hat den Drang, sie aus ihrer Gefangenschaft zu befreien. Hier entsteht ein Bild von Mensch und Zeit, das richtig ergreift und mitreißt.

Verlag Styria Graz Wien Köln

Luigi Ugolini

Mit Marco Polo am Hofe des Großkhans

Aus dem Italienischen von Carla Steidl
292 Seiten, 10 Zeichnungen, 1 Vignette, 1 Zeittafel, Leinen

Diese faszinierende Darstellung der Erlebnisse des berühmten Abenteurers des 13. Jahrhunderts, der sich aus der Enge seiner Heimatstadt Venedig in die weite Welt, bis an den Hof des Mongolenherrschers vorwagt und dort glänzende Stellen bekleidet, bis ihn ein mißliches Geschick in die Gefangenschaft und nach Italien zurückführt, hält den Leser in atemberaubender Spannung.

Luigi Ugolini

Mit Magellan um die Welt

Aus dem Italienischen von Carla Steidl
232 Seiten, 8 Zeichnungen, Leinen

Ein dreizehnjähriger Schiffsjunge nimmt an der ersten Weltumsegelung (1519–1522) unter Magellan teil. Die Kühnheit dieses Unternehmens ist allein mit den Mondfahrten unserer Tage zu vergleichen. Hunger, Durst, Erschöpfung, Feindseligkeiten von seiten fremder Völker, Meuterei und Verrat, aber auch ungeahnte Schönheiten neuer Zonen und neuer Länder kennzeichnen den Kurs dieser faszinierenden Entdeckungsfahrt. Fünf Schiffe fahren aus, nur eines kehrt zurück. Magellan, der verehrte, bewunderte, gehaßte Admiral erreicht das Ziel seiner Sehnsucht nicht, er fällt auf einer Philippineninsel im Kampf mit Eingeborenen.

Verlag Styria Graz Wien Köln